디지털시대의
법 적 분 쟁

개정판

디지털시대의 법적분쟁 개정판

발행일   2021년 1월 4일

지은이   김호, 이주호
펴낸이   손형국
펴낸곳   (주)북랩
편집인   선일영   편집   정두철, 윤성아, 최승헌, 배진용, 이예지
디자인   이현수, 한수희, 김민하, 김윤주, 허지혜   제작   박기성, 황동현, 구성우, 권태련
마케팅   김회란, 박진관
출판등록   2004. 12. 1(제2012-000051호)
주소   서울특별시 금천구 가산디지털 1로 168, 우림라이온스밸리 B동 B113~114호, C동 B101호
홈페이지   www.book.co.kr
전화번호   (02)2026-5777   팩스   (02)2026-5747

ISBN   979-11-6539-554-4 03360 (종이책)   979-11-6539-555-1 05360 (전자책)

20가지 분쟁 사례로 배우는 인공지능 시대의 법률 상식

디지털시대의 법적분쟁

김호·이주호 지음

개정판

북랩 book Lab

필자들이 『디지털시대의 법적분쟁』 초본을 발간한 지 2년여가 흐른 시점에서 급격하게 변하고 있는 4세대 환경에 적응하기 위하여 국내외적으로 적지 않은 기술 및 법적, 제도적 개선이 이루어져 왔음을 목도하였다.

더구나 전 세계적으로 유례없는 변화를 초래한 코로나 19에 따른 영향은 국민들의 일상생활뿐만 아니라 디지털 관련 산업 등 사회 전반에 걸쳐 큰 변화를 요구하였다.

특히 이러한 변화와 각종 개선 사항들이 사회의 일부 특정 계층에 국한된 문제로 그치는 것이 아니라 앞으로 국민 개개인 모두에게 상당한 영향을 미칠 수 있다는 점에서 적어도 누구나 한 번은 짚고 넘어가야 할 사안이라 판단하였다.

일례로 디지털 성범죄 처벌 강화에 관한 법률 개정이나 데이터 3법 개정에 따른 개인정보 보호 제도 도입, 디지털 교도소의 폐해에 따른 문제와 대응, 가상화폐에 대한 관련 법령 개정 등의 법적 문제 및 개선 사항들이 대표적이라 하겠다.

또한 스마트폰 등 위치정보 정밀화, 코로나 19에 관한 디지털 포렌식 적용 등 기술적인 부분에 있어서의 변화 역시 그러하다.

그리고 통신사기 피해 환급제도, 지식재산권 관련 징벌적 손해배상제도 도입이나 디지털 이용자보호 대리인 제도 마련, 인공지능 윤리 가이드라인 제정 등도 빼놓을 수 없는 이슈라 할 것이다.

이에 필자들은 기존 초본 책자의 내용을 개선, 추가 등 보완하여 그동안 새로 도입되거나 변화된 디지털 분야의 기술적, 제도적, 법적인 사항들을 정리하여 제시함으로써 독자들로 하여금 그간 변화된 디지털 시대의 기술적, 법적, 제도적 사항들을 이해할 수 있도록 하였다.

비록 이번 개정판이 변화된 모든 분야를 다룰 수는 없겠지만 큰 흐름을 이해하고 변화하는 4세대 환경에 독자 스스로 생각하는 시간을 가질 수 있는 기회를 제공할 수 있기를 바란다.

2021. 1. 4.

김호, 이주호

개인, 상인, 기업 간 거래에서부터 회사 및 공공기관에서의 행정업무 처리까지. 현대사회는 더 이상 사이버 공간에서의 활동이 대면 생활의 보조라거나 수단이라고 볼 수 없는 세상으로 바뀌었다.

심지어 최근에는 인공지능(AI)의 발전으로 법률과 의료 분야 서비스까지도 제한적인 범위 내에서는 사이버 공간에서 이루어지고 있어서 사회 체계 전반을 뒤흔드는 변화의 시대를 맞이하고 있다. 그럼에도 불구하고 법학분야는 아직 이와 같은 사이버 공간에서 이루어지는 각종 법률 분쟁이나 계약관계 등에 대한 충분한 연구가 진행되고 있지 않은 상태이고 그 수요에 대한 공급 역시 미흡한 실정이다.

이미 인터넷을 통한 금융거래와 전자상거래는 우리 삶 깊숙이 들어와 보편화되었고, 최근에는 온라인 부동산 거래가 시작됐으며 온 나라를 광풍의 도가니로 만들었던 비트코인과 관련된 가상화폐 문제도 큰 이슈가 되고 있다.

이에 본 책에서는 사이버 공간에서 이루어지는 각종 거래, 계약뿐만이 아니라 형사적인 분야 등과 같은 다양한 법률적 분쟁에 이르기까지 전반적인 사항에 관하여 핵심적인 내용만을 쉽게 다루어보고자 한다.

2018. 10. 30. 삼각지에서

김호, 이주호

목차

사이버상 전자상거래에 대한 법적 절차와 요건은 무엇일까?

현재 사이버 공간에서 이루어지는 주요 거래 관계를 규율하는 법률 중에는 전자상거래 등에서의 소비자 보호에 관한 법률[1]이 존재한다. 본 법률에서 말하는 "전자상거래"란 전자거래의 방법으로 상행위를 하는 것을 말하며 "통신판매"는 우편·전기통신 등의 방법으로 재화 또는 용역 판매에 관한 정보를 제공하고 소비자의 청약을 받아 재화 또는 용역을 판매하는 것을 말한다.[2] 사이버 공간에서 이루어지는 전자상거래 또는 통신판매에서의 소비자 보호에 관하여 본 법률과 민법 등 다른 법률이 경합하는 경우는 위 법률이 우선 적용되며, 다만 다른 법률을 적용하는 것이 소비자에게 유리한 경우에는 해당 법을 적용하도록 규정하고 있다.

---

1 전자상거래 등에서의 소비자보호에 관한 법률 [시행 20180612] [법률 제15698호, 2018.6.12.,일부개정]
2 다만, 「방문판매 등에 관한 법률」 제2조 제3호에 따른 전화권유판매는 통신판매 범위에서 제외한다.

1-1. 전자상거래시 기본 준수사항

세부적으로 살펴보면 먼저 전자상거래를 하는 사이버몰의 운영자는 소비자가 사업자의 신원 등을 쉽게 알 수 있도록 상호 및 대표자 성명, 영업소가 있는 곳의 주소(소비자의 불만을 처리할 수 있는 곳의 주소를 포함), 전화번호·전자우편주소, 사업자등록번호, 사이버몰의 이용약관, 그 밖에 소비자 보호를 위하여 필요한 사항으로서 대통령령으로 정하는 사항 등을 게시하여야 하며, 해당 사이버몰에서 전자상거래법 위반행위가 이루어지는 경우 운영자가 조치하여야 할 부분이 있으면 시정에 필요한 조치에 협력하도록 하고 있다.

또한 사업자는 전자상거래 또는 통신판매를 위하여 소비자에 관한 정보를 수집하거나 이용할 때는 관계 규정[3]에 따라 이를 공정하게 수집하거나 이용하여야 한다. 그리고 소비자에 관한 정보가 도용되어 해당 소비자에게 재산상의 손해가 발생하였거나 발생할 우려가 있는 특별한 사유가 있는 경우에는 본인 확인이나 피해의 회복 등 필요한 조치를 취하여야 한다.

다음으로 통신판매업자의 경우에는 상호(법인은 대표자 성명 및 주민등록번호 포함), 주소, 전화번호 및 전자우편주소, 인터넷도메인 이름, 호스

---

3 「정보통신망 이용촉진 및 정보보호 등에 관한 법률」, 개인정보 보호법 등

트 서버의 소재지 등을 공정거래위원회나 특별자치시장·특별자치도지사·시장·군수·구청장에게 신고하여야 하며, 공정거래위원회는 신고한 통신판매업자의 정보를 공개할 수 있다.

물론 여기에서 '통신판매업자'는 관계법령이 정하는 바에 따라 상호, 주소 등을 공정거래위원회나 특별시장, 광역시장 또는 도지사에게 신고하여야 하되, 다만 대통령령이 정하는 '소규모 통신판매업자'에 대하여는 위와 같은 신고의무가 면제되고 여기서 신고의무가 면제되는 '소규모 통신판매업자'는 부가가치세법 제25조 제1항의 규정에 의한 간이과세자인 사업자를 말한다.[4]

그리고 통신판매업자가 재화 등 거래에 관한 청약을 받을 목적으로 표시·광고를 할 때에는 상호 및 대표자 성명, 주소·전화번호·전자우편주소, 공정거래위원회 또는 특별자치시장·특별자치도지사·시장·군수·구청장에게 한 신고 번호와 신고를 받은 기관 이름 등 확인 가능한 사항들을 표시·광고에 포함하여야 한다.

물론 통신판매업자는 소비자가 계약체결 전 거래조건을 정확하게 이해하고 실수나 착오 없이 거래할 수 있도록 공급자 및 판매자 상호, 대

---

4 전자상거래 등에서의 소비자 보호에 관한 법률위반 2010.01.28. 사건번호 2009도 12663, '통신판매업자'는 관계법령이 정하는 바에 따라 상호, 주소 등을 공정거래위원회나 특별시장, 광역시장 또는 도지사에게 신고하여야 하되, 다만 대통령령이 정하는 '소규모통신판매업자'에 대하여는 위와 같은 신고의무가 면제되고(전자상거래 등에서의 소비자보호에 관한 법률 제12조 제1항), 여기서 신고의무가 면제되는 '소규모통신판매업자'는 부가가치세법 제25조 제1항의 규정에 의한 간이과세자인 사업자를 말한다.

표자 성명·주소 및 전화번호, 재화 등의 명칭·종류 및 내용, 가격과 지급방법 및 시기, 공급방법 및 시기, 청약의 철회 및 계약의 해제 기한·행사방법 및 효과에 관한 사항, 교환·반품·보증과 대금 환불 및 환불지연에 따른 배상금 지급의 조건·절차, 소비자 피해보상 처리, 재화 등에 대한 불만 처리 및 소비자와 사업자 사이의 분쟁 처리에 관한 사항, 거래에 관한 약관 등을 공개하여야 한다.

더불어, 통신판매업자는 미성년자와 재화 등의 거래에 관한 계약을 체결할 때에는 법정대리인이 그 계약에 동의하지 아니하면 미성년자 본인 또는 법정대리인이 그 계약을 취소할 수 있다는 내용을 미성년자에게 고지하여야 한다.

그렇다면 소비자가 인터넷상으로 물건구매 후 취소를 하고자 할 때 판매업자의 책임은 어디까지일까? 법적으로 소비자는 통신판매업자로부터 계약 내용에 관한 서면을 받은 날부터 7일 이내에 청약 철회를 할 수 있다. 다만, 서면을 받은 때보다 공급이 늦게 이루어진 경우에는 재화 등을 공급받거나 공급이 시작된 날부터 7일로 기산하게 된다.

그러나 소비자는 특별한 사유가 있을 경우 통신판매업자의 의사에 반하여 청약 철회 등을 할 수 없다. 그 특별한 사유란 소비자에게 책임이 있는 사유로 재화 등이 멸실되거나 훼손된 경우(다만, 재화 등의 내용을 확인하기 위하여 포장 등을 훼손한 경우는 제외), 소비자의 사용 또는 일부 소비로 재화 등의 가치가 현저히 감소한 경우, 시간이 지나 다시 판매하기 곤란할 정도로 재화 등의 가치가 현저히 감소한 경우, 복제가 가능한 재화 등의 포장을 훼손한 경우 등이다. 그리고 이때 재화 등의 훼손에 대하여 소비자의 책임이 있는지 여부, 재화 등의 구매에 관한 계약이 체결된 사실 및 그 시기, 재화 등의 공급 사실 및 그 시기 등에 관하여 다툼이 있는 경우에는 통신판매업자가 이를 증명하여야 한다.

추가로 소비자는 재화 등의 내용이 표시·광고의 내용과 다르거나 계약 내용과 다르게 이행된 경우에는 공급받은 날부터 3개월 이내 또는 해당 사실을 안 날 또는 알 수 있었던 날부터 30일 이내에 청약 철회 등을 할 수 있다.

1-2. 판매업자의 금지행위

전자상거래를 하는 사업자 또는 통신판매업자는 법률상 금지되는 행위를 해서는 안 된다. 이러한 제한사항은 다음과 같다. 첫째, 거짓 또는 과장된 사실을 알리거나 기만적 방법을 사용하여 소비자를 유인 또는 소비자와 거래하거나 청약 철회 등 또는 계약의 해지를 방해하는 행위. 둘째, 청약 철회 등을 방해할 목적으로 주소, 전화번호, 인터넷도메인 이름 등을 변경하거나 폐지하는 행위. 셋째, 분쟁이나 불만 처리에 필요한 인력 또는 설비의 부족을 상당기간 방치하여 소비자에게 피해를 주는 행위. 넷째, 소비자의 청약이 없음에도 불구하고 일방적으로 재화 등을 공급하고 그 대금을 청구하거나 재화 등의 공급 없이 대금을 청구하는 행위. 다섯째, 소비자가 재화를 구매하거나 용역을 제공받을 의사가 없음을 밝혔음에도 불구하고 전화, 팩스, 컴퓨터 통신 또는 전자우편 등을 통하여 재화를 구매하거나 용역을 제공받도록 강요하는 행위. 여섯째, 본인의 허락을 받지 아니하거나 허락받은 범위를 넘어 소비자에 관한 정보를 이용하는 행위. 일곱째, 소비자의 동의를 받지 아니하거나 특별히 정해진 방법에 따라 쉽고 명확하게 소비자에게 설명·고지하지 아니하고 컴퓨터프로그램 등이 설치되게 하는 행위 등이 그것이다.

1-3. 전자상거래 관련 위법행위 조사와 감독

전자상거래 등에 관하여 위법한 행위가 있다고 의심될 경우 공정거래위원회, 시·도지사 또는 시장·군수·구청장은 직권으로 필요한 조사를 할 수 있다. 그리고 시·도지사 또는 시장·군수·구청장은 관련 조사를 하려면 미리 시·도지사는 공정거래위원회에, 시장·군수·구청장은 공정거래위원회 및 시·도지사에게 통보하여야 하며, 공정거래위원회는 조사 등이 중복될 우려가 있는 경우 시·도지사 또는 시장·군수·구청장에게 조사의 중지를 요청할 수 있다. 그리고 공정거래위원회는 관련 조사를 위하여 한국소비자원과 합동으로 조사반을 구성할 수 있다. 물론, 공정거래위원회 등은 조사를 한 경우에는 그 결과(조사 결과 시정조치명령 등의 처분을 하려는 경우 포함)를 해당 사건의 당사자에게 서면으로 알려야 한다.

참고로 공정거래위원회는 위반행위 종료 시점부터 5년이 지난 경우에는 시정조치를 명하지 아니하거나 과징금을 부과하지 않는다. 다만, 소비자피해 분쟁 조정기구의 권고안이나 조정안을 당사자가 수락하고도 이를 이행하지 아니하는 경우에는 그러하지 아니하다.

또한 공정거래위원회는 전자상거래 및 통신판매의 공정거래질서를 확립하고 소비자피해를 예방하기 위하여 필요하면 전자적인 방법 등을 이용하여 사업자나 전자상거래 또는 통신판매에서의 소비자 보호 관련 단체가 정보통신망에 공개한 공개정보를 검색할 수 있고 자료제출이나 검색요청을 받은 기관은 정당한 사유 없이 거부하지 못한다. 더불어 검색된 정보 중 사업자가 위법행위나 소비자 피해의 예방을 위하여 필요한 경우 관련 정보를 공개할 수 있다.

위와 같이 조사를 마치고 시정권고를 하려는 경우 시·도지사는 공정거래위원회에, 시장·군수·구청장은 공정거래위원회 및 시·도지사에게 결과를 보고하여야 하며, 공정거래위원회는 소관 사항에 관하여 시·도지사 또는 시장·군수·구청장에게 조사·확인 또는 자료 제출을 요구하거나 그 밖에 시정에 필요한 조치를 할 것을 요구할 수 있다.

1-4. 조사에 따른 시정권고 및 시정조치

공정거래위원회, 시·도지사 또는 시장·군수·구청장은 사업자가 위반행위를 한 경우 이를 중지하거나 시정을 위하여 필요한 조치를 이행하도록 시정방안을 정하여 해당 사업자에게 이에 따를 것을 권고할 수 있으며 시정권고를 받은 사업자는 그 통지를 받은 날부터 10일 이내 권고의 수락 여부를 그 권고를 한 행정청에 알려야 한다.

구체적으로 시정조치 방법은 해당 위반행위의 중지, 규정된 의무의 이행, 시정조치를 받은 사실의 공표, 소비자피해 예방 및 구제에 필요한 조치, 그 밖에 위반행위의 시정을 위하여 필요한 조치 등에 해당한다.

공정거래위원회는 만약 전자상거래를 하는 사업자 또는 통신판매업자의 전자상거래 또는 통신판매가 소비자에게 재산상 손해가 발생하였고, 다수의 소비자에게 회복하기 어려운 손해가 확산될 우려가 있어 이를 예방할 긴급한 필요성이 인정되는 경우 등에는 일시 중지할 것을 명할 수도 있다.

전자상거래에서 발생하는 분쟁해결 관련 법적[5] 근거가 있을까?

5 전자상거래 등에서의 소비자보호에 관한 법률 [시행 2018.06.12] [법률 제15698호, 2018.6.12.,일부개정]

언론보도[6]에 따르면 2018년 1분기에만 한국 인터넷 진흥원(KISA)에 접수된 전자문서, 전자거래 분쟁상담 및 조정신청 건수는 6,044건으로 전년도인 2017년 총 건수인 13,814건의 절반에 이르렀고 2016년도 연간 접수 건수인 6,909건과 비교하면 갈수록 증가 경향이라는 분석이 도출되었다.

특히 분쟁 신청 유형이 온라인 쇼핑몰에서 이루어지는 거래 물품 관련 반품, 환불, 계약조건 변경, 배송 불만 등으로 일반 중산층 국민 입장에서 통상 이루어지는 전자상거래 형태에서 주로 분쟁이 발생한다는 점을 알 수 있었다.

그렇다면 과연 이러한 전자상거래에서 발생하는 분쟁해결을 위한 법적 근거는 어떤 것이 있을까? 바로 위와 같은 사항에 대해 전자상거래 등에서의 소비자보호에 관한 법률에서 이와 같은 사항들을 규율하고 있다.

---

6 '전자상거래 분쟁 급증… 올 1분기에만 작년의 절반 육박', 연합뉴스(2018.5.27.)

2-1. 분쟁해결 관련 조정 의뢰

우선, 공정거래위원회 및 시·도지사 또는 시장·군수·구청장은 전자상거래 또는 통신판매에서 발생하는 위반행위와 관련하여 소비자의 피해구제신청이 있는 경우 시정 권고나 시정조치 등을 하기 전에 전자상거래 또는 통신판매에서의 소비자 보호 관련 업무를 수행하는 기관이나 단체 등 소비자피해 분쟁 조정기구에 조정을 의뢰할 수 있다.

이때 공정거래위원회, 시·도지사 또는 시장·군수·구청장은 소비자피해 분쟁 조정 기구의 권고안 또는 조정안을 당사자가 수락하고 이행한 경우에는 시정조치를 하지 아니한다는 뜻을 당사자에게 알려야 한다. 그리고 권고안 또는 조정안을 당사자가 수락하고 이행한 경우에는 시정조치를 하지 아니한다.

물론, 소비자피해 분쟁 조정기구는 분쟁의 조정이 이루어진 경우에는 그 결과를, 조정이 이루어지지 아니한 경우에는 그 경위를 지체 없이 조정을 의뢰한 공정거래위원회, 시·도지사 또는 시장·군수·구청장에게 보고하여야 한다.

2-2. 분쟁 처리에 따른 벌칙

만약 앞서 진행된 분쟁 처리 과정에서 문제가 식별되어 권고, 조정 외 시정조치 등이 이루어졌음에도 불구하고 제대로 처리가 되지 않을 경우는 어떨까?

먼저, 공정거래위원회는 영업정지 처분을 검토할 수 있다. 그러나 영업정지가 소비자 등에게 심한 불편을 줄 우려가 있다고 인정하는 경우에는 그 영업의 전부 또는 일부의 정지를 갈음하여 해당 사업자에게 위반행위 관련 매출액을 초과하지 아니하는 범위에서 과징금을 부과할 수 있다. 이 경우 관련 매출액이 없거나 그 매출액을 산정할 수 없는 경우 등에는 5천만 원을 초과하지 아니하는 범위에서 과징금을 부과할 수 있다. 단, 과징금을 부과할 때 위반행위로 인한 소비자 피해 정도, 소비자 피해에 대한 사업자의 보상 노력 정도, 위반행위로 취득한 이익 규모, 위반행위의 내용·기간 및 횟수 등을 고려하여야 한다.

다음으로 형사처벌을 검토해볼 수 있다. 실제 전자상거래 보호법에서는 위반행위 조사 시 폭언·폭행, 고의적인 현장 진입 저지·지연 등을 통하여 조사를 거부·방해 또는 기피하거나 시정조치 명령에 따르지 아니하거나 영업 정지 명령을 위반하여 영업을 계속한 경우 3년 이하의 징역 또는 1억 원 이하의 벌금에 처하도록 규정하고 있다.

또한 전자상거래 관련 판매 등에 관하여 신고대상임에도 이를 무시하고 신고하지 아니하거나 거짓으로 신고, 소비자 피해 보상보험 계약 등을 체결하는 사실 또는 결제대금 예치를 이용하도록 하는 사실을 나타내는 표지를 사용하거나 이와 유사한 표지를 제작하거나 사용한 경우 3천만 원 이하의 벌금에 처하도록 하고 있다.

그리고 사업자의 신원정보에 관하여 거짓 정보를 제공하거나 거래조건에 관하여 거짓 정보[7, 8]를 제공한 경우 1천만 원 이하의 벌금에 처하게 하고 있다.

실제로 전자상거래 등에서의 소비자보호에 관한 법률에서 금지하는 '거짓 사실을 알려 소비자와 거래하는 행위와 관련하여 온라인 여행사인 주식회사가 사이버몰을 통해 판매한 해외여행 상품의 유류 할증료 및 항공 택스(TAX) 금액을 실제보다 높게 알려 소비자와 거래하였다'는

---

7 시정명령등처분취소 2014.11.26. 사건번호 2014누41635, 전자상거래 등에서의 소비자보호에 관한 법률 제21조 제1항 제1호에서 금지하는 '거짓 사실을 알려 소비자와 거래하는 행위'의 의미와 관련하여 온라인 여행사인 甲 주식회사가 사이버몰을 통해 판매한 해외여행상품의 유류할증료 및 항공 택스(TAX) 금액을 실제보다 높게 알려 소비자와 거래하였다는 이유로 공정거래위원회가 시정명령과 공표명령을 한 사안에서, 甲 회사의 행위는 전자상거래 등에서의 소비자보호에 관한 법률 제21조 제1항 제1호에서 금지하는 '거짓 사실을 알려 소비자와 거래하는 행위'에 해당한다고 한 사례

8 시정명령등처분취소 2012.06.28. 사건번호 2010두24371, 온라인 오픈마켓 사업자인 甲 주식회사가 포털사이트 초기화면에 "○○○"이라는 배너광고를 설치하여 슬리퍼를 광고하였으나 실제 소비자가 나이키 슬리퍼를 구입하기 위해서는 옵션 주문을 통하여 "+13,900"으로 표시된 부분을 선택해야 하고 주문 및 결제 화면에서 21,800원을 지불해야 함에 따라 실제 상품내역과 배너광고 사이에 불일치가 발생하게 된 사실에 대하여 공정거래위원회가 시정명령 등을 한 사안에서, "○○○" 배너광고는 전자상거래 등에서의 소비자보호에 관한 법률 제21조 제1항 제1호의 허위광고에 해당한다고 본 원심 판단을 정당하다고 한 사례

이유로 공정거래위원회가 시정명령과 공표 명령을 한 사안에서 주식회사의 행위는 전자상거래 등에서의 소비자보호에 관한 법률에서 금지하는 '거짓 사실을 알려 소비자와 거래하는 행위'에 해당한다고 한 적이 있다.

또한 온라인 오픈마켓 사업자인 주식회사가 포털사이트 초기화면에 "○○○"라는 배너광고를 설치하여 슬리퍼를 광고하였으나 실제 소비자가 나이키 슬리퍼를 구입하기 위해서는 옵션 주문을 통하여 "+13,900"으로 표시된 부분을 선택해야 하고 주문 및 결제 화면에서 21,800원을 지불해야 함에 따라 실제 상품내역과 배너광고 사이에 불일치가 발생하게 된 사실에 대하여 공정거래위원회가 시정명령 등을 한 사안에서 "○○○"라는 배너광고는 전자상거래 등에서의 소비자보호에 관한 법률 제21조 제1항 제1호의 허위광고에 해당한다고 본 원심판단을 정당하다고 한 적이 있다.

더불어 법인의 대표자나 법인 또는 개인의 대리인, 사용인, 그 밖의 종업원이 그 법인 또는 개인의 업무에 관하여 일정 사안에 관한 위반행위를 하면 그 행위자를 벌하는 외에 법인 또는 개인에게도 벌금형을 과하도록 하여 양벌규정을 두고 있다. 다만, 법인 또는 개인이 그 위반행위를 방지하기 위하여 해당 업무에 관하여 상당한 주의와 감독을 게을리하지 아니한 경우에는 그러하지 아니하다.

마지막으로 과태료 처분으로 제재를 위반하여 영업을 계속한 경우 1억 원 이하의 과태료를 부과하고 소비자 피해 방지를 위한 사항 불이행,

소비자 피해보상 보험계약 등 미체결, 위반행위 관련 공정거래위원회 요청을 불이행 등의 경우 1천만 원 이하의 과태료 부과 및 거래기록을 보존하지 아니하거나 소비자에게 거래기록을 열람·보존할 수 있는 방법 미제공, 사업자의 신원정보 미표시, 계약 내용에 관한 서면을 계약자에게 미교부, 거래에 관한 계약을 취소할 수 있다는 내용을 거래 상대방인 미성년자에게 미고지한 경우 등에는 500만 원 이하의 과태료를 부과한다.

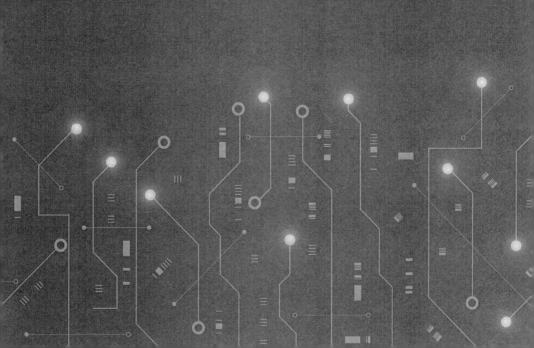

3

온라인 부동산 거래에 관한
법률상 절차는
어떻게 진행될까?

부동산 거래에 관련하여 전통적인 방법은 공인중개사 사무실 등을 통해 직접 거래서를 작성하고 방문하여 확인하는 등 비전자 거래로 통상 이루어져 왔다. 그러나 최근 늘어서는 전자거래 시스템을 이용하여 부동산 거래를 하는 경향이 증가하고 있는데, 실제로 국토부에 따르면[9] 2016년 550건, 2017년 7,062건, 2018에는 5월 기준으로 3천여 건에 이르는 등 갈수록 수치가 늘어나고 있다. 이에 대해 관련 법률 절차 등을 살펴보도록 한다.

먼저, 법률상 부동산 거래는 부동산 거래신고 등에 관한 법률[10]에 근

---

9 '국토부, 부동산 전자계약 한방에… 국민 편익 제고 기대', 국토일보(2018.5.30.)

10 부동산 거래신고 등에 관한 법률 제3조 (부동산 거래의 신고) ① 거래당사자는 다음 각호의 어느 하나에 해당하는 계약을 체결한 경우 그 실제 거래가격 등 대통령령으로 정하는 사항을 거래계약의 체결일부터 60일 이내에 그 권리의 대상인 부동산등(권리에 관한 계약의 경우에는 그 권리의 대상인 부동산을 말한다)의 소재지를 관할하는 시장(구가 설치되지 아니한 시의 시장 및 특별자치시장과 특별자치도 행정시의 시장을 말한다)·군수 또는 구청장(이하 "신고관청"이라 한다)에게 공동으로 신고하여야 한다. 다만, 거래당사자 중 일방이 국가, 지방자치단체, 대통령령으로 정하는 자의 경우(이하 "국가 등"이라 한다)에는 국가 등이 신고를 하여야 한다. <개정 2017.2.8> 1. 부동산의 매매계약 2. 「택지개발촉진법」, 「주택법」 등 대통령령으로 정하는 법률에 따른 부동산에 대한 공급계약 3. 다음 각 목의 어느 하나에 해당하는 지위의 매매계약 가. 제2호에 따른 계약을 통하여 부동산을 공급받는 자로 선정된 지위 나. 「도시 및 주거환경정비법」 제74조에 따른 관리처분계획의 인가 및 「빈집 및 소규모주택 정비에 관한 특례법」 제29조에 따른 사업 시행계획인가로 취득한 입주자로 선정된 지위 ② 제1항에도 불구하고 거래당사자 중 일방이 신고를 거부하는 경우에는 국토교통부령으로 정하는 바에 따라 단독으로 신고할 수 있다. ③ 「공인중개사법」 제2조 제4호에 따른 개업공인중개사(이하 "개업공인중개사"라 한다)가 같은 법 제26조 제1항에 따라 거래계약서를 작성·교부한 경우에는 제1항에도 불구하고 해당 개업공인중개사가 같은 항에 따른 신고를 하여야 한다. 이 경우 공동으로 중개를 한 경우에는 해당 개업공인중개사가 공동으로 신고하여야 한다. ④ 제1항부터 제3항까지에 따라 신고를 받은 신고관청은 그 신고 내용을 확인한 후 신고인에게 신고필증을 지체 없이 발급하여야 한다. ⑤ 부동산 등의 매수인은 신고인이 제4항에 따른 신고필증을 발급받은 때에 「부동산등기 특별조치법」 제3조 제1항에 따른 검인을 받은 것으로 본다. ⑥ 제1항부터 제5항까지에 따른 신고의 절차와 그 밖에 필요한

거하여 이루어지되 온라인 거래의 경우에 대해서는 국토교통부 장관이 효율적인 정보의 관리 및 국민편의 증진을 위하여 대통령령으로 정하는 바에 따라 부동산거래의 계약·신고·허가·관리 등의 업무와 관련된 정보체계를 구축·운영할 수 있도록 하고 있다.[11]

　또한 위 법률 하위 시행령에 따르면[12] 국토교통부 장관은 효율적인 정보의 관리 및 국민편의 증진을 위하여 부동산거래 신고 정보, 검증체계 관련 정보, 외국인 등의 부동산 취득·보유 신고 자료 및 관련 정보, 토지거래계약의 허가 관련 정보, 부동산등기 특별조치법에 따른 검인 관련 정보, 부동산 거래계약 등 부동산거래 관련 정보 등을 구축하고 해당 정보체계에 구축되어 있는 정보를 수요자에게 제공할 수 있도록 하고 있다. 그리고 시행규칙에서[13] 앞서 구축된 부동산 거래계약 관련 정

사항은 국토교통부령으로 정한다.

11 부동산 거래신고 등에 관한 법률 제25조 (부동산정보체계의 구축·운영) 국토교통부장관은 효율적인 정보의 관리 및 국민편의 증진을 위하여 대통령령으로 정하는 바에 따라 부동산거래의 계약·신고·허가·관리 등의 업무와 관련된 정보체계를 구축·운영할 수 있다.

12 부동산 거래신고 등에 관한 법률 시행령 제19조 (부동산정보체계의 구축·운영) ① 국토교통부 장관은 법 제25조에 따라 효율적인 정보의 관리 및 국민편의 증진을 위하여 다음 각호의 정보를 관리할 수 있는 정보체계를 구축·운영할 수 있다. 1. 법 제3조에 따른 부동산거래 신고 정보 2. 검증체계 관련 정보 3. 법 제8조에 따른 외국인 등의 부동산 취득·보유 신고 자료 및 관련 정보 4. 토지거래계약의 허가 관련 정보 5. 「부동산등기 특별조치법」 제3조에 따른 검인 관련 정보 6. 부동산 거래계약 등 부동산거래 관련 정보 ② 국토교통부 장관은 정보체계에 구축되어 있는 정보를 수요자에게 제공할 수 있다. 이 경우 정보체계 운영을 위하여 불가피한 사유가 있거나 개인정보의 보호를 위하여 필요하다고 인정할 때에는 제공하는 정보의 종류와 내용을 제한할 수 있다. ③ 제1항과 제2항에서 규정한 사항 외에 정보체계의 구축·운영 및 이용에 필요한 사항은 국토교통부 장관이 정한다.

13 부동산 거래신고 등에 관한 법률 시행규칙 제2조 (부동산 거래의 신고) ⑩ 법 제25조

보시스템을 통하여 부동산 거래계약을 체결한 경우에는 부동산거래계약 신고서를 제출한 것으로 간주하도록 함으로써 법적으로 온라인상에서 이루어지는 부동산 거래를 인정하고 있다.

실제 언론보도 등[14]에 따르면 국토교통부는 정부에서 구축한 부동산 전자계약시스템 등을 개인 PC나 태블릿을 활용해 부동산 계약을 맺을 수 있도록 서비스를 제공하고 있는데, 해당 시스템의 특징으로 전산에 의한 진행이 이루어져 별도의 인감이 필요 없고 계약서를 보관할 필요가 없다.

더구나 임대차 계약 등의 경우에도 확정일자가 자동으로 부여되어 법적 분쟁 다툼에서도 유리하며 매매계약의 경우에도 부동산 거래신고 자동처리 및 건축물대장 등 발급 서류도 대폭 줄일 수 있도록 되어 있다.

경제적인 측면에서도 등기수수료(전세권설정, 소유권 이전)를 30% 절감할 수 있으며 전자계약으로 전용 85㎡ 및 3억 원(전·월세 보증금 기준) 이하 주택 임대차 계약을 맺은 경우 신분(대학생이나 사회초년생, 신혼부부 대상)에 따라 중개 보수료 20만 원을 지원하도록 하고 있다.

에 따라 구축된 부동산 거래계약 관련 정보시스템(이하 "부동산거래계약시스템"이라 한다)을 통하여 부동산 거래계약을 체결한 경우에는 부동산 거래계약이 체결된 때에 제1항, 제2항 또는 제4항의 부동산거래계약 신고서를 제출한 것으로 본다. <개정 2017.9.26>

14 '부동산 전자계약시스템 잘 활용하기', 쿠키뉴스(2018.6.15.)

더구나 공인 전자시스템으로 계약이 진행되기 때문에 계약서 위·변조와 함께 신분확인 검증이 가능하여 불법 중개행위를 차단할 수 있다.

이러한 전자거래 시스템 이용방법 관련하여 국토교통부가 제시하는 방법은 국토부 홈페이지에 접속해 회원가입 후 공인중개사의 경우는 계약 내용에 따라 대상물 확인서와 계약서를 작성하고 거래 인원은 2가지로 나뉘어 대면 거래 시에는 스마트폰 등으로 본인 인증 후 신분증을 촬영해 계약서에 첨부하여 지문과 수기 서명을 하고 비대면 계약 시에는 스마트폰 인증 후 공인인증서를 이용해 서명을 하여 해당 계약서를 확인한 공인중개사가 공인인증서를 이용하여 서명을 하면 계약이 확정된다.

[참고사진] 국토부 부동산 전자계약 시스템 홍보지

사이버 공간에서
융통되는 전자어음은
법적 근거가 있을까?

거래 관계에서 사용되는 어음의 경우 일반인들 사이에서 흔히 주고받는 경우가 있어 어색함이 느껴지지 않지만, 전자어음이라는 것에 대해 알고 있는 일반인은 흔치 않다. 그렇다면 과연 전자어음이란 무엇이고 그 법적 근거는 무엇인지에 관하여 살펴보자.

4-1. 전자어음과 관리기관

먼저 관련 법률[15]에 따르면 전자어음이란 전자문서로 작성되고 전자어음 관리기관에 등록된 약속어음을 말한다. 또한 전자어음 관리기관이란 법무부 장관이 지정하는 것으로 민법에 따라 설립된 법인 또는 상법에 따라 설립된 주식회사일 것을 요한다.

물론, 위와 같은 전자어음 관리기관은 법령상[16] 일정한 요건을 갖추어

---

15 전자어음의 발행 및 유통에 관한 법률 [시행 20180530] [법률 제14174호, 2016.5.29.,일부개정]

16 전자어음의 발행 및 유통에 관한 법률 시행령 제3조 (전자어음 관리기관의 지정요건) 법 제3조 제2항 제2호에 따른 전자어음 관리기관(이하 "관리기관"이라 한다)의 지정요건은 다음 각호와 같다. <개정 2013.3.23, 2017.7.26> 1. 기술능력: 다음 각 목의 기술인력을 합한 수가 10명 이상일 것 가. 정보통신기사·정보처리기사 및 전자계산기조직응용기사 이상의 국가기술자격 또는 이와 같은 수준 이상의 자격이 있다고 과학기술정보통신부 장관이 인정하는 자격을 갖춘 사람 1명 이상 나. 과학기술정보통신부 장관이 정하여 고시하는 정보보호 또는 정보통신 운영·관리 분야에서 2년 이상 근무한 경력이 있는 사람 1명 이상 다. 「정보통신망 이용촉진 및 정보보호 등에 관한 법률」 제52조에 따른 한국인터넷진흥원에서 실시하는 인증업무에 관한 시설 및 장비의 운영, 비상복구 대책 및 침해사고의 대응 등에 관한 교육과정을 마친 사람 1명 이상 라. 공인회계사 또는 금융업무나 신용분석업무에 3년 이상 종사한 사람 1명 이상 2. 재정 능력: 100억 원 이상의 순자산[총자산에서 부채를 뺀 가액(가액)을 말한다]을 보유할 것 3. 시설 및 장비: 다음 각 목의 시설 및 장비를 갖출 것 가. 이용자가 전자어음의 등록, 발행, 배서, 보증, 지급 제시, 지급, 지급 거절 및 지급 거절증서의 확인 등 권리행사를 할 수 있는 시설 및 장비 나. 전자어음의 상환청구, 반환 및 수령 거부 등을 할 수 있는 시설 및 장비 다. 전자어음의 송수신 일시를 확인하고 전자어음거래 기록을 생성하고 보존할 수 있는 시설 및 장비 라. 전자어음의 발행·유통 관련 시설 및 장비를 안전하게 운영하기 위하여 필요한 보호시설 및 장비 마. 그 밖에 전자어음거래를 원활하고 안전하게

야 한다. 즉, 기술능력(정보통신기사 등 관련 분야 전문가 10명 이상일 것), 재정 능력(100억 원 이상의 순자산), 시설 및 장비(이용자가 전자어음의 등록, 발행, 배서, 보증, 지급 제시, 지급, 지급 거절 및 지급 거절증서의 확인 등 권리행사를 할 수 있는 시설 및 장비) 등이 갖추어져야 기관으로서 성격을 인정받을 수 있게 된다.

하기 위하여 법무부 장관이 필요하다고 인정하여 고시한 시설 및 장비 4. 제3호 각 목에 따른 시설 및 장비의 관리·운영 절차 및 방법을 정한 관리기관의 규정

4-2. 전자어음 등록과 발행

전자어음을 발행하려는 자는 해당 어음을 전자어음 관리기관에 등록하여야 하는데, 이때 전자어음 관리기관은 어음지급을 청구할 금융기관이나 신용조사 기관 등의 의견을 참고하여 전자어음의 등록을 거부하거나 전자어음의 연간 총 발행금액 등을 제한할 수 있다. 또한 전자어음 관리기관의 전자어음 등록에 관한 절차와 방법, 그 밖에 필요한 사항은 별도의 하위 규정[17]으로 정하도록 하였는데 구체적으로 관리기관은 신용평가기관 또는 당좌 예금계약을 체결한 금융기관의 전자어음 발행 한도에 관한 의견 및 발행인의 연간 매출액, 자본금, 신용도, 당좌거래 실적 등을 종합하여 전자어음 발행 한도를 제한하고 거부가능 범위는 어음교환소로부터 거래정지처분을 받고 거래정지 중에 있거나 어음

---

[17] 전자어음의 발행 및 유통에 관한 법률 시행령 제5조 (전자어음의 등록 등) ① 법 제5조 제3항에 따라 관리기관에 전자어음을 등록하여 발행하려는 자는 법 제6조 제1항 제2호에 따른 금융기관(이하 "지급금융기관"이라 한다)과 그 지급금융기관을 「어음법」 제4조에 따른 제3자방(제삼자방)으로 하기로 하는 계약(이하 "당좌예금계약"이라 한다)을 체결하여야 한다. ② 관리기관은 신용평가기관 또는 당좌예금계약을 체결한 금융기관의 전자어음 발행 한도에 관한 의견 및 발행인의 연간 매출액, 자본금, 신용도, 당좌거래 실적 등을 종합하여 전자어음 발행 한도를 제한할 수 있다. ③ 관리기관은 다음 각호의 어느 하나에 해당하는 자에 대해서는 전자어음 발행을 위한 등록을 거부할 수 있다. 1. 관리기관 또는 어음교환소로부터 거래정지처분(관리기관이 새로 전자어음을 발행하려는 자의 전자어음 등록을 거부하거나 이미 등록한 발행인의 전자어음 발행을 금지하는 처분을 말한다. 이하 같다)을 받고 거래정지 중에 있는 자 2. 법 또는 이 영과 「어음법」에 위반되는 행위를 한 자 3. 그 밖에 금융기관과의 거래에 관하여 신용을 훼손하는 행위를 한 자로서 법무부령으로 정하는 자

법에 위반되는 행위를 한 경우 등이다.

다음으로 전자어음의 경우 그 배서 또는 보증을 하거나 전자어음의 권리를 행사할 때 전자문서로만 가능하며 전자어음이라도 어음법[18]상 기본적인 요건인 약속 어음임을 표시하는 글자, 조건 없이 일정한 금액을 지급할 것을 약속하는 뜻, 만기, 지급지, 지급받을 자 또는 지급받을 자를 지시할 자의 명칭, 발행일과 발행지, 발행인의 기명날인 또는 서명, 전자어음의 지급을 청구할 금융기관, 전자어음의 동일성을 표시하는 정보, 사업자 고유정보 등이 표시되어야 한다. 물론, 앞서 표기된 내용 중 금융기관이 있는 지역은 어음법상 지급지로 간주하고 발행인이 전자어음에 공인 전자서명을 한 경우에는 어음법상 기명날인 또는 서명을 한 것으로 본다. 또한 발행인이 타인에게 전자어음을 송신하고 이를 수신한 경우 전자어음을 발행한 것으로 판단한다.

제한사항으로는 전자어음 만기를 발행일부터 3개월을 초과할 수 없도록 하고 있으며 어음법[19]에 따른 백지어음(미완성으로 발행한 환어음에 미리 합의한 사항과 다른 내용을 보충한 경우에는 그 합의의 위반을 이유로 소지인에게 대항하지 못함. 그러나 소지인이 악의 또는 중대한 과실로 인하여 환어음을 취득한 경우에는 그러하지 아니함)의 경우는 전자어음으로 발행할 수 없다.

---

18 어음법 제75조 (어음의 요건) 약속어음에는 다음 각호의 사항을 적어야 한다. 1. 증권의 본문 중에 그 증권을 작성할 때 사용하는 국어로 약속어음임을 표시하는 글자 2. 조건 없이 일정한 금액을 지급할 것을 약속하는 뜻 3. 만기 4. 지급지 5. 지급받을 자 또는 지급받을 자를 지시할 자의 명칭 6. 발행일과 발행지 7. 발행인의 기명날인 또는 서명

19 어음법 제10조 (백지어음) 미완성으로 발행한 환어음에 미리 합의한 사항과 다른 내용을 보충한 경우에는 그 합의의 위반을 이유로 소지인에게 대항하지 못한다. 그러나 소지인이 악의 또는 중대한 과실로 인하여 환어음을 취득한 경우에는 그러하지 아니하다.

4-3. 전자어음의 배서

전자어음의 경우 배서를 하는 경우에는 전자어음에 배서의 뜻을 기재한 전자문서를 첨부하여야 한다. 그리고 배서 전자문서에는 전자어음의 동일성을 표시하는 정보를 기재하여야 하며, 이때 배서인이 타인에게 전자어음과 배서 전자문서를 송신하고 해당 타인이 이를 수신한 때에는 어음법[20]에 따른 배서 및 교부를 한 것으로 간주한다. 단, 피배서인이 다시 배서를 하는 경우에는 이전에 작성된 배서 전자문서를 전자어음에 전부 첨부하고 배서를 하여야 한다. 그리고 전자어음의 총 배서 횟수는 20회를 초과할 수 없도록 제한된다.

특이한 점으로 전자어음의 분할배서라는 것이 있는데, 이는 전자어음을 발행받아 최초로 배서하는 자에 한하여 총 5회 미만으로 어음금을 분할하여 일부에 관하여 각각 배서할 수 있되 이러한 배서를 하는 자는 배서하는 전자어음이 분할 전의 전자어음으로부터 분할된 것임을 표시하여야 한다. 그리고 이와 같이 분할된 후 전자어음은 기재된 금액의 범위에서 분할 전의 전자어음과 동일한 전자어음으로 본다. 단, 분할된 전

---

[20] 어음법 제13조 (배서의 방식) ① 배서는 환어음이나 이에 결합한 보충지[보전]에 적고 배서인이 기명날인하거나 서명하여야 한다. ② 배서는 피배서인(피배서인)을 지명하지 아니하고 할 수 있으며 배서인의 기명날인 또는 서명만으로도 할 수 있다(백지식 배서). 배서인의 기명날인 또는 서명만으로 하는 백지식 배서는 환어음의 뒷면이나 보충지에 하지 아니하면 효력이 없다.

자어음에 대한 법률행위의 효과는 분할된 다른 전자어음의 법률관계에 영향을 미치지 아니하며, 배서인은 분할 후의 수 개의 전자어음이 구별되도록 다른 번호를 붙여야 한다. 이 경우 번호 부여의 구체적인 방법[21]은 배서인이 관리기관의 정보처리조직을 이용하여 각각의 전자어음에 분할에 관한 사항을 표시하는 서로 다른 번호를 붙이는 방식으로 한다. 그리고 분할 후 어느 전자어음상의 권리가 소멸한 때에는 분할 전 전자어음은 그 잔액에 관하여 존속하는 것으로 본다.

---

[21] 전자어음의 발행 및 유통에 관한 법률 시행령 제8조의3 (전자어음의 분할배서) 법 제7조의2 제4항에 따라 배서인이 분할 후의 수개의 전자어음에 번호를 부여하는 경우에는 관리기관의 정보처리조직을 이용하여 각각의 전자어음에 분할에 관한 사항을 표시하는 서로 다른 번호를 붙여야 한다.

4-4. 전자어음 보증과 제시

전자어음 보증의 경우 보증의 뜻을 기재한 전자문서를 그 전자어음에 첨부하여야 하는데 문제는 전자어음은 보증에 의하여 그 금액의 일부의 지급을 담보할 수 없다는 점이다.

다음으로 전자어음의 소지인이 전자어음 및 전자어음의 배서에 관한 전자문서를 첨부하여 지급청구 뜻이 기재된 전자문서를 지급을 청구할 금융기관에 송신하고 해당 금융기관이 이를 수신한 때에는 어음법[22]에서 정한 것(확정일 출급, 발행 일자 후 정기출급 또는 일람 후 정기출급의 환어음 소지인은 지급을 할 날 또는 그날 이후의 2거래일 내에 지급을 받기 위한 제시를 하여야 함)과 같은 제시를 한 것으로 본다. 다만, 전자어음 관리기관에 대한 전자어음 제시는 지급을 위한 제시와 같은 효력이 있으며 전자어음 관리기관이 운영하는 정보처리 조직에 의하여 전자어음의 만기일 이전에 자동으로 지급 제시되도록 할 수 있다. 이때, 지급 제시를 하는 소지인은 지급 청구의 뜻이 기재된 전자문서에 어음금을 수령할 금융기관의 계좌를 기재하여야 한다. 그리고 이와 같이 지급 제시를 받은 금융기관이 어음금을 지급할 때에는 전자어음 관리기관에 지급 사실을 통지하

---

[22] 어음법 제38조 (지급 제시의 필요) ① 확정일 출급, 발행 일자 후 정기출급 또는 일람 후 정기출급의 환어음 소지인은 지급을 할 날 또는 그날 이후의 2거래일 내에 지급을 받기 위한 제시를 하여야 한다.

여야 한다. 다만, 전자어음 관리기관에서 운영하는 정보처리 조직에 의하여 지급이 완료된 경우에는 그러하지 아니하다.

4-5. 전자어음 소멸과 지급 거절

앞선 지급통지 또는 전자어음 관리기관의 정보처리 조직에 의하여 지급이 완료된 경우 어음 채무자가 해당 전자어음을 환수한 것으로 봄으로써 소멸하게 되는데 주의할 점은 어음법[23] 일부 부분(환어음 지급인은 지급을 할 때 소지인에게 영수를 증명하는 뜻을 적어서 교부할 것을 청구할 수 있고 소지인은 일부지급을 거절하지 못하며 일부 지급의 경우 지급인은 소지인에게 지급 사실을 어음에 적고 영수증을 교부할 것을 청구할 수 있음)을 전자어음에 적용하지 아니한다는 점이다.

지급 거절의 경우를 살펴보면 전자어음 지급 제시를 받은 금융기관의 경우 거절 방식을 전자문서로 하여야 하며 해당 지급 거절 전자문서를 전자어음 관리기관에 통보하고 그 기관이 문서 내용을 확인한 경우에는 해당 전자문서를 어음법[24]상 공정증서로 본다. 이때, 구체적인 방법은 하위 규정에 따르는데[25] 해당 내용에 따르면 지급 거절 전자문서는

---

[23] 어음법 제39조 (상환증권성 및 일부지급) ① 환어음의 지급인은 지급을 할 때에 소지인에게 그 어음에 영수(영수)를 증명하는 뜻을 적어서 교부할 것을 청구할 수 있다. ② 소지인은 일부지급을 거절하지 못한다. ③ 일부지급의 경우 지급인은 소지인에게 그 지급 사실을 어음에 적고 영수증을 교부할 것을 청구할 수 있다.

[24] 어음법 제44조 (상환청구의 형식적 요건) ① 인수 또는 지급의 거절은 공정증서(인수거절증서 또는 지급 거절증서)로 증명하여야 한다.

[25] 전자어음의 발행 및 유통에 관한 법률 시행령 제10조 (지급 거절) ① 법 제12조 제1항에

지급 제시를 위하여 송신되는 전자어음의 여백에 지급이 거절되었음을 표시하는 문언을 기재하는 방식으로 작성하거나 전자어음의 일부가 되는 별도의 분서로 작성하고 관리기관은 지급 거절 전자문서를 통보받은 경우 전자어음 소지인이 적법하게 금융기관에 지급을 위한 제시를 하였는지 확인하고, 지급 거절을 확인한 경우에는 지급 제시를 위한 전자어음의 여백에 지급 거절을 확인하였음을 표시하는 문언을 기재한 후 해당 전자어음을 즉시 소지인에게 송신하여야 한다. 그리고 관리기관은 지급 거절된 지급 제시용 전자어음을 소지인에게 송신한 때에는 소지인이 보관하는 전자어음의 원본이 소멸되도록 하여야 한다. 이 경우 지급 거절된 지급 제시용 전자어음을 어음의 원본으로 본다.

따른 지급 거절 전자문서는 제8조 제3항에 따라 지급 제시를 위하여 송신되는 전자어음의 여백에 지급이 거절되었음을 표시하는 문언을 기재하는 방식으로 작성하거나 전자어음의 일부가 되는 별도의 문서로 작성하여야 한다. ② 관리기관은 법 제12조 제2항에 따른 지급 거절 전자문서를 통보받은 경우에는 전자어음 소지인이 적법하게 금융기관에 지급을 위한 제시를 하였는지 확인하여야 하며, 지급 거절을 확인한 경우에는 지급 제시를 위한 전자어음의 여백에 지급 거절을 확인하였음을 표시하는 문언을 기재한 후 해당 전자어음을 즉시 소지인에게 송신하여야 한다. ③ 관리기관은 제2항에 따라 지급 거절된 지급 제시용 전자어음을 소지인에게 송신한 때에는 소지인이 보관하는 전자어음의 원본이 소멸되도록 하여야 한다. 이 경우 지급 거절된 지급 제시용 전자어음을 어음의 원본으로 본다.

4-6. 전자어음 안전성 확보 및 정보제공

전자어음 관리기관은 전자어음 거래의 안전을 확보하고 지급의 확실성을 보장할 수 있도록 전자어음거래의 전자적 전송·처리를 위한 인력, 시설, 전자적 장치 등에 관하여 일정한 기준[26]을 준수하여야 한다. 또한 전자어음 관리기관은 전자어음의 발행, 배서, 보증 및 권리행사 등을 할 때에 그 기관의 전자정보처리 조직을 통하여 이루어지도록 하는 조치, 전자어음별로 발행인과 배서인에 관한 기록, 전자어음 소지인의 변동사항 및 그 전자어음의 권리행사에 관한 기록의 보존, 전자어음 거래를 추적·검색하고 오류가 발생할 경우 그 오류를 확인·정정할 수 있는 기록의 생성 및 보존하여야 한다.

---

26 전자어음의 발행 및 유통에 관한 법률 시행령 제12조 (관리기관의 안전성 확보 기준) ① 관리기관은 전자어음의 이용자가 관리기관의 정보처리조직을 이용하여 안전하게 전자어음을 거래할 수 있도록 하여야 한다. ② 관리기관은 전자어음거래의 안전성을 확보하기 위하여 제3조 각호의 사항을 갖추어야 한다. ③ 관리기관은 관리기관으로 지정된 후 제3조 각호의 어느 하나에 해당하는 사항을 변경하는 경우[제3조 제3호에 따른 시설 및 장비를 처분하거나 다른 사업에 전용(전용)하는 경우를 포함한다]에는 지체 없이 법무부 장관에게 그 사실을 신고하여야 한다. 이 경우 법무부 장관은 관리기관의 기술능력, 재정 능력, 시설 및 장비의 안전 운영 여부 등을 점검할 수 있다. ④ 관리기관은 제3조 제3호에 따른 시설 또는 장비를 보유하고 있거나 그에 관한 권리를 가진 자와 시설 및 장비 사용계약을 체결할 수 있다. 이 경우에는 관리기관이 제3조 제3호에 따른 시설 및 장비를 갖춘 것으로 본다. ⑤ 제4항에 따라 관리기관과 시설 및 장비 사용계약을 체결한 자(이하 "전자어음기술지원 사업자"라 한다)가 준수하여야 할 사항, 시설 및 장비 사용계약의 기간 등에 관하여 필요한 사항은 법무부령으로 정한다.

그리고 전자어음 관리기관은 이용자가 신청한 경우에는 해당 전자어음 관련 발행상황 및 잔액 등의 결제 정보를 제공하여야 한다.[27] 이때, 제공 가능한 정보는 소지한 전자어음의 진위, 소지한 전자어음의 발행인이 최근 3년 이내에 지급 거절을 한 사실이 있는지 여부, 발행인에 관한 정보로서 「상법」, 「자본시장과 금융투자업에 관한 법률」, 그 밖의 법령에 따라 공시할 의무가 있는 정보 등이다. 그리고 어음발행인의 허락을 받은 자가 요청할 수 있는 정보는 어음발행인이 관리기관에 통보한 범위 내의 정보로 한다.

---

[27] 전자어음의 발행 및 유통에 관한 법률 시행령 제14조 (전자어음 거래정보의 제공 등) ① 법 제17조 제1항에 따라 관리기관에 정보를 요청할 수 있는 이용자는 전자어음을 소지한 자 또는 발행인의 허락을 받은 자로 한정한다. ② 전자어음의 소지인이 제공을 요청할 수 있는 정보는 다음과 같다. 1. 소지한 전자어음의 진위(진위) 2. 소지한 전자어음의 발행인이 최근 3년 이내에 지급 거절을 한 사실이 있는지 여부 3. 발행인에 관한 정보로서 「상법」, 「자본시장과 금융투자업에 관한 법률」, 그 밖의 법령에 따라 공시할 의무가 있는 정보 ③ 어음발행인의 허락을 받은 자가 요청할 수 있는 정보는 어음발행인이 관리기관에 통보한 범위 내의 정보로 한다. ④ 관리기관은 발행인이 동의한 경우 발행인의 전자어음 발행 한도, 유통 중인 전자어음 발행총액 등의 정보를 소지인에게 제공할 수 있다. ⑤ 법 제17조 제3항에서 "대통령령으로 정하는 경우"란 다음 각호의 어느 하나에 해당하는 경우를 말한다. 1. 전자어음의 발행인이 법에 따른 전자어음, 「어음법」에 따른 어음 또는 「수표법」에 따른 수표를 지급 거절한 사실이 발생한 경우 2. 전자어음의 발행인이 「채무자 회생 및 파산에 관한 법률」 제34조에 따른 회생절차개시신청, 같은 법 제294조에 따른 파산신청 또는 같은 법 제588조에 따른 개인회생절차개시신청을 한 경우 ⑥ 관리기관은 발행인이 거래정지처분을 받은 경우에는 그 사실을 발행인이 발행한 모든 전자어음의 이용자들에게 통보하여야 하고, 거래정지처분을 받은 발행자에 관한 사항을 관리기관의 홈페이지 등에 공시하여야 한다. ⑦ 관리기관은 지급을 한 금융기관이나 발행인 등이 신청한 경우에는 처리한 전자어음을 열람하게 하거나 그 사본을 제공할 수 있다.

4-7. 이의제기 및 분쟁 처리

전자어음 관리기관은 전자어음거래와 관련하여 이용자가 제기하는 정당한 의견이나 불만을 반영하고, 이용자가 전자어음거래에서 입은 손해를 배상하기 위한 절차를 마련[28]하여야 하는데 관리기관은 이용자들이 제기하는 정당한 의견이나 불만을 반영하고 이용자가 전자어음거래에서 입은 손해의 배상에 관한 사항을 심의하기 위하여 전자어음 분쟁조정위원회를 설치·운영한다.

---

28 전자어음의 발행 및 유통에 관한 법률 시행령 제16조 (이의제기 및 분쟁 처리) ① 관리기관은 전자어음 이용자가 전자어음을 출력한 상태에서 법 제19조 제1항에 따른 이의를 전자문서로 제기할 수 있는 장치를 두어야 하며, 이 장치에 이의에 대한 처리기한 및 처리결과의 통지방법을 명시하여야 한다. ② 관리기관은 이용자가 전자어음을 출력한 경우에 법 제18조에 따른 약관을 확인할 수 있도록 하여야 한다. ③ 관리기관은 이용자들이 제기하는 정당한 의견이나 불만을 반영하고 이용자가 전자어음거래에서 입은 손해의 배상에 관한 사항을 심의하기 위하여 전자어음분쟁조정위원회를 설치·운영한다. 제17조 (전자어음분쟁조정위원회의 구성 등) ① 제16조제3항에 따른 전자어음분쟁조정위원회(이하 "위원회"라 한다)는 위원장 1명을 포함한 5명 이상 10명 이내의 위원으로 구성한다. ② 위원은 다음 각호의 어느 하나에 해당하는 사람 중에서 법무부 장관이 임명하거나 위촉한다. 1. 대학이나 연구기관에서 부교수 이상 또는 이에 상당하는 직(직)에 있거나 있었던 사람으로서 법학 또는 경제학을 전공한 사람 2. 판사·검사 또는 변호사의 직에 5년 이상 있거나 있었던 사람 3. 금융기관 또는 금융 관계 기관·단체에서 10년 이상 근무한 경력이 있는 사람 4. 소비자문제에 학식과 경험이 있는 사람으로서 비영리민간단체에서 추천하는 사람 5. 그 밖에 전자거래 또는 분쟁조정과 관련하여 학식과 경험이 있는 사람 ③ 위원은 비상임으로 하고, 위원의 임기는 2년으로 하되 연임할 수 있다. ④ 위원장은 위원 중에서 호선(호선)하며, 위원회를 대표하고 그 업무를 총괄한다. ⑤ 위원회의 운영에 관한 구체적인 사항은 법무부령으로 정한다.

그리고 전자어음 분쟁 조정위원회는 위원장 1명을 포함한 5명 이상 10명 이내의 위원으로 구성하며 자격요건은 대학이나 연구기관에서 부교수 이상 또는 이에 상당하는 직에 있거나 있었던 사람으로서 법학 또는 경제학을 전공한 사람, 판사·검사 또는 변호사의 직에 5년 이상 있거나 있었던 사람, 금융기관 또는 금융 관계 기관·단체에서 10년 이상 근무한 경력이 있는 사람, 소비자 문제에 학식과 경험이 있는 사람으로서 비영리민간단체에서 추천하는 사람, 그 밖에 전자거래 또는 분쟁조정과 관련하여 학식과 경험이 있는 사람 중에서 법무부 장관이 위촉, 임명한다.

4-8. 전자어음 관리감독 및 조치

　법무부 장관은 전자어음 관리기관에 대하여 관리감독을 하여야 하는 데 필요하면 전자어음 관리기관에 대하여 그 업무에 관한 보고를 하게 하거나 전자어음관리 업무에 관한 시설·장비·서류, 그 밖의 물건을 검사할 수 있다. 이때, 전자어음제도의 원활한 운영 및 이용자 보호 등을 위하여 필요하면 전자어음 관리기관에 이용자의 전자어음거래 정보 등 필요한 자료 제출을 명할 수 있다.

　그리고 만약 위반사항이 식별되면 해당 위반행위에 대한 시정명령, 전자어음 관리기관에 대한 주의·경고 또는 그 임직원에 대한 주의·경고 및 문책의 요구, 전자어음 관리기관 임원의 해임권고 또는 직무정지의 요구 등을 할 수 있다. 또한 거짓이나 그 밖의 부정한 방법으로 제3조에 따른 전자어음 관리기관으로 지정받은 경우, 정당한 사유 없이 1년 이상 계속하여 영업을 하지 아니한 경우, 법인의 합병·파산·폐업 등으로 사실상 영업을 종료한 경우 등에 지정을 취소할 수 있다. 물론, 지정이 취소된 경우에도 그 취소처분이 있기 전에 한 전자어음거래의 지급을 위한 업무를 계속하여 할 수 있다.

4-9. 벌칙 처분

전자어음 관리기관으로 지정받지 아니하고 전자어음 관리 업무를 한 자는 5년 이하의 징역 또는 1억 원 이하의 벌금에 처하고, 전자어음 관리기관에 등록하지 아니하고 전자어음을 발행한 자나 임의로 전자어음 거래 정보를 제공한 자는 3년 이하의 징역 또는 5천만 원 이하의 벌금에 처한다. 만약 검사를 기피하거나 방해한 자는 1년 이하의 징역 또는 3천만 원 이하의 벌금에 처한다.

전자금융거래는 법적으로
어떤 보장을 받고 있나?

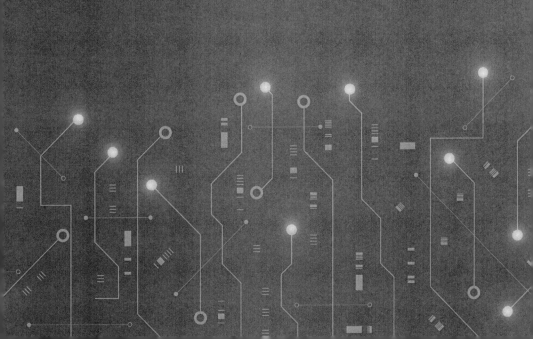

최근 언론[29]에 따르면 신용카드 이용이 확산되고 전자화폐 도입이 활성화되면서 현금이 급속도로 사라지고 있다고 한다. 실제 대한민국도 2020년까지 동전 현금을 폐지하기로 결정했다고 하며 현금 자체를 폐지하려는 국가들도 늘고 있는 흐름이다. 이처럼 전자금융거래는 실제 현생활에서뿐만 아니라 그 효용성이나 활용도가 증가하고 있는데 과연 이에 대한 법적 장치는 어떤 것들이 마련되어 있을까?

위와 같은 전자금융 거래에 관하여는 전자금융거래법[30]에 근거하여 모든 사안이 이루어지고 있다. 여기서 전자금융거래라 함은 금융회사 또는 전자금융업자가 전자적 장치를 통하여 금융상품 및 서비스를 제공하고 이용자가 금융회사 또는 전자금융업자의 종사자와 직접 대면하거나 의사소통을 하지 아니하고 자동화된 방식으로 이를 이용하는 거래를 말한다.

---

29 '화폐는 디지털화되고, 금융은 사회화된다', 참세상(2018.7.2.)

30 전자금융거래법 [시행 20171019] [법률 제14828호, 2017.4.18.,일부개정]

5-1. 전자금융 지급 효력발생 및 철회

전자금융거래에 있어 효력 발생 시기[31]는 경우에 따라 다른데 전자자금 이체의 경우는 거래 지시된 금액의 정보에 대하여 수취인의 계좌가 개설되어 있는 금융회사 또는 전자금융업자의 계좌의 원장에 입금기록이 끝난 때이고 전자적 장치로부터 직접 현금을 출금하는 경우는 수취인이 현금을 수령한 때이며 선불 전자지급 수단 및 전자화폐로 지급하는 경우는 거래 지시된 금액의 정보가 수취인이 지정한 전자적 장치에 도달한 때, 그 밖의 전자지급수단으로 지급하는 경우는 거래 지시된 금액의 정보가 수취인의 계좌가 개설되어 있는 금융회사 또는 전자금융업자의 전자적 장치에 입력이 끝난 때를 의미한다.

---

31 전자금융거래법 제13조 (지급의 효력발생시기) ① 전자지급수단을 이용하여 자금을 지급하는 경우에는 그 지급의 효력은 다음 각호의 어느 하나에서 정한 때에 생긴다. <개정 2013.5.22., 2014.10.15> 1. 전자자금이체의 경우: 거래 지시된 금액의 정보에 대하여 수취인의 계좌가 개설되어 있는 금융회사 또는 전자금융업자의 계좌의 원장에 입금기록이 끝난 때 2. 전자적 장치로부터 직접 현금을 출금하는 경우: 수취인이 현금을 수령한 때 3. 선불전자지급수단 및 전자화폐로 지급하는 경우: 거래 지시된 금액의 정보가 수취인이 지정한 전자적 장치에 도달한 때 4. 그 밖의 전자지급수단으로 지급하는 경우: 거래 지시된 금액의 정보가 수취인의 계좌가 개설되어 있는 금융회사 또는 전자금융업자의 전자적 장치에 입력이 끝난 때 ② 총자산 등을 감안하여 대통령령으로 정하는 금융회사 또는 전자금융업자는 이용자가 원하는 경우 대통령령으로 정하는 절차와 방법에 따라 이용자가 거래지시를 하는 때부터 일정 시간이 경과한 후에 전자자금이체의 지급 효력이 발생하도록 하여야 한다. <신설 2014.10.15.>

또한 거래지시 철회와 관련[32]하여 이용자는 지급효력이 발생하기 전까지 거래지시를 철회할 수 있는데, 그럼에도 불구하고 금융회사 또는 전자금융업자와 이용자는 대량으로 처리하는 거래 또는 예약에 따른 거래 등의 경우 미리 정한 약정에 따라 거래지시의 철회시기를 달리 정할 수 있다.

그리고 금융회사 또는 전자금융업자는 추심이체를 실행하기 위하여 미리 지급인으로부터 출금에 대한 동의를 얻어야 하며 지급인은 수취인의 거래지시에 따라 지급인의 계좌의 원장에 출금 기록이 끝나기 전까지 금융회사 또는 전자금융업자에게 철회를 요청할 수 있다. 그러나 금융회사 또는 전자금융업자는 대량으로 처리하는 거래 또는 예약에 따른 거래 등의 경우에는 미리 지급인과 정한 약정에 따라 동의의 철회시기를 달리 정할 수 있다.

---

32 전자금융거래법 제14조 (거래지시의 철회) ① 이용자는 제13조 제1항 각호의 규정에 따라 지급의 효력이 발생하기 전까지 거래지시를 철회할 수 있다. <개정 2014.10.15.> ② 제1항의 규정에 불구하고 금융회사 또는 전자금융업자와 이용자는 대량으로 처리하는 거래 또는 예약에 따른 거래 등의 경우에는 미리 정한 약정에 따라 거래지시의 철회시기를 달리 정할 수 있다. <개정 2013.5.22.> ③ 금융회사 또는 전자금융업자는 제1항의 규정에 따른 거래지시의 철회방법 및 절차와 제2항의 규정에 따른 약정에 관한 사항을 약관에 기재하여야 한다. <개정 2013.5.22.> 제15조 (추심이체의 출금 동의) ① 금융회사 또는 전자금융업자는 추심이체를 실행하기 위하여 대통령령이 정하는 바에 따라 미리 지급인으로부터 출금에 대한 동의를 얻어야 한다. <개정 2013.5.22.> ② 지급인은 수취인의 거래지시에 따라 지급인의 계좌의 원장에 출금기록이 끝나기 전까지 금융회사 또는 전자금융업자에게 제1항의 규정에 따른 동의의 철회를 요청할 수 있다. <개정 2013.5.22.> ③ 제2항의 규정에 불구하고 금융회사 또는 전자금융업자는 대량으로 처리하는 거래 또는 예약에 따른 거래 등의 경우에는 미리 지급인과 정한 약정에 따라 동의의 철회시기를 달리 정할 수 있다. <개정 2013.5.22.> ④ 금융회사 또는 전자금융업자는 제2항 및 제3항의 규정에 따른 동의의 철회방법 및 절차와 약정에 관한 사항을 약관에 기재하여야 한다. <개정 2013.5.22>

5-2. 전자화폐 발생 및 환급

전자화폐 발행 관련[33] 이를 발행하는 금융회사 또는 전자금융업자는 전자화폐를 발행할 경우 접근 매체에 식별번호를 부여하고 그 식별번호와 이용자의 실지 명의 또는 예금계좌를 연결하여 관리하여야 한다. 다만, 발행권면 최고한도가 일정 금액 이하인 경우에는 그러하지 아니하다. 또한 전자화폐 발행자는 현금 또는 예금과 동일한 가치로 교환하여 전자화폐를 발행하여야 하며 전자화폐 보유자가 전자화폐를 사용할 수 있도록 발행된 전자화폐의 보관 및 사용 등에 필요한 조치를 하여야 한다. 이때, 발행자는 화폐 보유자의 요청에 따라 전자화폐를 현금 또는 예금으로 교환할 의무를 부담한다.

---

33 전자금융거래법 제16조 (전자화폐의 발행과 사용 및 환급) ① 전자화폐를 발행하는 금융회사 또는 전자금융업자(이하 "전자화폐발행자"라 한다)는 전자화폐를 발행할 경우 접근 매체에 식별번호를 부여하고 그 식별번호와 「금융실명거래 및 비밀보장에 관한 법률」 제2조 제4호에서 규정한 이용자의 실지 명의(이하 "실지 명의"라 한다) 또는 예금계좌를 연결하여 관리하여야 한다. 다만, 발행권면 최고한도가 대통령령이 정하는 금액 이하인 전자화폐의 경우에는 그러하지 아니하다. <개정 2013.5.22.> ② 전자화폐발행자는 현금 또는 예금과 동일한 가치로 교환하여 전자화폐를 발행하여야 한다. ③ 전자화폐발행자는 전자화폐보유자가 전자화폐를 사용할 수 있도록 발행된 전자화폐의 보관 및 사용 등에 필요한 조치를 하여야 한다. ④ 전자화폐발행자는 전자화폐보유자의 요청에 따라 전자화폐를 현금 또는 예금으로 교환할 의무를 부담한다. ⑤ 제1항 내지 제4항의 규정에 따른 전자화폐의 발행·교환의 방법 및 절차에 관하여는 대통령령으로 정한다. 제17조 (전자화폐에 의한 지급의 효력) 전자화폐보유자가 재화를 구입하거나 용역을 제공받고 그 대금을 수취인과의 합의에 따라 전자화폐로 지급한 때에는 그 대금의 지급에 관한 채무는 변제된 것으로 본다.

5-3. 전자화폐 양도성 및 대항요건

　전자화폐의 양도성과 관련[34]하여 선불 전자지급 수단 보유자 또는 전자화폐 보유자는 발행자와의 약정에 따라 선불 전자지급수단 또는 전자화폐를 타인에게 양도하거나 담보로 제공할 수 있다. 그리고 선불 전

---

34 전자금융거래법 제18조 (전자화폐 등의 양도성) ① 선불전자지급수단 보유자 또는 전자화폐 보유자는 발행자와의 약정에 따라 선불 전자지급수단 또는 전자화폐를 타인에게 양도하거나 담보로 제공할 수 있다. ② 제1항의 규정에 따라 선불 전자지급수단 또는 전자화폐를 양도하거나 담보로 제공하는 경우에는 반드시 발행자의 중앙전산시스템을 경유하여야 한다. 다만, 실지 명의가 확인되지 아니하는 선불 전자지급수단 또는 제16조 제1항 단서의 규정에 따른 전자화폐의 경우에는 그러하지 아니하다. 제19조 (선불전자지급수단의 환급) ① 선불전자지급수단을 발행한 금융회사 또는 전자금융업자는 선불전자지급수단보유자가 선불전자지급수단에 기록된 잔액의 환급을 청구하는 경우에는 미리 약정한 바에 따라 환급하여야 한다. <개정 2013.5.22.> ② 금융회사 또는 전자금융업자는 제1항의 규정에 따른 환급과 관련된 약정을 약관에 기재하고, 다음 각호의 어느 하나에 해당하는 경우에는 선불전자지급수단에 기록된 잔액의 전부를 지급한다는 내용을 약관에 포함시켜야 한다. <개정 2013.5.22.> 1. 천재지변 등의 사유로 가맹점이 재화 또는 용역을 제공하기 곤란하여 선불전자지급수단을 사용하지 못하게 된 경우 2. 선불전자지급수단의 결함으로 가맹점이 재화 또는 용역을 제공하지 못하는 경우 3. 선불전자지급수단에 기록된 잔액이 일정비율 이하인 경우. 이 경우 일정비율은 100분의 20 미만으로 정할 수 없다. 제20조 (전자채권양도의 대항요건) ① 전자채권의 양도는 다음 각호의 요건을 모두 갖춘 때에 「민법」 제450조 제1항의 규정에 따른 대항요건을 갖춘 것으로 본다. 1. 양도인의 채권양도의 통지 또는 채무자의 승낙이 「전자서명법」 제2조 제3호의 공인전자서명을 한 전자문서에 의하여 이루어질 것 2. 제1호의 규정에 따른 통지 또는 승낙이 기재된 전자문서가 전자채권관리기관에 등록될 것 ② 제1항의 규정에 따른 통지 또는 승낙이 기재된 전자문서에 「전자서명법」 제20조 의 규정에 따른 시점확인이 있고 제1항의 요건을 모두 갖춘 때에 「민법」 제450조 제2항의 규정에 따른 대항요건을 갖춘 것으로 본다.제3장 전자금융거래의 안전성 확보 및 이용자 보호

자지급수단 또는 전자화폐를 양도하거나 담보로 제공하는 경우에는 반드시 발행자의 중앙전산시스템을 경유하여야 한다. 다만, 실지 명의가 확인되지 아니하는 경우는 그러하지 아니하다.

위와 같은 상황에서 환급과 관련해서 선불 전자지급수단을 발행한 금융회사 또는 전자금융업자는 해당 수단이 기록된 잔액의 환급을 청구하는 경우에는 미리 약정한 바에 따라 환급하여야 하는데 이때 환급과 관련된 약정을 약관에 기재하고 일정한 경우 기록된 잔액의 전부를 지급한다는 내용을 약관에 포함시켜야 하는데 그러한 경우는 천재지변 등의 사유로 가맹점이 재화 또는 용역을 제공하기 곤란하여 선불 전자지급수단을 사용하지 못하게 된 경우, 선불 전자지급수단의 결함으로 가맹점이 재화 또는 용역을 제공하지 못하는 경우, 지급수단에 기록된 잔액이 일정비율 이하인 경우 등이다.

대항요건과 관련하여 전자채권의 양도는 그에 상응하는 요건을 모두 갖춘 때에 대항요건을 갖춘 것으로 보는데 그 요건은 양도인의 채권양도 통지 또는 채무자 승낙이 전자서명법상 공인전자서명을 한 전자문서에 의하여 이루어지고 이에 따른 통제나 승낙이 기재된 전자문서가 전자채권관리기관에 등록되어야 한다. 그리고 이러한 통지 또는 승낙이 기재된 전자문서에 전자서명법에 따른 시점확인이 있고 앞서 규정한 요건을 모두 갖춘 때 민법에 따른 대항요건을 갖춘 것으로 본다.

5-4. 전자금융 거래정보 제공

위와 같은 거래 내용에 관하여 전자적 방식으로 이루어지기 때문에 그러한 정보가 유출될 경우 파급효과가 적지 않다. 이에 따라 법에서는[35] 전자금융거래와 관련한 업무를 수행함에 있어서 이용자의 인적 사항, 이용자 계좌, 접근 매체 및 전자금융거래의 내용과 실적에 관한 정보 또는 자료 등을 알게 된 자는 이용자의 동의를 얻지 아니하고 이를 타인에게 제공·누설하거나 업무상 목적 외에 사용하여서는 안 된다고 규정하고 있다. 다만, 금융실명거래 및 비밀보장에 관한 법률[36]에 따라

---

[35] 전자금융거래법 제26조 (전자금융거래정보의 제공 등) 전자금융거래와 관련한 업무를 수행함에 있어서 다음 각호의 어느 하나에 해당하는 사항을 알게 된 자는 이용자의 동의를 얻지 아니하고 이를 타인에게 제공·누설하거나 업무상 목적 외에 사용하여서는 아니된다. 다만, 「금융실명거래 및 비밀보장에 관한 법률」 제4조 제1항 단서의 규정에 따른 경우 그 밖에 다른 법률에서 정하는 바에 따른 경우에는 그러하지 아니하다. 1. 이용자의 인적 사항 2. 이용자의 계좌, 접근 매체 및 전자금융거래의 내용과 실적에 관한 정보 또는 자료

[36] 금융실명거래 및 비밀보장에 관한 법률 제4조 (금융거래의 비밀보장) ① 금융회사 등에 종사하는 자는 명의인(신탁의 경우에는 위탁자 또는 수익자를 말한다)의 서면상의 요구나 동의를 받지 아니하고는 그 금융거래의 내용에 대한 정보 또는 자료(이하 "거래정보 등"이라 한다)를 타인에게 제공하거나 누설하여서는 아니되며, 누구든지 금융회사 등에 종사하는 자에게 거래정보 등의 제공을 요구하여서는 아니된다. 다만, 다음 각호의 어느 하나에 해당하는 경우로서 그 사용 목적에 필요한 최소한의 범위에서 거래정보 등을 제공하거나 그 제공을 요구하는 경우에는 그러하지 아니하다. <개정 2013.5.28> 1. 법원의 제출명령 또는 법관이 발부한 영장에 따른 거래정보 등의 제공 2. 조세에 관한 법률에 따라 제출의무가 있는 과세자료 등의 제공과 소관 관서의 장이 상속·증여 재산의 확인, 조세탈루의 혐의를 인정할 만한 명백한 자료의 확인, 체납자의 재산조회, 「국세징수법」 제14조 제1항 각호의 어느 하나에 해당하는 사유로 조세에 관한 법률에

법원의 제출명령 또는 법관이 발부한 영장에 따른 거래정보 등의 제공, 조세에 관한 법률에 따라 제출의무가 있는 과세자료 등의 제공과 소관 관서의 장이 상속·증여 재산의 확인, 조세탈루의 혐의를 인정할 만한 명백한 자료의 확인, 체납자의 재산조회, 국정감사 및 조사에 관한 법률에 따른 국정조사에 필요한 자료로서 해당 조사위원회의 의결에 따른 금융감독원장 및 예금보험공사 사장의 거래정보 등의 제공, 금융위원회,

따른 질문·조사를 위하여 필요로 하는 거래정보 등의 제공 3.「국정감사 및 조사에 관한 법률」에 따른 국정조사에 필요한 자료로서 해당 조사위원회의 의결에 따른 금융감독원장(「금융위원회의 설치 등에 관한 법률」 제24조에 따른 금융감독원의 원장을 말한다. 이하 같다) 및 예금보험공사사장(「예금자보호법」 제3조에 따른 예금보험공사의 사장을 말한다. 이하 같다)의 거래정보 등의 제공 4. 금융위원회(증권시장·파생상품시장의 불공정거래조사의 경우에는 증권선물위원회를 말한다. 이하 이 조에서 같다), 금융감독원장 및 예금보험공사사장이 금융회사 등에 대한 감독·검사를 위하여 필요로 하는 거래정보 등의 제공으로서 다음 각 목의 어느 하나에 해당하는 경우와 제3호에 따라 해당 조사위원회에 제공하기 위한 경우 가. 내부자거래 및 불공정거래행위 등의 조사에 필요한 경우 나. 고객예금 횡령, 무자원(무자원) 입금 기표(기표) 후 현금 인출 등 금융사고의 적발에 필요한 경우 다. 구속성예금 수입(수입), 자기앞수표 선발행(선발행) 등 불건전 금융거래행위의 조사에 필요한 경우 라. 금융실명거래 위반, 장부 외 거래, 출자자 대출, 동일인 한도 초과 등 법령 위반행위의 조사에 필요한 경우 마.「예금자보호법」에 따른 예금보험업무 및 「금융산업의 구조개선에 관한 법률」에 따라 예금보험공사사장이 예금자료(예금자료)의 작성업무를 수행하기 위하여 필요한 경우 5. 동일한 금융회사 등의 내부 또는 금융회사 등 상호간에 업무상 필요한 거래정보 등의 제공 6. 금융위원회 및 금융감독원장이 그에 상응하는 업무를 수행하는 외국 금융감독기관(국제금융감독기구를 포함한다. 이하 같다)과 다음 각 목의 사항에 대한 업무협조를 위하여 필요로 하는 거래정보 등의 제공 가. 금융회사 등 및 금융회사 등의 해외지점·현지법인 등에 대한 감독·검사 나.「자본시장과 금융투자업에 관한 법률」 제437조에 따른 정보교환 및 조사 등의 협조 7.「자본시장과 금융투자업에 관한 법률」에 따라 거래소허가를 받은 거래소(이하 "거래소"라 한다)가 다음 각 목의 경우에 필요로 하는 투자매매업자·투자중개업자가 보유한 거래정보 등의 제공 가.「자본시장과 금융투자업에 관한 법률」 제404조에 따른 이상거래(이상거래)의 심리 또는 회원의 감리를 수행하는 경우 나. 이상거래의 심리 또는 회원의 감리와 관련하여 거래소에 상응하는 업무를 수행하는 외국거래소 등과 협조하기 위한 경우. 다만, 금융위원회의 사전 승인을 받은 경우로 한정한다. 8. 그 밖에 법률에 따라 불특정 다수인에게 의무적으로 공개하여야 하는 것으로서 해당 법률에 따른 거래정보 등의 제공

금융감독원장 및 예금보험공사 사장이 금융회사 등에 대한 감독·검사를 위하여 필요로 하는 거래정보 등의 제공, 동일한 금융회사 등의 내부 또는 금융회사 등 상호 간에 업무상 필요한 거래정보 등의 제공, 금융위원회 및 금융감독원장이 그에 상응하는 업무를 수행하는 외국 금융감독 기관과 업무협조를 위하여 필요로 하는 거래정보 등의 제공, 자본시장과 금융투자업에 관한 법률에 따라 거래소허가를 받은 거래소가 필요로 하는 투자매매업자·투자중개업자가 보유한 거래정보 등의 제공, 그 밖에 법률에 따라 불특정 다수인에게 의무적으로 공개하여야 하는 것으로서 해당 법률에 따른 거래정보 등의 제공은 가능하다.

5-5. 분쟁 처리 및 조정

전자금융 거래에 있어서 분쟁 발생[37] 시에 금융회사 또는 전자금융업자는 대통령령[38]이 정하는 바에 따라 전자금융거래와 관련하여 이용자가 제기하는 정당한 의견이나 불만을 반영하고 이용자가 전자금융거래에서 입은 손해를 배상하기 위한 절차를 마련하여야 하는데 세부적으

---

37 전자금융거래법 제27조 (분쟁 처리 및 분쟁 조정) ① 금융회사 또는 전자금융업자는 대통령령이 정하는 바에 따라 전자금융거래와 관련하여 이용자가 제기하는 정당한 의견이나 불만을 반영하고 이용자가 전자금융거래에서 입은 손해를 배상하기 위한 절차를 마련하여야 한다. <개정 2013.5.22.> ② 이용자는 전자금융거래의 처리에 관하여 이의가 있을 때에는 제1항에서 정한 절차에 따라 손해배상 등 분쟁 처리를 요구하거나 금융감독원 또는 한국소비자원 등을 통하여 분쟁조정을 신청할 수 있다. <개정 2013.5.22.> ③ 제1항 및 제2항의 규정에 따른 분쟁 처리 및 분쟁조정의 신청을 위한 구체적인 절차와 방법 등은 대통령령으로 정한다. ④ 금융회사 또는 전자금융업자는 전자금융거래의 계약을 체결하는 때에는 제1항 내지 제3항의 규정에 따른 절차를 명시하여야 한다. <개정 2013.5.22.> 제4장 전자금융업의 허가와 등록 및 업무

38 전자금융거래법 시행령 제14조 (분쟁 처리 및 분쟁 조정 신청 절차 등) ① 금융회사 또는 전자금융업자는 법 제27조 제1항에 따라 손해배상 등의 분쟁 처리를 위한 분쟁 처리책임자 및 담당자를 지정하고, 그 연락처(전화번호·모사전송번호·전자우편주소 등을 말한다)를 인터넷 등을 통하여 이용자에게 알려야 한다. <개정 2013.11.22> ② 이용자는 법 제27조 제2항에 따라 손해배상 등의 분쟁 처리를 요구하는 경우에는 서면(전자문서를 포함한다) 또는 전자적 장치를 이용하여 금융회사 또는 전자금융업자의 본점이나 영업점에 분쟁의 처리를 신청할 수 있다. 이 경우 금융회사 또는 전자금융업자는 15일 이내에 손해배상 등 분쟁 처리에 대한 조사 또는 처리 결과를 이용자에게 알려야 한다. <개정 2013.11.22> ③ 이용자는 법 제27조 제2항에 따라 「금융위원회의 설치 등에 관한 법률」에 따른 금융감독원의 금융 분쟁 조정위원회 또는 「소비자기본법」에 따른 한국소비자원의 소비자 분쟁 조정위원회에 분쟁 조정을 신청할 수 있다. <개정 2007.3.27, 2008.2.29>

로 손해배상 등의 분쟁 처리를 위한 분쟁 처리책임자 및 담당자를 지정하고, 그 연락처(전화번호·모사전송번호·전자우편주소 등을 말한다)를 인터넷 능을 통하여 이용자에게 알려야 한다. 또한 이용자는 손해배상 등의 분쟁 처리를 요구하는 경우에는 서면(전자문서를 포함) 또는 전자적 장치를 이용하여 금융회사 또는 전자금융업자의 본점이나 영업점에 분쟁의 처리를 신청할 수 있다. 이 경우 금융회사 또는 전자금융업자는 15일 이내에 손해배상 등 분쟁 처리에 대한 조사 또는 처리 결과를 이용자에게 알려야 한다. 아니면 금융위원회의 설치 등에 관한 법률에 따른 금융감독원의 금융 분쟁 조정위원회나 소비자기본법에 따른 한국소비자원의 소비자 분쟁 조정위원회에 분쟁 조정을 신청할 수 있다.

5-6. 전자금융거래법 위반에 대한 처벌

그렇다면 전자금융거래법을 위반하는 경우에는 어떤 처벌을 받게 될까? 법령 유형별[39]로 나누어보면 다음과 같다.

---

39 전자금융거래법 제49조 (벌칙) ① 다음 각호의 어느 하나에 해당하는 자는 10년 이하의 징역 또는 1억 원 이하의 벌금에 처한다. <신설 2014.10.15.> 1. 제21조의4 제1호를 위반하여 전자금융기반시설에 접근하거나 저장된 데이터를 조작·파괴·은닉 또는 유출한 자 2. 제21조의4 제2호를 위반하여 데이터를 파괴하거나 컴퓨터 바이러스, 논리폭탄 또는 메일폭탄 등의 프로그램을 투입한 자 3. 제21조의4 제3호를 위반하여 일시에 대량의 신호, 고출력 전자기파 또는 데이터를 보내거나 전자금융기반시설에 오류 또는 장애를 발생시킨 자 4. 제26조를 위반하여 전자금융거래정보를 타인에게 제공 또는 누설하거나 업무상 목적 외에 사용한 자(제28조 제4항에 따라 이를 준용하는 선불전자지급수단을 발행하는 자를 포함한다) ② 다음 각호의 어느 하나에 해당하는 자는 7년 이하의 징역 또는 5천만 원 이하의 벌금에 처한다. <개정 2013.5.22., 2014.10.15> 1. 접근매체를 위조하거나 변조한 자 2. 위조되거나 변조된 접근 매체를 판매알선·판매·수출 또는 수입하거나 사용한 자 3. 분실되거나 도난된 접근 매체를 판매알선·판매·수출 또는 수입하거나 사용한 자 4. 전자금융기반시설 또는 전자금융거래를 위한 전자적 장치에 침입하여 거짓이나 그 밖의 부정한 방법으로 접근 매체를 획득하거나 획득한 접근 매체를 이용하여 전자금융거래를 한 자 5. 강제로 빼앗거나, 횡령하거나, 사람을 속이거나 공갈하여 획득한 접근 매체를 판매알선·판매·수출 또는 수입하거나 사용한 자 6. 삭제 <2014.10.15.> ③ 전자화폐는「형법」제214조 내지 제217조에 정한 죄의 유가증권으로 보아 각 그 죄에 정한 형으로 처벌한다. <개정 2014.10.15.> ④ 다음 각호의 어느 하나에 해당하는 자는 3년 이하의 징역 또는 2천만 원 이하의 벌금에 처한다. <개정 2008.12.31., 2015.1.20., 2016.1.27> 1. 제6조 제3항 제1호를 위반하여 접근 매체를 양도하거나 양수한 자 2. 제6조 제3항 제2호 또는 제3호를 위반하여 접근 매체를 대여받거나 대여한 자 또는 보관·전달·유통한 자 3. 제6조 제3항 제4호를 위반한 질권설정자 또는 질권자 4. 제6조 제3항 제5호를 위반하여 알선하거나 광고하는 행위를 한 자 5. 제28조 또는 제29조의 규정에 따라 허가를 받거나 등록을 하지 아니하고 그 업무를 행한 자 6. 허위 그 밖의 부정한 방법으로 제28조 또는 제29조의 규정에 따라 허가를 받거나 등록을 한 자 7. 제37조 제3항 제3호의 규정을 위반하여 다른 가맹점의 이름으로 전자화폐 등에 의한 거래를 한 자 8. 제37조 제3항 제5호의 규정을 위

반하여 전자화폐 등에 의한 거래를 대행한 자 9. 제37조 제4항의 규정을 위반하여 가맹점의 이름으로 전자화폐 등에 의한 거래를 한 자 10. 허위 그 밖의 부정한 방법으로 선사금융거래정보를 열람하거나 제공받은 자 ⑤ 다음 각호의 어느 하나에 해당하는 자는 1년 이하의 징역 또는 1천만 원 이하의 벌금에 처한다. 1. 삭제 <2008.12.31.> 2. 삭제 <2013.5.22.> 3. 제37조제1항의 규정을 위반하여 전자화폐 등에 의한 거래를 이유로 재화 또는 용역의 제공을 거절하거나 이용자를 불리하게 대우한 자 4. 제37조 제2항의 규정을 위반하여 이용자에게 가맹점 수수료를 부담하게 한 자 5. 제37조 제3항 제4호의 규정을 위반하여 가맹점의 이름을 타인에게 빌려준 자 6. 제45조 제1항의 규정에 따른 인가를 받지 아니하고 동항 각호의 어느 하나에 해당하는 행위를 한 자 ⑥ 제1항 제1호·제2호 및 제3호와 제2항 제1호·제2호 및 제4호의 미수범은 처벌한다. <개정 2014.10.15.> ⑦ 제1항 내지 제6항의 징역형과 벌금형은 병과할 수 있다.
제50조 (양벌규정) ① 법인의 대표자나 법인 또는 개인의 대리인, 사용인, 그 밖의 종업원이 그 법인 또는 개인의 업무에 관하여 제49조 제1항, 제2항, 제3항(『형법』 제216조에서 정한 형으로 처벌하는 경우로 한정한다), 제4항부터 제6항까지의 어느 하나에 해당하는 위반행위를 하면 그 행위자를 벌하는 외에 그 법인 또는 개인에게도 해당 조문의 벌금형을 과(科)한다. 다만, 법인 또는 개인이 그 위반행위를 방지하기 위하여 해당 업무에 관하여 상당한 주의와 감독을 게을리하지 아니한 경우에는 그러하지 아니하다. <개정 2014.10.15.> ② 법인의 대표자나 법인 또는 개인의 대리인, 사용인, 그 밖의 종업원이 그 법인 또는 개인의 업무에 관하여 제49조 제3항(『형법』 제214조 , 제215조 또는 제217조에서 정한 형으로 처벌하는 경우로 한정한다)의 위반행위를 하면 그 행위자를 벌하는 외에 그 법인 또는 개인을 5천만 원 이하의 벌금에 처한다. 다만, 법인 또는 개인이 그 위반행위를 방지하기 위하여 해당 업무에 관하여 상당한 주의와 감독을 게을리하지 아니한 경우에는 그러하지 아니하다. <개정 2014.10.15.> 제51조 (과태료) ① 다음 각호의 어느 하나에 해당하는 자(제3호의 경우에는 제28조 제4항 단서에 따라 해당 규정을 준용하는 선불전자지급수단을 발행하는 자를 포함한다)에게는 5천만 원 이하의 과태료를 부과한다. <개정 2014.10.15., 2017.4.18> 1. 제21조제1항 또는 제2항을 위반하여 선량한 관리자로서의 주의를 다하지 아니하거나 금융위원회가 정하는 기준을 준수하지 아니한 자 2. 제36조를 위반하여 전자화폐의 명칭을 사용한 자 3. 제39조 제3항(제29조제2항에서 준용하는 경우를 포함한다) 또는 제40조 제3항·제4항에 따른 검사, 자료제출, 출석요구 및 조사를 거부 또는 방해하거나 기피한 자 4. 제42조 제1항을 위반하여 보고서를 제출하지 아니하거나 거짓의 보고서를 제출한 자 ② 다음 각호의 어느 하나에 해당하는 자에게는 2천만 원 이하의 과태료를 부과한다. <개정 2014.10.15., 2017.4.18> 1. 제13조 제2항을 위반하여 전자자금이체의 지급 효력이 발생하도록 하지 아니한 자 2. 제21조의2 제1항 또는 제2항을 위반하여 정보보호 최고책임자를 지정하지 아니하거나 정보보호 최고책임자를 임원으로 지정하지 아니한 자 3. 제21조의2 제3항을 위반하여 같은 조 제4항의 업무 외의 다른 정보기술부문 업무를 정보보호 최고책임자로 하여금 겸직하게 하거나 겸직한 자 4. 제21조의3 제1항을 위반하여 전자금융기반시설의 취약점을 분석·평가하지 아니한 자 5. 제21조의3 제2항을 위반하여 보완조치의 이행계획을 수립·시행하지 아니한 자 6. 제22조 제2항을 위반하여 전자금융거래기록

먼저, 전자금융 기반시설에 접근하거나 저장된 데이터를 조작·파괴·은닉 또는 유출, 데이터를 파괴하거나 컴퓨터 바이러스, 논리폭탄 또는 메일폭탄 등의 프로그램을 투입, 대량의 신호, 고출력 전자기파 또는 데이터를 보내거나 전자금융기반시설에 오류 또는 장애를 발생, 전자금융거래정보를 타인에게 제공 또는 누설하거나 업무상 목적 외에 사용한 경우 10년 이하의 징역 또는 1억 원 이하의 벌금에 처한다.

다음으로 접근 매체를 위조하거나 변조, 위조되거나 변조된 접근 매체를 판매, 알선·판매·수출 또는 수입하거나 사용, 분실되거나 도난된 접근 매체를 판매알선·판매·수출 또는 수입하거나 사용, 전자금융기반시설 또는 전자금융거래를 위한 전자적 장치에 침입하여 거짓이나 그 밖의 부정한 방법으로 접근 매체를 획득하거나 획득한 접근 매체를 이용하여 전자금융거래, 강제로 빼앗거나 횡령, 사람을 속이거나 공갈하

을 파기하지 아니한 자 7. 제40조 제6항을 위반하여 제3자에게 재위탁을 한 자 ③ 다음 각호의 어느 하나에 해당하는 자(제1호, 제6호부터 제8호까지 및 제10호의 경우에는 제28조 제4항에 따라 해당 규정을 준용하는 선불전자지급수단을 발행하는 자를 포함한다)에게는 1천만 원 이하의 과태료를 부과한다. <개정 2017.4.18.> 1. 제7조 제2항을 위반하여 거래 내용에 관한 서면을 교부하지 아니한 자 2. 제8조 제2항 및 제3항을 위반하여 오류의 원인과 처리 결과를 알리지 아니한 자 3. 제18조 제2항을 위반하여 선불전자지급수단 또는 전자화폐를 양도하거나 담보로 제공한 자 4. 제21조 제4항을 위반하여 정보기술부문에 대한 계획을 제출하지 아니한 자 5. 제21조의3 제1항을 위반하여 전자금융기반시설의 취약점 분석·평가의 결과를 보고하지 아니한 자 6. 제21조의5 제1항을 위반하여 침해사고를 알리지 아니한 자 7. 제22조 제1항(제29조 제2항에서 준용하는 경우를 포함한다)을 위반하여 기록을 생성하거나 보존하지 아니한 자 8. 제24조 제1항 또는 제3항을 위반하여 약관의 명시, 설명, 교부를 하지 아니하거나 게시 또는 통지하지 아니한 자 9. 제25조 제1항을 위반하여 금융위원회에 보고하지 아니한 자 10. 제27조 제1항을 위반하여 분쟁 처리 절차를 마련하지 아니한 자 11. 삭제 <2017.4.18.> 12. 제42조 제1항을 위반하여 제28조 제1항 및 제2항의 업무별로 다른 업무와 구분하여 회계처리를 하지 아니한 자 ④ 제1항부터 제3항까지의 규정에 따른 과태료는 대통령령으로 정하는 바에 따라 금융위원회가 부과·징수한다. <개정 2017.4.18>

여 획득한 접근 매체를 판매알선·판매·수출 또는 수입하거나 사용한 경우 7년 이하의 징역 또는 5천만 원 이하의 벌금에 처한다.

그리고 접근 매체를 양도하거나 양수, 이를 대여받거나 대여 또는 보관·전달·유통한 경우, 접근 매체에 질권 설정, 이러한 행위를 알선하거나 광고, 본 법률을 위반하여 다른 가맹점의 이름으로 전자화폐 등에 의한 거래, 대행 및 허위 그 밖의 부정한 방법으로 전자금융거래정보를 열람하거나 제공받은 경우에는 3년 이하의 징역 또는 2천만 원 이하의 벌금에 처한다.

또한 규정을 위반하여 전자화폐 등에 의한 거래를 이유로 재화 또는 용역의 제공을 거절하거나 이용자를 불리하게 대우한 경우, 위법하게 이용자에게 가맹점수수료를 부담하게 한 경우, 규정을 위반하여 가맹점의 이름을 타인에게 빌려주는 경우 1년 이하의 징역 또는 1천만 원 이하의 벌금에 처한다. 물론, 위의 행위 중 일부는 미수범도 처벌한다.

성매매기록을 조회해 주는
온라인흥신소(유흥 탐정)는
무엇이고
거기에 의뢰하는 행위는
처벌이 될까?

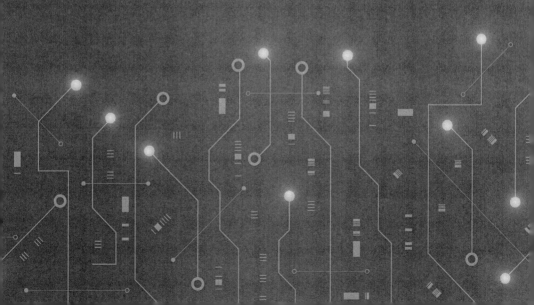

최근 미투운동[40]이 활발해지고 여성에 대한 남성의 성적 폭행이나 추문이 사회적으로 큰 논란이 되면서 여성의 남성에 대한 성적불신이 극에 달하는 가운데, 부부 사이 또는 연인 사이에 온라인홍신소에 '나의 남자를 검증하자'라는 신 풍습이 생기면서 남자친구나 배우자의 신상정보를 넘겨주고 과거 성매매 기록을 조회하는 '유흥 탐정놀이'가 일부 여성들로부터 인기를 끌며 핫한 이슈로 떠오르고 있다.

언론보도[41]에 의하면 여초 온라인 커뮤니티에는 '유흥 탐정'을 이용해 본 여성들의 하소연이 줄을 잇고 있다고 한다. 유흥 탐정은 인터넷 상에서 운영되는 일종의 성매매 기록을 찾아주는 홍신소라고 할 수 있다. 이용방법은 간단하다. 일정한 금액(3~5만 원)을 지불하고 남자친구나 배우자의 휴대전화 번호를 넘겨주면 해당 번호의 과거 유흥업소 출입 기록을 확인해주는 시스템이다. 이러한 유흥 탐정은 2018년 8월경부터 개설된 것으로 추정되는데, 초기에는 카페나 홈페이지를 통해 "당신의 남자가 불륜이 의심되거나 24시간 뭘 하고 다니는지 궁금하면 관련 정보를 공유해 준다."라고 유인한다. 최근에는 경찰 수사가 시작됐다는 소문이 돌면서 텔레그램을 통한 의뢰가 성행 중이라고 한다.

---

40 네이버지식백과, 위키백과 : 미투 운동(영어: Me Too movement)은 미국에서 시작된 해시태그 운동이다. 2017년 10월 할리우드 유명 영화제작자인 하비 와인스타인의 성추문을 폭로하고 비난하기 위해, 소셜 미디어에 해시태그(#MeToo)를 다는 행동에서 출발했다.(https://ko.wikipedia.org/wiki/%EB%AF%B8%ED%88%AC_%EC%9A%B4%EB%8F%99)

41 뉴시스, 2018-09-25, 남편·남친 성매매 캔다는 '유흥 탐정' 폭발적 수요… 후유증도, http://www.newsis.com/view/?id=NISX20180918_0000422259&cID=10201&pID=10200

그렇다면 이러한 온라인흥신소(유흥 탐정)에 의뢰하는 행위는 어떤 법적 문제가 있을까? 우선 유흥 탐정이라는 온라인흥신소의 불법성에 대해 알아보자.

6-1. 온라인흥신소(유흥 탐정) 무엇이 문제인가?

우선 온라인흥신소 또는 유흥 탐정이 활동할 수 있는 법적 근거는 무엇일까? 아직 우리나라에는 개인의 정보를 조회해주고 취급해주는 민간조사원(일명 사설탐정) 제도는 없다. 박근혜 정부 때부터 실종자 찾기나 도피 자산 추적 등으로 한정해서 입법이 추진 중에 있으나 아직까지 개인의 뒷조사는 엄연히 불법이다. 그나마 유사한 법률을 찾아보면 신용정보의 이용 및 보호에 관한 법률(이하 신용정보법)[42]이 있다.

신용정보법 제2조에는 "신용정보"란 금융거래 등 상거래에 있어서 거래 상대방의 신용을 판단할 때 필요한 것으로 특정 신용정보 주체를 식별할 수 있는 정보, 신용정보 주체의 거래내용을 판단할 수 있는 정보, 신용정보 주체의 신용도를 판단할 수 있는 정보, 신용정보 주체의 신용거래능력을 판단할 수 있는 정보, 기타 이와 유사한정보 등 5가지로 정의하고 있다. 또한 "신용정보회사"는 신용조회, 채권추심 등의 신용정보를 취급할 목적으로 금융위원회의 허가를 받은 자가 할 수 있다고 규정하고 있다.

이런 점에서 성매매 관련 유흥업소에서 고객관리 차원에서 보관하고

---

42 신용정보의 이용 및 보호에 관한 법률 (약칭: 신용정보법)[시행 2018. 8. 14.]

있는 개인의 휴대전화번호나 이름 등은 금융거래를 위해 보관하는 신용정보가 아님은 분명하고 설령 온라인흥신소가 신용정보회사의 형태로 금융위원회의 허가를 받았다고 하더라도 성매매 기록이란 것이 금융거래를 위한 신용조회업무나 채권추심업무가 아님은 너무나 분명하다.

또한 온라인흥신소의 유흥 탐정 등이 유흥업소를 예약하거나 이용한 고객의 성매매 정보를 데이터베이스화해서 수집, 저장하는 행위는 개인정보 보호법과 신용정보법 위반 소지가 크다. 개인정보 보호법 제15조에는 개인정보의 수집, 이용 시에는 반드시 정보 주체의 동의 또는 법령에 근거하여 수집하도록 하고 있으며 신용정보법 제15조 제2항에는 신용정보회사 등이 개인신용정보를 수집하는 때에는 해당 신용정보 주체의 동의를 받아야 하도록 규정하고 있다. 결론적으로 온라인흥신소의 유흥 탐정은 그 자체가 불법 소지가 크며 거기에서 수집, 저장하고 있는 고객 데이터베이스 또한 불법으로 수집된 정보라고 할 수 있다.

6-2. 여성들이 온라인흥신소에 의뢰하는 행위는 처벌할 수 있을까?

　앞서 살펴 본대로 온라인흥신소의 유흥 탐정이 불법이라고 한다면 자신의 배우자나 남자친구의 전화번호 등 개인정보를 본인 동의 없이 제3자에게 제공한 행위는 처벌될 수 있을까? 우선 주민번호를 무단제공한 부분에 대해서는 주민등록법 제37조 위반으로 처벌할 수 있을 것으로 보인다. 주민등록법에는 다른 사람의 주민등록번호를 부정하게 사용한 자에 대해서 3년 이하의 징역 또는 3천만 원 이하의 벌금에 처하도록 하고 있다. 다만 직계혈족·배우자·동거친족 또는 그 배우자 간에는 피해자가 명시한 의사에 반하여 공소를 제기할 수 없도록 하고 있다. 그런데 이처럼 주민번호를 알려주었을 경우에는 처벌 가능하지만 만약 휴대폰 번호를 알려줬다면 처벌할 수 있을까?

　개인정보 보호법에는 "개인정보"란 살아 있는 개인에 관한 정보로서 성명, 주민등록번호 및 영상 등을 통하여 개인을 알아볼 수 있는 정보 등으로 정의하고 있으며, 해당 정보만으로는 특정 개인을 알아볼 수 없더라도 다른 정보와 쉽게 결합하여 알아볼 수 있는 것을 포함한다고 정의하고 있다. 따라서 주민등록번호나 이메일, 휴대폰 번호 등은 개인정보임에는 분명하지만 무단으로 제3자에 제공한 행위에 대해서는 처벌 대상을 '개인정보처리자'에 한정하고 있다. 이 법은 "개인정보처리자"란 업무를 목적으로 개인 정보 파일을 운용하기 위하여 스스로 또는 다른 사람을 통하여 개인정보를 처리하는 공공기관, 법인, 단체 및 개인 등으로 정의하고 있다. 따라서 일명 유흥 탐정에게 남자친구나 배우자의 휴대전화 번호나 주민등록번호를 알려주더라도 개인정보 보호법 위반으로 처벌하기는 힘들 것으로 보인다. 왜냐하면 법은 처벌 대상을 업무를 목적으로 하는 개인정보처리자로 한정하고 있기 때문이다.

그렇다면 의뢰인에 대해서는 신용정보 이외의 사생활을 조사하는 것을 금지하고 있는 신용정보법 위반의 공범으로 처벌할 수 있을까? 신용정보법 제40조에는 신용정보회사 등이 의뢰인에게 허위 사실을 알리는 일, 신용정보에 관한 조사 의뢰를 강요하는 일, 신용정보 조사 대상자에게 조사자료 제공과 답변을 강요하는 일, 특정인의 소재 및 연락처를 알아내거나 금융거래 등 상거래 관계 외의 사생활 등을 조사하는 일, 정보원, 탐정, 그 밖에 이와 비슷한 명칭을 사용하는 일 등을 해서는 안 되는 것으로 금지하고 있다. 이를 위반하면 5년 이하의 징역 또는 5천만 원 이하의 벌금에 처하도록 하고 있다.

물론 신용정보법에는 의뢰인을 처벌하는 규정은 따로 두고 있지 않다. 그러나 판례[43]에 따르면 흥신소에 뒷조사를 부탁한 의뢰인에 대해 "공범"으로 형사처벌이 가능하다고 판시하고 있다. 물론 의뢰자와 흥신소 운영자 사이에 성매매 또는 유흥업소 출입기록 조사 등에 관해 의뢰한 경위, 대금 지급방법, 액수, 계약형태 등에 관해 자세히 살펴봐야 될

---

43 대법원 2012.9.13. 선고 2012 도 5525

것이다. 공범(교사범)이 되려면 의뢰자가 흥신소 운영자로 하여금 신용정
보법 위반죄를 실행하도록 어느 정도 결의하게 하였는지 여부가 중요하
기 때문이다.

이밖에도 개인정보 무단제공 관련 정보통신망법 위반 여부도 검토해
볼 수 있으나 이 법에서는 처벌 대상을 '정보통신서비스제공자'에 한정하
고 있다. "정보통신서비스 제공자"란[44] 「전기통신사업법」 제2조 제8호에
따른 전기통신사업자와 영리를 목적으로 전기통신사업자의 전기통신역
무를 이용하여 정보를 제공하거나 정보의 제공을 매개하는 자로 정의하
고 있다.

이상에서 살펴 본대로 유흥 탐정이 명칭이 무엇이던 간에 개인의 사적
인 정보를 수집, 저장, 조회하는 행위는 개인정보 보호법 및 신용정보법
위반이라 할 수 있으며 그런 불법행위를 금전을 제공하고 실행케 한 의
뢰자에 대해서는 신용정보법 위반의 공범으로 처벌할 수 있을 것이다.

가상화폐는
법적으로 인정되는
화폐인가?

사회적으로 논란이 되었던 가상화폐와 관련하여 그 의미부터 짚고 넘어갈 필요가 있다. 네이버 지식백과[45]에 따르면 가상화폐란 지폐, 동전 등 실물이 없고 온라인에서 거래되는 화폐를 말한다. 실제 해외에서는 눈에 보이지 않고 컴퓨터상에 표현되는 화폐라고 해서 '디지털 화폐(Digital Currency)' 또는 '가상화폐' 등으로 불렀지만 암호화 기술을 사용하는 화폐라는 의미로 '암호화폐'라고 부르며 정부는 '가상통화'라는 용어를 사용한다. 암호화폐는 각국 정부나 중앙은행이 발행하는 일반 화폐와 달리 처음 고안한 사람이 정한 규칙에 따라 가치가 매겨진다. 또 정부나 중앙은행에서 거래 내역을 관리하지 않고 블록체인 기술을 기반으로 유통되기 때문에 정부가 가치나 지급을 보장하지 않는다. 그리고 블록체인 기술을 활용하는 분산형 시스템 방식으로 처리되는데 이러한 분산형 시스템에 참여하는 사람을 채굴자라고 하며, 이들은 블록체인 처리의 보상으로 코인 형태의 수수료를 받는다. 또한 이런 구조로 암호화폐가 유지되기 때문에 화폐 발행에 따른 생산비용이 전혀 들지 않고 이체비용 등 거래비용을 대폭 절감할 수 있다. 또 컴퓨터 하드디스크 등에 저장되기 때문에 보관비용이 들지 않고, 도난이나 분실의 우려가 없어서 가치저장 수단으로서의 기능도 뛰어나다는 장점을 가지고 있다. 그러나 거래의 비밀성이 보장되기 때문에 마약 거래나 도박, 비자금 조성을 위한 돈세탁에 악용될 수 있고 과세에 어려움이 생겨 탈세수단이 될 수도 있어 문제가 되는 것으로 알려져 있다.

---

45 네이버 지식백과, 시사상식사전(암호화폐[가상화폐])
https://terms.naver.com/print.nhn?docId=1968137&cid=43667&categoryId=43667

7-1. 대표적인 암호화폐 종류

첫째, 비트코인으로 2009년 1월 사토시 나카모토라는 필명의 프로그래머가 개발한 암호화폐이다. 총 발행량은 2,100만 개로 정해져 있는데, 유통량이 일정 기준을 넘으면 한 번에 채굴할 수 있는 양이 줄어들고 문제도 어려워져 희소성이 높아진다.

둘째, 이더리움으로 러시아 이민자 출신 캐나다인 비탈리크 부테린(Vitalik Buterin)이 2014년 개발한 가상화폐이다.

셋째, 비트코인 캐시로 2017년 8월, 1세대 암호화폐인 비트코인에서 분화돼 나온 알트코인(Alt-Coin, 기존 비트코인으로 대표되던 암호화폐 이외의 암호화폐)이다.

넷째, 라이트코인은 2011년 10월 7일 찰리 리(Charlie Lee)가 개발한 암호화폐로, 간편한 채굴이 가장 큰 장점으로 꼽힌다.

다섯째, 네오는 중국 국가표준을 받은 기업 온체인(OnchAIn)의 최고경영자 다홍페이(Da Hongfei)가 2014년 개발한 가상화폐로 앤트쉐어라는 이름으로 시작됐다.

여섯째, 모네로는 2014년 4월 개발된 가상화폐로 가상화폐 중에서도 가장 완벽하게 익명성을 보장해 준다는 특징이 있다.

일곱째, 대시는 2014년 1월 개발된 가상화폐로 익명성이 강하고 실시간 이체를 확인할 수 있다는 특징이 있다. 본래 2014년 1월 엑스코인 (Xcoin)으로 출시됐다가 2월 다크코인(Darkcoin)으로 변경됐으며, 2015년 3월 25일 대시코인으로 정식 명칭이 바뀌게 되었다.

여덟째, 비트코인 골드는 대표적인 가상화폐인 비트코인이 쪼개진 형태로, 2017년 8월 분리된 비트코인 캐시(BCH, BCC)에 이어서 같은 해 10월 두 번째로 분리된 가상화폐이다. 비트코인 골드는 블록체인이 491,407번째 블록에 도달해 하드포크(hardfork, 체인 분리)가 발생하면서 분리됐다.

7-2. 암호화폐의 원리

암호화폐의 핵심 원리는 블록체인으로 다보스포럼에서 제4차 산업혁명을 이끌 기반기술 중 하나로 선정되면서 전 세계적으로 주목받은 기술이다. 실제 블록체인 기술은 비트코인 등 디지털 통화 거래 내역을 기록하기 위해 개발된 분산형 장부 기록 데이터베이스 기술로 금융거래에서 장부 책임자가 없는 거래 시스템이다. 즉, 새로운 거래가 발생할 때마다 그 정보를 별도의 블록으로 만들고 이 블록을 기존 장부에 연결하는 방식이다. 이와 같이 거래가 일어날 때마다 분산된 장부들을 서로 대조하기 때문에 장부 조작이 극히 어려워 강력한 보안을 유지할 수 있다. 그러나 블록체인으로 성사된 거래는 취소하기 어렵고 중앙기관이라는 개념이 없어 문제 발생 시 책임 소재가 모호하다는 단점이 있다.

7-3. 암호화폐 재산적 가치 인정 판결

그렇다면 과연 이러한 암호화폐는 일반 통화와 같은 재산적 가치를 인정받고 법적인 지위를 부여할 수 있을까?

이에 대하여 각종 법원 판결을 제시하고자 한다. 실제로 법원의 판결 쟁점이 된 사건은 미국에 서버를 두고 인터넷 성인 사이트를 운영하면서 비트코인으로 결제하도록 하여 사이트 자체 포인트를 적립하게 한 뒤, 비트코인으로 결제하면 법정 화폐로 결제한 것보다 더 많은 포인트를 받을 수 있게 한 피고인이 스스로 일정 비트코인을 취득한 것과 관련하여 해당 비트코인을 법적인 몰수대상으로 인정하느냐를 두고 논란이 발생하였다.

이에 1심 법원[46]은 범죄수익을 특정할 수 없는 경우에는 몰수할 수 없다는 전제하에 "객관적인 기준 가치를 상정할 수 없는 비트코인은 현금과 달리 물리적 실체가 없이 전자화된 파일의 형태로 되어있어 몰수하는 것이 적절하지 않다"고 판결한 바 있다. 즉, 형법 제48조 제1항 제1호 규정을 적용하여 암호화폐는 몰수의 대상인 '물건'에 해당하지 않는다고 본 것이다.

---

46 수원지방법원 2017. 9. 7. 선고 2017 고단 2884 판결

그러나 2심 법원[47]은 1심과 달리 판단하였다. 즉, 항소심 재판부는 암호화폐를 "범죄수익 은닉의 규제 및 처벌 등에 관한 법률"에서 규정하고 있는 '재산'으로 간주하였다. 실제로 항소심 법원은 암호화폐는 사회 통념상 경제적 가치가 인정되는 이익 일반을 의미한다고 판시하면서 비트코인의 경우 예정된 발행량이 정해져 있으므로 무제한 생성 및 복제가 가능한 디지털 데이터와는 다르고 게임머니도 부가가치세법상 재화에 해당하므로 전자파일도 재산적인 가치를 인정할 수 있으며 전자지갑 주소와 비밀키를 통해 비트코인의 특정이 가능하고 일정한 교환 비율에 따라 법정화폐로의 환전도 가능하며 비트코인을 지급수단으로 인정하는 가맹점이 존재할 뿐만 아니라 피고인이 실제로 일부를 환전하여 수익을 올린 점 등에 비추어 압수된 비트코인은 재산에 해당해 몰수 대상이 된다고 판시하였다.

그리고 대법원[48]은 항소심 판결을 유지하면서 "압수된 비트코인이 재산에 해당하여 몰수의 대상이 된다."는 원심 판결을 확정함으로써 암호화폐에 대한 재산적인 가치를 인정하였다.

---

47 수원지방법원 2018. 1. 30. 선고 2017 노 7120 판결
48 대법원 2018. 5. 30. 선고 2018 도 3619 판결

7-4. 가상화폐의 기존 화폐 대체 가능성

그렇다면 재산적인 가치를 인정받은데다 그 효용성이 높은 가상화폐는 앞으로 기존 현금 등 물질 화폐를 대체할 수 있을까?

한국은행에 따르면[49] 암호화폐가 기존 법정화폐(법화[50], 외국통화[51], 전자

---

[49] "한은, 암호자산, 화폐 대체할 가능성 극히 낮다", 서울경제(2018.7.6.)

[50] 한국은행법 제47조 (화폐의 발행) 화폐의 발행권은 한국은행만이 가진다. 제48조 (한국은행권의 통용) 한국은행이 발행한 한국 은행권은 법화 (법화)로서 모든 거래에 무제한 통용된다.

[51] 외국환거래법 제3조 (정의) ① 이 법에서 사용하는 용어의 뜻은 다음과 같다. <개정 2011.4.30, 2012.3.21> 1. "내국통화"란 대한민국의 법정통화인 원화(화)를 말한다. 2. "외국통화"란 내국통화 외의 통화를 말한다. 3. "지급수단"이란 다음 각 목의 어느 하나에 해당하는 것을 말한다. 가. 정부지폐·은행권·주화·수표·우편환·신용장 나. 대통령령으로 정하는 환어음, 약속어음, 그 밖의 지급지시 다. 증표, 플라스틱카드 또는 그 밖의 물건에 전자 또는 자기적 방법으로 재산적 가치가 입력되어 불특정 다수인 간에 지급을 위하여 통화를 갈음하여 사용할 수 있는 것으로서 대통령령으로 정하는 것 4. "대외지급수단"이란 외국통화, 외국통화로 표시된 지급수단, 그 밖에 표시통화에 관계없이 외국에서 사용할 수 있는 지급수단을 말한다. 5. "내국지급수단"이란 대외지급수단 외의 지급수단을 말한다. 6. "귀금속"이란 금, 금합금의 지금(지금), 유통되지 아니하는 금화, 그 밖에 금을 주재료로 하는 제품 및 가공품을 말한다. 7. "증권"이란 제3호에 해당하지 아니하는 것으로서 「자본시장과 금융투자업에 관한 법률」 제4조에 따른 증권과 그 밖에 대통령령으로 정하는 것을 말한다. 8. "외화증권"이란 외국통화로 표시된 증권 또는 외국에서 지급받을 수 있는 증권을 말한다. 9. "파생상품"이란 「자본시장과 금융투자업에 관한 법률」 제5조에 따른 파생상품과 그 밖에 대통령령으로 정하는 것을 말한다. 10. "외화파생상품"이란 외국통화로 표시된 파생상품 또는 외국에서 지급받을 수 있는 파생상품을 말한다. 11. "채권"이란 모든 종류의 예금·신탁·보증·대차(대차) 등으로 생기는 금전 등의 지급을 청구할 수 있는 권리로서 제1호부터 제10호까지의 규정에 해당되지 아니하는 것을 말한다. 12. "외화채권"이란 외국통화로

표시된 채권 또는 외국에서 지급받을 수 있는 채권을 말한다. 13. "외국환"이란 대외지급수단, 외화증권, 외화파생상품 및 외화채권을 말한다. 14. "거주자"란 대한민국에 주소 또는 거소를 둔 개인과 대한민국에 주된 사무소를 둔 법인을 말한다. 15. "비거주자"란 거주자 외의 개인 및 법인을 말한다. 다만, 비거주자의 대한민국에 있는 지점, 출장소, 그 밖의 사무소는 법률상 대리권의 유무에 상관없이 거주자로 본다. 16. "외국환업무"란 다음 각 목의 어느 하나에 해당하는 것을 말한다. 가. 외국환의 발행 또는 매매 나. 대한민국과 외국 간의 지급·추심(추심) 및 수령 다. 외국통화로 표시되거나 지급되는 거주자와의 예금, 금전의 대차 또는 보증 라. 비거주자와의 예금, 금전의 대차 또는 보증 마. 그 밖에 가목부터 라 목까지의 규정과 유사한 업무로서 대통령령으로 정하는 업무 17. "금융회사 등"이란 「금융위원회의 설치 등에 관한 법률」 제38조(제9호 및 제10호는 제외한다)에 따른 기관과 그 밖에 금융업 및 금융 관련 업무를 하는 자로서 대통령령으로 정하는 자를 말한다. 18. "해외직접투자"란 거주자가 하는 다음 각 목의 어느 하나에 해당하는 거래·행위 또는 지급을 말한다. 가. 외국법령에 따라 설립된 법인(설립 중인 법인을 포함한다)이 발행한 증권을 취득하거나 그 법인에 대한 금전의 대여 등을 통하여 그 법인과 지속적인 경제관계를 맺기 위하여 하는 거래 또는 행위로서 대통령령으로 정하는 것 나. 외국에서 영업소를 설치·확장·운영하거나 해외사업 활동을 하기 위하여 자금을 지급하는 행위로서 대통령령으로 정하는 것 19. "자본거래"란 다음 각 목의 어느 하나에 해당하는 거래 또는 행위를 말한다. 가. 예금계약, 신탁계약, 금전대차계약, 채무보증계약, 대외지급수단·채권 등의 매매계약(다 목에 해당하는 경우는 제외한다)에 따른 채권의 발생·변경 또는 소멸에 관한 거래(거주자 간 거래는 외국환과 관련된 경우로 한정한다) 나. 증권의 발행·모집, 증권 또는 이에 관한 권리의 취득(다 목에 해당하는 경우는 제외하며, 거주자 간 거래는 외국환과 관련된 경우로 한정한다) 다. 파생상품거래(거주자 간의 파생상품거래는 외국환과 관련된 경우로 한정한다) 라. 거주자에 의한 외국에 있는 부동산이나 이에 관한 권리의 취득 또는 비거주자에 의한 국내에 있는 부동산이나 이에 관한 권리의 취득 마. 가 목의 경우를 제외하고 법인의 국내에 있는 본점, 지점, 출장소, 그 밖의 사무소(이하 이 목에서 "사무소"라 한다)와 외국에 있는 사무소 사이에 이루어지는 사무소의 설치·확장 또는 운영 등과 관련된 행위와 그에 따른 자금의 수수(수수)(사무소를 유지하는 데에 필요한 경비나 경상적 거래와 관련된 자금의 수수로서 대통령령으로 정하는 것은 제외한다) 바. 그 밖에 가 목부터 마 목까지의 규정과 유사한 형태로서 대통령령으로 정하는 거래 또는 행위 20. "비예금성외화부채 등"이란 금융회사 등의 외국통화표시 부채(외화예수금은 제외한다) 및 이와 유사한 것으로서 대통령령으로 정하는 것을 말한다. ② 제1항 제14호 및 제15호에 따른 거주자와 비거주자의 구분이 명백하지 아니한 경우에는 대통령령으로 정하는 바에 따른다.

지급수단[52], 금융투자상품[53] 등)와 경쟁하며 확산할 가능성을 낮게 평가했다. 실제로 2018년 7월 6일 한국은행에서 발간한 '암호자산과 중앙은행' 보고서에서는 화폐적 기능을 따져봤을 때 現 시점에서 암호화폐가 기존

---

[52] 전자금융거래법 제2조 (정의) 이 법에서 사용하는 용어의 정의는 다음과 같다. 15. "전자화폐"라 함은 이전 가능한 금전적 가치가 전자적 방법으로 저장되어 발행된 증표 또는 그 증표에 관한 정보로서 다음 각 목의 요건을 모두 갖춘 것을 말한다. 가. 대통령령이 정하는 기준 이상의 지역 및 가맹점에서 이용될 것 나. 제14호 가목의 요건을 충족할 것 다. 구입할 수 있는 재화 또는 용역의 범위가 5개 이상으로서 대통령령이 정하는 업종 수 이상일 것 라. 현금 또는 예금과 동일한 가치로 교환되어 발행될 것 마. 발행자에 의하여 현금 또는 예금으로 교환이 보장될 것 16. "전자채권"이라 함은 다음 각 목의 요건을 갖춘 전자문서에 기재된 채권자의 금전채권을 말한다. 가. 채무자가 채권자를 지정할 것 나. 전자채권에 채무의 내용이 기재되어 있을 것 다. 「전자서명법」 제2조 제3호의 공인전자서명이 있을 것 라. 금융회사를 거쳐 제29조 제1항의 규정에 따른 전자채권관리기관(이하 "전자채권관리기관"이라 한다)에 등록될 것 마. 채무자가 채권자에게 가목 내지 다 목의 요건을 모두 갖춘 전자문서를 「전자문서 및 전자거래 기본법」 제6조 제1항에 따라 송신하고 채권자가 이를 같은 법 제6조 제2항의 규정에 따라 수신할 것

[53] 자본시장과 금융투자업에 관한 법률 제3조 (금융투자상품) ① 이 법에서 "금융투자상품"이란 이익을 얻거나 손실을 회피할 목적으로 현재 또는 장래의 특정(특정) 시점에 금전, 그 밖의 재산적 가치가 있는 것(이하 "금전 등"이라 한다)을 지급하기로 약정함으로써 취득하는 권리로서, 그 권리를 취득하기 위하여 지급하였거나 지급하여야 할 금전 등의 총액(판매수수료 등 대통령령으로 정하는 금액을 제외한다)이 그 권리로부터 회수하였거나 회수할 수 있는 금전 등의 총액(해지수수료 등 대통령령으로 정하는 금액을 포함한다)을 초과하게 될 위험(이하 "투자성"이라 한다)이 있는 것을 말한다. 다만, 다음 각호의 어느 하나에 해당하는 것을 제외한다. <개정 2011.7.25, 2013.5.28> 1. 원화로 표시된 양도성 예금증서 2. 「신탁법」 제78조 제1항에 따른 수익증권발행신탁이 아닌 신탁으로서 다음 각 목의 어느 하나에 해당하는 신탁(제103조제1항 제1호의 재산을 신탁받는 경우는 제외하고 수탁자가 「신탁법」 제46조부터 제48조까지의 규정에 따라 처분 권한을 행사하는 경우는 포함한다. 이하 "관리형신탁"이라 한다)의 수익권 가. 위탁자(신탁계약에 따라 처분권한을 가지고 있는 수익자를 포함한다)의 지시에 따라서만 신탁재산의 처분이 이루어지는 신탁 나. 신탁계약에 따라 신탁재산에 대하여 보존행위 또는 그 신탁재산의 성질을 변경하지 아니하는 범위에서 이용·개량 행위만을 하는 신탁 3. 그 밖에 해당 금융투자상품의 특성 등을 고려하여 금융투자상품에서 제외하더라도 투자자 보호 및 건전한 거래질서를 해할 우려가 없는 것으로서 대통령령으로 정하는 금융투자상품 ② 제1항의 금융투자상품은 다음 각호와 같이 구분한다. 1. 증권 2. 파생상품 가. 장내파생상품 나. 장외파생상품

의 화폐를 대체할 가능성은 극히 낮아 보인다고 밝혔다. 해당 보고서는 암호자산의 경제적, 법적인 성격 등에 관한 국내외 논의 내용과 중앙은 행 관련 주요 이슈를 담았는데 이에 의하면 암호자산은 가격 변동성이 크고 수수료나 처리시간 등 거래비용이 높아서 화폐로 기능하기가 어려우며 단기간 내 광범위한 수용성을 갖기가 결코 쉽지 않고 현금이나 신용카드 등 기존 지급수단에 비해 경쟁력이 낮다고 보았다. 즉, 교환 매개 수단으로 작동하기 어려운 것이다. 이에 더하여 가치를 표시하거나 저장하는 역할에도 한계가 있다. 해당 보고서는 이와 더불어 정부가 세금을 암호자산으로 징수하지 않는 한 암호자산이 법정화폐 자리를 차지하긴 어렵다는 점도 지적하였다. 또, 2개 이상 계산단위가 경쟁한다면 가격 변동이 큰 계산단위는 열등재가 되어 결국 소멸하므로 시장은 암호자산보다 법정 계산단위를 선택할 것으로 예상했다. 즉, 지급수단으로서 기능을 강조하는 비트코인 등 1세대 암호자산의 지속가능성에 부정적인 시각을 가진 것으로 풀이된다.

사이버 공간에서
남을 비난하는 행위가
범죄에 해당할까?

최근 들어 무분별한 사이버 명예훼손, 비난성 댓글 작성 등이 도를 넘고 있다. 실제로 언론보도[54]에 따르면 인터넷 카페 게시판에 특정 사람을 지칭하여 허위사실 게시를 하거나 익명성을 이용하여 모욕적인 욕설을 탑재하는 등 연간 사이버 명예훼손이나 모욕 발생 사건은 매년 증가 추세[55]를 보이고 있다고 한다.

그렇다면 위와 같은 행위들은 유형별로 어떠한 법적 처벌을 받게 될까? 이에 관하여 상세하게 규정하는 것이 바로 정보통신망 이용촉진 및 정보보호 등에 관한 법률[56]과 형법이다.

---

54 '무분별 사이버 인신공격 도 넘었다.', 광주매일신문(2017.10.30.)

55 광주지역 최근 3년(2014-2016년)간 '사이버 명예훼손 모욕죄' 발생 건수를 살펴보면 총 899건에 달한다. 연도별로는 2014년 209건, 2015년 337건, 지난해 353건으로 매년 증가하고 있다.

56 정보통신망 이용촉진 및 정보보호 등에 관한 법률 [시행 20170726] [법률 제14839호, 2017.7.26.,타법개정]

8-1. 정보통신망에서 지켜야 할 에티켓

정보통신망법[57]에서는 통신망 이용자로 하여금 사생활 침해 또는 명예훼손 등 타인의 권리를 침해하는 정보를 정보통신망에 유통시키지 않도록 규정하고 있다. 또한 정보통신서비스 제공자는 자신이 운영·관리하는 정보통신망에 이러한 정보가 유통되지 아니하도록 노력하여야 한다. 그리고 방송통신위원회는 정보통신망에 유통되는 정보로 인한 사생활 침해 또는 명예훼손 등 타인에 대한 권리침해를 방지하기 위하여 기술개발·교육·홍보 등에 대한 시책을 마련하고 이를 정보통신서비스 제공자에게 권고할 수 있다.

---

[57] 정보통신망 이용촉진 및 정보보호 등에 관한 법률 제44조 (정보통신망에서의 권리보호) ① 이용자는 사생활 침해 또는 명예훼손 등 타인의 권리를 침해하는 정보를 정보통신망에 유통시켜서는 아니된다. ② 정보통신서비스 제공자는 자신이 운영·관리하는 정보통신망에 제1항에 따른 정보가 유통되지 아니하도록 노력하여야 한다. ③ 방송통신위원회는 정보통신망에 유통되는 정보로 인한 사생활 침해 또는 명예훼손 등 타인에 대한 권리침해를 방지하기 위하여 기술개발·교육·홍보 등에 대한 시책을 마련하고 이를 정보통신서비스 제공자에게 권고할 수 있다. <개정 2013.3.23, 2014.5.28>

8-2. 위반행위에 대한 조치사항

그리고 위와 관련하여 해당 법률[58]에서는 정보통신망을 통하여 일반에게 공개를 목적으로 제공된 정보로 사생활 침해나 명예훼손 등 타인의 권리가 침해된 경우 그 침해를 받은 자는 해당 정보를 처리한 정보통신서비스 제공자에게 침해 사실을 소명하여 그 정보의 삭제 또는 반박 내용의 게재를 요청할 수 있도록 하고 있으며 서비스 제공자는 해당 정보의 삭제 등을 요청받으면 지체 없이 삭제·임시조치 등의 필요한 조치

---

[58] 정보통신망 이용촉진 및 정보보호 등에 관한 법률 제44조의2 (정보의 삭제요청 등) ① 정보통신망을 통하여 일반에게 공개를 목적으로 제공된 정보로 사생활 침해나 명예훼손 등 타인의 권리가 침해된 경우 그 침해를 받은 자는 해당 정보를 처리한 정보통신서비스 제공자에게 침해사실을 소명하여 그 정보의 삭제 또는 반박내용의 게재(이하 "삭제 등"이라 한다)를 요청할 수 있다. <개정 2016.3.22.> ② 정보통신서비스 제공자는 제1항에 따른 해당 정보의 삭제 등을 요청받으면 지체 없이 삭제·임시조치 등의 필요한 조치를 하고 즉시 신청인 및 정보게재자에게 알려야 한다. 이 경우 정보통신서비스 제공자는 필요한 조치를 한 사실을 해당 게시판에 공시하는 등의 방법으로 이용자가 알 수 있도록 하여야 한다. ③ 정보통신서비스 제공자는 자신이 운영·관리하는 정보통신망에 제42조에 따른 표시방법을 지키지 아니하는 청소년 유해 매체물이 게재되어 있거나 제42조의2에 따른 청소년 접근을 제한하는 조치 없이 청소년 유해 매체물을 광고하는 내용이 전시되어 있는 경우에는 지체 없이 그 내용을 삭제하여야 한다. ④ 정보통신서비스 제공자는 제1항에 따른 정보의 삭제요청에도 불구하고 권리의 침해 여부를 판단하기 어렵거나 이해당사자 간에 다툼이 예상되는 경우에는 해당 정보에 대한 접근을 임시적으로 차단하는 조치(이하 "임시조치"라 한다)를 할 수 있다. 이 경우 임시조치의 기간은 30일 이내로 한다. ⑤ 정보통신서비스 제공자는 필요한 조치에 관한 내용·절차 등을 미리 약관에 구체적으로 밝혀야 한다. ⑥ 정보통신서비스 제공자는 자신이 운영·관리하는 정보통신망에 유통되는 정보에 대하여 제2항에 따른 필요한 조치를 하면 이로 인한 배상책임을 줄이거나 면제받을 수 있다.

를 하고 즉시 신청인 및 정보게재자에게 알려야 한다. 이 경우 정보통신 서비스 제공자는 필요한 조치를 한 사실을 해당 게시판에 공시하는 등의 방법으로 이용자가 알 수 있도록 하여야 한다. 그리고 서비스 제공자가 자신이 운영·관리하는 정보통신망에 청소년 유해 매체물이 게재되어 있거나 청소년 접근을 제한하는 조치 없이 청소년 유해 매체물을 광고하는 내용이 전시되어 있는 경우에는 지체 없이 그 내용을 삭제하여야 한다. 만약 서비스 제공자가 정보의 삭제요청에도 불구하고 권리의 침해 여부를 판단하기 어렵거나 이해당사자 간에 다툼이 예상되는 경우에는 해당 정보에 대한 접근을 임시적으로 차단하는 조치를 할 수 있다. 이 경우 임시조치의 기간은 30일 이내로 한다.

추가[59]로 정보통신서비스 제공자는 자신이 운영·관리하는 정보통신망에 유통되는 정보가 사생활 침해 또는 명예훼손 등 타인의 권리를 침해한다고 인정되면 임의로 임시조치를 할 수 있는데 이때 임시조치 방법은 앞서 언급한 사항들과 같다.

---

59 정보통신망 이용촉진 및 정보보호 등에 관한 법률 제44조의3 (임의의 임시조치) ① 정보통신서비스 제공자는 자신이 운영·관리하는 정보통신망에 유통되는 정보가 사생활 침해 또는 명예훼손 등 타인의 권리를 침해한다고 인정되면 임의로 임시조치를 할 수 있다. ② 제1항에 따른 임시조치에 관하여는 제44조의2 제2항 후단, 제4항 후단 및 제5항을 준용한다.

8-3. 정보통신 서비스 이용자의 자체 구제수단

앞서 언급한 피해와 관련하여 이용자도 조치[60]를 취할 수 있다. 즉, 특정한 이용자에 의한 정보의 게재나 유통으로 사생활 침해 또는 명예훼손 등 권리를 침해당하였다고 주장하는 자는 민·형사상의 소를 제기하기 위하여 침해 사실을 소명하여 명예훼손 분쟁조정부에 해당 정보통신 서비스 제공자가 보유하고 있는 해당 이용자의 정보(민·형사상의 소를 제기하기 위한 성명·주소 등 대통령령으로 정하는 최소한의 정보를 말한다)를 제공하도록 청구할 수 있고 명예훼손 분쟁조정부는 청구를 받으면 해당 이용자와 연락할 수 없는 등의 특별한 사정이 있는 경우 외에는 그 이용자의 의견을 들어 정보제공 여부를 결정하여야 한다. 단, 해당 이용자의 정보를 제공받은 자는 그 정보를 민·형사상의 소를 제기하기 위한 목적 외의 목적으로 사용하여서는 아니된다.

---

60 정보통신망 이용촉진 및 정보보호 등에 관한 법률 제44조의6 (이용자 정보의 제공청구) ① 특정한 이용자에 의한 정보의 게재나 유통으로 사생활 침해 또는 명예훼손 등 권리를 침해당하였다고 주장하는 자는 민·형사상의 소를 제기하기 위하여 침해사실을 소명하여 제44조의10에 따른 명예훼손 분쟁조정부에 해당 정보통신서비스 제공자가 보유하고 있는 해당 이용자의 정보(민·형사상의 소를 제기하기 위한 성명·주소 등 대통령령으로 정하는 최소한의 정보를 말한다)를 제공하도록 청구할 수 있다. ② 명예훼손 분쟁조정부는 제1항에 따른 청구를 받으면 해당 이용자와 연락할 수 없는 등의 특별한 사정이 있는 경우 외에는 그 이용자의 의견을 들어 정보제공 여부를 결정하여야 한다. ③ 제1항에 따라 해당 이용자의 정보를 제공받은 자는 해당 이용자의 정보를 민·형사상의 소를 제기하기 위한 목적 외의 목적으로 사용하여서는 아니된다. ④ 그 밖의 이용자 정보 제공청구의 내용과 절차에 필요한 사항은 대통령령으로 정한다.

위에서 말하는 명예훼손 분쟁조정부[61]에 관하여 간단히 설명하자면, 정보통신망을 통하여 유통되는 정보 중 사생활의 침해 또는 명예훼손 등 타인의 권리를 침해하는 정보와 관련된 분쟁의 조정업무를 효율적으로 수행하기 위하여 5명 이하의 위원으로 구성된 명예훼손 분쟁조정부를 두되, 그중 1명 이상은 변호사의 자격이 있는 자로 한다. 또한 명예훼손 분쟁조정부의 위원은 심의위원회의 위원장이 심의위원회의 동의를 받아 위촉하고 분쟁조정절차 등에 관하여는 하위 법령[62]에 규정되어 있는데 세부적으로 보면 명예훼손분쟁조정부의 회의는 명예훼손분쟁조정

---

61 정보통신망 이용촉진 및 정보보호 등에 관한 법률 제44조의10 (명예훼손 분쟁조정부) ① 심의위원회는 정보통신망을 통하여 유통되는 정보 중 사생활의 침해 또는 명예훼손 등 타인의 권리를 침해하는 정보와 관련된 분쟁의 조정업무를 효율적으로 수행하기 위하여 5명 이하의 위원으로 구성된 명예훼손 분쟁조정부를 두되, 그중 1명 이상은 변호사의 자격이 있는 자로 한다. ② 명예훼손 분쟁조정부의 위원은 심의위원회의 위원장이 심의위원회의 동의를 받아 위촉한다. ③ 명예훼손 분쟁조정부의 분쟁조정절차 등에 관하여는 제33조의2 제2항, 제35조부터 제39조까지의 규정을 준용한다. 이 경우 "분쟁조정위원회"는 "심의위원회"로, "개인정보와 관련한 분쟁"은 "정보통신망을 통하여 유통되는 정보 중 사생활의 침해 또는 명예훼손 등 타인의 권리를 침해하는 정보와 관련된 분쟁"으로 본다. ④ 명예훼손 분쟁조정부의 설치·운영 및 분쟁조정 등에 관하여 그 밖의 필요한 사항은 대통령령으로 정한다. 제6장 정보통신망의 안정성 확보 등

62 정보통신망 이용촉진 및 정보보호 등에 관한 법률 시행령 제36조 (명예훼손분쟁조정부의 설치·운영 및 분쟁조정 등) ① 명예훼손분쟁조정부의 회의는 명예훼손분쟁조정부의 장이 소집한다. ② 명예훼손분쟁조정부의 장이 명예훼손분쟁조정부의 회의를 개최하려는 때에는 회의일시·장소 및 안건을 정하여 부득이한 사유가 있는 경우를 제외하고는 회의개시 7일 전까지 위원에게 통지하여야 한다. ③ 명예훼손분쟁조정부의 회의는 재적위원 과반수의 출석으로 개의하며 출석위원 과반수의 찬성으로 의결한다. ④ 명예훼손분쟁조정부의 장은 위원 중에서 「방송통신위원회의 설치 및 운영에 관한 법률」 제18조에 따른 방송통신심의위원회(이하 "방송통신심의위원회"라 한다) 위원장이 지명한다. ⑤ 명예훼손분쟁조정부의 회의는 공개하지 아니한다. 다만, 필요하다고 인정될 때에는 명예훼손분쟁조정부의 의결로 당사자 또는 이해관계인에게 방청을 하게 할 수 있다. ⑥ 삭제 <2011.9.29> ⑦ 이 영에서 규정한 것 외에 명예훼손분쟁조정부의 설치·구성 및 운영 그 밖에 분쟁조정에 필요한 사항은 방송통신심의위원회의 의결을 거쳐 정한다.

부의 장이 소집하고 회의를 개최하려는 때에는 회의일시·장소 및 안건을 정하여 부득이한 사유가 있는 경우를 제외하고는 회의개시 7일 전까지 위원에게 통지하여야 하며 재적위원 과반수의 출석으로 개의하며 출석위원 과반수의 찬성으로 의결한다. 참고로, 명예훼손분쟁조정부의 회의는 공개하지 아니하되 필요하다고 인정될 때에는 명예훼손분쟁조정부의 의결로 당사자 또는 이해관계인에게 방청을 하게 할 수 있다.

8-4. 불법정보 유통금지

위와 같은 조치 외에도 정보통신망에서 원칙적[63]으로 유통할 수 없는

---

63 정보통신망 이용촉진 및 정보보호 등에 관한 법률 제44조의7 (불법정보의 유통금지 등) ① 누구든지 정보통신망을 통하여 다음 각호의 어느 하나에 해당하는 정보를 유통하여서는 아니된다. <개정 2011.9.15., 2016.3.22> 1. 음란한 부호·문언·음향·화상 또는 영상을 배포·판매·임대하거나 공공연하게 전시하는 내용의 정보 2. 사람을 비방할 목적으로 공공연하게 사실이나 거짓의 사실을 드러내어 타인의 명예를 훼손하는 내용의 정보 3. 공포심이나 불안감을 유발하는 부호·문언·음향·화상 또는 영상을 반복적으로 상대방에게 도달하도록 하는 내용의 정보 4. 정당한 사유 없이 정보통신시스템, 데이터 또는 프로그램 등을 훼손·멸실·변경·위조하거나 그 운용을 방해하는 내용의 정보 5. 「청소년 보호법」에 따른 청소년유해매체물로서 상대방의 연령 확인, 표시의무 등 법령에 따른 의무를 이행하지 아니하고 영리를 목적으로 제공하는 내용의 정보 6. 법령에 따라 금지되는 사행행위에 해당하는 내용의 정보 6의2. 이 법 또는 개인정보 보호에 관한 법령을 위반하여 개인정보를 거래하는 내용의 정보 7. 법령에 따라 분류된 비밀 등 국가기밀을 누설하는 내용의 정보 8. 「국가보안법」에서 금지하는 행위를 수행하는 내용의 정보 9. 그 밖에 범죄를 목적으로 하거나 교사(교사) 또는 방조하는 내용의 정보 ② 방송통신위원회는 제1항제1호부터 제6호까지 및 제6호의2의 정보에 대하여는 심의위원회의 심의를 거쳐 정보통신서비스 제공자 또는 게시판 관리·운영자로 하여금 그 처리를 거부·정지 또는 제한하도록 명할 수 있다. 다만, 제1항제2호 및 제3호에 따른 정보의 경우에는 해당 정보로 인하여 피해를 받은 자가 구체적으로 밝힌 의사에 반하여 그 처리의 거부·정지 또는 제한을 명할 수 없다. <개정 2016.3.22.> ③ 방송통신위원회는 제1항제7호부터 제9호까지의 정보가 다음 각호의 모두에 해당하는 경우에는 정보통신서비스 제공자 또는 게시판 관리·운영자에게 해당 정보의 처리를 거부·정지 또는 제한하도록 명하여야 한다. <개정 2016.3.22.> 1. 관계 중앙행정기관의 장의 요청이 있었을 것 2. 제1호의 요청을 받은 날부터 7일 이내에 심의위원회의 심의를 거친 후 「방송통신위원회의 설치 및 운영에 관한 법률」제21조제4호에 따른 시정 요구를 하였을 것 3. 정보통신서비스 제공자나 게시판 관리·운영자가 시정 요구에 따르지 아니하였을 것 ④ 방송통신위원회는 제2항 및 제3항에 따른 명령의 대상이 되는 정보통신서비스 제공자, 게시판 관리·운영자 또는 해당 이용자에게 미리 의견제출의 기회를 주어야 한다. 다만, 다음 각호의 어느 하나에 해당하는 경우에는 의견제출의 기회를 주지 아니할 수 있다. 1. 공공의 안전 또는 복리를 위하여 긴급히 처분을 할 필요가 있는 경우 2. 의견청취가 뚜렷이 곤란하거나 명백히 불

정보들이 있다. 나열해보면 첫째, 음란한 부호·문언·음향·화상 또는 영상을 배포·판매·임대하거나 공공연하게 전시하는 내용의 정보. 둘째, 사람을 비방할 목적으로 공공연하게 사실이나 거짓의 사실을 드러내어 타인의 명예를 훼손하는 내용의 정보. 셋째, 공포심이나 불안감을 유발하는 부호·문언·음향·화상 또는 영상을 반복적으로 상대방에게 도달하도록 하는 내용의 정보. 넷째, 정당한 사유 없이 정보통신시스템, 데이터 또는 프로그램 등을 훼손·멸실·변경·위조하거나 그 운용을 방해하는 내용의 정보. 다섯째, 청소년 보호법에 따른 청소년 유해 매체물로 상대방의 연령 확인, 표시의무 등 법령에 따른 의무를 이행하지 아니하고 영리를 목적으로 제공하는 내용의 정보, 여섯째 법령에 따라 금지되는 사행 행위에 해당하는 내용의 정보. 일곱째, 개인정보 보호에 관한 법령을 위반하여 개인정보를 거래하는 내용의 정보. 여덟째, 법령에 따라 분류된 비밀 등 국가기밀을 누설하는 내용의 정보와 국가보안법에서 금지하는 행위를 수행하는 내용의 정보. 아홉째, 그 밖에 범죄를 목적으로 하거나 교사 또는 방조하는 내용의 정보 등이 그것이다.

그리고 방송통신위원회는 위와 같은 정보에 대하여 심의위원회의 심의를 거쳐 정보통신서비스 제공자 또는 게시판 관리·운영자로 하여금 그 처리를 거부·정지 또는 제한하도록 명할 수 있다. 다만, 명예훼손이나 공포조성 등의 정보의 경우에는 해당 정보로 인하여 피해를 받은 자가 구체적으로 밝힌 의사에 반하여 그 처리의 거부·정지 또는 제한을 명할 수 없다.

필요한 경우로서 대통령령으로 정하는 경우 3. 의견제출의 기회를 포기한다는 뜻을 명백히 표시한 경우

8-5. 각종 위반행위에 따른 처벌

물론 위와 같은 제재 외에도 유형별 형사처벌[64]도 가해진다. 이를 나

---

[64] 정보통신망 이용촉진 및 정보보호 등에 관한 법률 제70조 (벌칙) ① 사람을 비방할 목적으로 정보통신망을 통하여 공공연하게 사실을 드러내어 다른 사람의 명예를 훼손한 자는 3년 이하의 징역 또는 3천만 원 이하의 벌금에 처한다. <개정 2014.5.28.> ② 사람을 비방할 목적으로 정보통신망을 통하여 공공연하게 거짓의 사실을 드러내어 다른 사람의 명예를 훼손한 자는 7년 이하의 징역, 10년 이하의 자격정지 또는 5천만 원 이하의 벌금에 처한다. ③ 제1항과 제2항의 죄는 피해자가 구체적으로 밝힌 의사에 반하여 공소를 제기할 수 없다. 제71조 (벌칙) ① 다음 각호의 어느 하나에 해당하는 자는 5년 이하의 징역 또는 5천만 원 이하의 벌금에 처한다. <개정 2016.3.22.> 1. 제22조 제1항(제67조에 따라 준용되는 경우를 포함한다)을 위반하여 이용자의 동의를 받지 아니하고 개인정보를 수집한 자 2. 제23조제1항(제67조에 따라 준용되는 경우를 포함한다)을 위반하여 이용자의 동의를 받지 아니하고 개인의 권리·이익이나 사생활을 뚜렷하게 침해할 우려가 있는 개인정보를 수집한 자 3. 제24조, 제24조의2 제1항 및 제2항 또는 제26조 제3항(제67조에 따라 준용되는 경우를 포함한다)을 위반하여 개인정보를 이용하거나 제3자에게 제공한 자 및 그 사정을 알면서도 영리 또는 부정한 목적으로 개인정보를 제공받은 자 4. 제25조 제1항(제67조에 따라 준용되는 경우를 포함한다)을 위반하여 이용자의 동의를 받지 아니하고 개인정보 처리위탁을 한 자 5. 제28조의2 제1항(제67조에 따라 준용되는 경우를 포함한다)을 위반하여 이용자의 개인정보를 훼손·침해 또는 누설한 자 6. 제28조의2 제2항을 위반하여 그 개인정보가 누설된 사정을 알면서도 영리 또는 부정한 목적으로 개인정보를 제공받은 자 7. 제30조 제5항(제30조 제7항, 제31조 제3항 및 제67조에 따라 준용되는 경우를 포함한다)을 위반하여 필요한 조치를 하지 아니하고 개인정보를 제공하거나 이용한 자 8. 제31조 제1항(제67조에 따라 준용되는 경우를 포함한다)을 위반하여 법정대리인의 동의를 받지 아니하고 만 14세 미만인 아동의 개인정보를 수집한 자 9. 제48조 제1항을 위반하여 정보통신망에 침입한 자 10. 제48조 제3항을 위반하여 정보통신망에 장애가 발생하게 한 자 11. 제49조를 위반하여 타인의 정보를 훼손하거나 타인의 비밀을 침해·도용 또는 누설한 자 ② 제1항 제9호의 미수범은 처벌한다. <신설 2016.3.22.> 제72조 (벌칙) ① 다음 각호의 어느 하나에 해당하는 자는 3년 이하의 징역 또는 3천만 원 이하의 벌금에 처한다. <개정 2015.1.20., 2015.3.27> 1. 삭제 <2016.3.22.> 2. 제49조의2 제1항을 위반하여 다른 사람의 개인정보를 수집한 자 2의2. 「재난 및 안전관리 기본법」 제14조 제1항에 따른 대규모 재난상황을 이용하여 제50조의8을 위반하여 광고성 정보를 전송한 자 3. 제53조 제1항에

누어서 살펴보면 우선 사람을 비방할 목적으로 정보통신망을 통하여 공공연하게 사실을 드러내어 다른 사람의 명예를 훼손한 자는 3년 이하의 징역 또는 3천만 원 이하의 벌금에 처한다. 특히, 거짓의 사실을 드러내어 다른 사람의 명예를 훼손한 자는 7년 이하의 징역, 10년 이하의 자격정지 또는 5천만 원 이하의 벌금에 처한다. 물론, 이러한 경우라도

따른 등록을 하지 아니하고 그 업무를 수행한 자 4. 다음 각 목의 어느 하나에 해당하는 행위를 통하여 자금을 융통하여 준 자 또는 이를 알선·중개·권유·광고한 자 가. 재화 등의 판매·제공을 가장하거나 실제 매출금액을 초과하여 통신과금 서비스에 의한 거래를 하거나 이를 대행하게 하는 행위 나. 통신과금 서비스 이용자로 하여금 통신과금 서비스에 의하여 재화 등을 구매·이용하도록 한 후 통신과금 서비스 이용자가 구매·이용한 재화 등을 할인하여 매입하는 행위 5. 제66조를 위반하여 직무상 알게 된 비밀을 타인에게 누설하거나 직무 외의 목적으로 사용한 자 ② 삭제 <2016.3.22.> 제73조 (벌칙) 다음 각호의 어느 하나에 해당하는 자는 2년 이하의 징역 또는 2천만 원 이하의 벌금에 처한다. <개정 2014.5.28., 2016.3.22> 1. 제28조 제1항 제2호부터 제5호까지(제67조에 따라 준용되는 경우를 포함한다)의 규정에 따른 기술적·관리적 조치를 하지 아니하여 이용자의 개인정보를 분실·도난·유출·위조·변조 또는 훼손한 자 1의2. 제29조 제1항을 위반하여 개인정보를 파기하지 아니한 자(제67조에 따라 준용되는 경우를 포함한다) 2. 제42조를 위반하여 청소년 유해 매체물임을 표시하지 아니하고 영리를 목적으로 제공한 자 3. 제42조의2를 위반하여 청소년 유해 매체물을 광고하는 내용의 정보를 청소년에게 전송하거나 청소년 접근을 제한하는 조치 없이 공개적으로 전시한 자 4. 제44조의6 제3항을 위반하여 이용자의 정보를 민·형사상의 소를 제기하는 것 외의 목적으로 사용한 자 5. 제44조의7 제2항 및 제3항에 따른 방송통신위원회의 명령을 이행하지 아니한 자 6. 제48조의4 제3항에 따른 명령을 위반하여 관련 자료를 보전하지 아니한 자 7. 제49조의2 제1항을 위반하여 개인정보의 제공을 유인한 자 8. 제61조에 따른 명령을 이행하지 아니한 자 제74조 (벌칙) ① 다음 각호의 어느 하나에 해당하는 자는 1년 이하의 징역 또는 1천만 원 이하의 벌금에 처한다. <개정 2012.2.17., 2014.5.28> 1. 제8조 제4항을 위반하여 비슷한 표시를 한 제품을 표시·판매 또는 판매할 목적으로 진열한 자 2. 제44조의7 제1항 제1호를 위반하여 음란한 부호·문언·음향·화상 또는 영상을 배포·판매·임대하거나 공공연하게 전시한 자 3. 제44조의7 제1항 제3호를 위반하여 공포심이나 불안감을 유발하는 부호·문언·음향·화상 또는 영상을 반복적으로 상대방에게 도달하게 한 자 4. 제50조 제5항을 위반하여 조치를 한 자 5. 삭제 <2014.5.28.> 6. 제50조의8을 위반하여 광고성 정보를 전송한 자 7. 제53조 제4항을 위반하여 등록사항의 변경등록 또는 사업의 양도·양수 또는 합병·상속의 신고를 하지 아니한 자 ② 제1항 제3호의 죄는 피해자가 구체적으로 밝힌 의사에 반하여 공소를 제기할 수 없다.

피해자가 구체적으로 밝힌 의사에 반하여 공소를 제기할 수 없다.

다음[65]으로 이용자의 동의를 받지 아니하고 개인정보를 수집한 자, 이용자 동의 없이 개인의 권리·이익이나 사생활을 뚜렷하게 침해할 우려가 있는 개인정보를 수집한 자, 위법하게 개인정보를 이용하거나 제3자에게 제공한 자 및 그 사정을 알면서도 영리 또는 부정한 목적으로 개인정보를 제공받은 자, 이용자 동의를 받지 아니하고 개인정보 처리위탁을 한 자, 위법하게 이용자 개인정보를 훼손·침해 또는 누설한 자, 개인정보가 누설된 사정을 알면서도 영리 또는 부정한 목적으로 개인정보를 제공받은 자, 법정대리인의 동의를 받지 아니하고 만 14세 미만인 아동의 개인정보를 수집한 자 등에 대하여 5년 이하의 징역 또는 5천만

---

65 정보통신망 이용촉진 및 정보보호 등에 관한 법률 제71조 (벌칙) ① 다음 각호의 어느 하나에 해당하는 자는 5년 이하의 징역 또는 5천만 원 이하의 벌금에 처한다. <개정 2016.3.22> 1. 제22조 제1항(제67조에 따라 준용되는 경우를 포함한다)을 위반하여 이용자의 동의를 받지 아니하고 개인정보를 수집한 자 2. 제23조 제1항(제67조에 따라 준용되는 경우를 포함한다)을 위반하여 이용자의 동의를 받지 아니하고 개인의 권리·이익이나 사생활을 뚜렷하게 침해할 우려가 있는 개인정보를 수집한 자 3. 제24조, 제24조의2 제1항 및 제2항 또는 제26조 제3항(제67조에 따라 준용되는 경우를 포함한다)을 위반하여 개인정보를 이용하거나 제3자에게 제공한 자 및 그 사정을 알면서도 영리 또는 부정한 목적으로 개인정보를 제공받은 자 4. 제25조 제1항(제67조에 따라 준용되는 경우를 포함한다)을 위반하여 이용자의 동의를 받지 아니하고 개인정보 처리위탁을 한 자 5. 제28조의2 제1항(제67조에 따라 준용되는 경우를 포함한다)을 위반하여 이용자의 개인정보를 훼손·침해 또는 누설한 자 6. 제28조의2 제2항을 위반하여 그 개인정보가 누설된 사정을 알면서도 영리 또는 부정한 목적으로 개인정보를 제공받은 자 7. 제30조 제5항(제30조 제7항, 제31조 제3항 및 제67조에 따라 준용되는 경우를 포함한다)을 위반하여 필요한 조치를 하지 아니하고 개인정보를 제공하거나 이용한 자 8. 제31조 제1항(제67조에 따라 준용되는 경우를 포함한다)을 위반하여 법정대리인의 동의를 받지 아니하고 만 14세 미만인 아동의 개인정보를 수집한 자 9. 제48조 제1항을 위반하여 정보통신망에 침입한 자 10. 제48조 제3항을 위반하여 정보통신망에 장애가 발생하게 한 자 11. 제49조를 위반하여 타인의 정보를 훼손하거나 타인의 비밀을 침해·도용 또는 누설한 자 ② 제1항 제9호의 미수범은 처벌한다. <신설 2016.3.22>

원 이하의 벌금에 처하도록 하고 있다.

그리고[66] 재난 상황을 이용하여 광고성 정보를 전송한 자, 재화 등의 판매·제공을 가장하거나 실제 매출금액을 초과하여 통신과금 서비스에 의한 거래를 하거나 이를 대행하게 하는 행위, 직무상 알게 된 비밀을 타인에게 누설하거나 직무 외의 목적으로 사용한 자의 경우 3년 이하의 징역 또는 3천만 원 이하의 벌금에 처한다.

또한[67] 통신망을 통해 음란한 부호·문언·음향·화상 또는 영상을 배

---

[66] 정보통신망 이용촉진 및 정보보호 등에 관한 법률 제72조 (벌칙) ① 다음 각호의 어느 하나에 해당하는 자는 3년 이하의 징역 또는 3천만 원 이하의 벌금에 처한다. <개정 2015.1.20., 2015.3.27> 1. 삭제 <2016.3.22.> 2. 제49조의2 제1항을 위반하여 다른 사람의 개인정보를 수집한 자 2의2. 「재난 및 안전관리 기본법」 제14조 제1항에 따른 대규모 재난 상황을 이용하여 제50조의8을 위반하여 광고성 정보를 전송한 자 3. 제53조 제1항에 따른 등록을 하지 아니하고 그 업무를 수행한 자 4. 다음 각 목의 어느 하나에 해당하는 행위를 통하여 자금을 융통하여 준 자 또는 이를 알선·중개·권유·광고한 자 가. 재화 등의 판매·제공을 가장하거나 실제 매출금액을 초과하여 통신과금 서비스에 의한 거래를 하거나 이를 대행하게 하는 행위 나. 통신과금 서비스 이용자로 하여금 통신과금 서비스에 의하여 재화 등을 구매·이용하도록 한 후 통신과금 서비스 이용자가 구매·이용한 재화 등을 할인하여 매입하는 행위 5. 제66조를 위반하여 직무상 알게 된 비밀을 타인에게 누설하거나 직무 외의 목적으로 사용한 자 ② 삭제 <2016.3.22>

[67] 정보통신망 이용촉진 및 정보보호 등에 관한 법률 제73조 (벌칙) 다음 각호의 어느 하나에 해당하는 자는 2년 이하의 징역 또는 2천만 원 이하의 벌금에 처한다. <개정 2014.5.28., 2016.3.22> 1. 제28조 제1항 제2호부터 제5호까지(제67조에 따라 준용되는 경우를 포함한다)의 규정에 따른 기술적·관리적 조치를 하지 아니하여 이용자의 개인정보를 분실·도난·유출·위조·변조 또는 훼손한 자 1의2. 제29조 제1항을 위반하여 개인정보를 파기하지 아니한 자(제67조에 따라 준용되는 경우를 포함한다) 2. 제42조를 위반하여 청소년 유해 매체물임을 표시하지 아니하고 영리를 목적으로 제공한 자 3. 제42조의2를 위반하여 청소년 유해 매체물을 광고하는 내용의 정보를 청소년에게 전송하거나 청소년 접근을 제한하는 조치 없이 공개적으로 전시한 자 4. 제44조의6 제3항을 위반하여 이용자의 정보를 민·형사상의 소를 제기하는 것 외의 목적으로 사용한 자 5. 제44조의7 제2항 및 제3항에 따른 방송통신위원회의 명령을 이행하지 아니한 자 6. 제48조의4 제3항에 따른 명령을 위반하여 관련 자료를 보전하지 아니한 자 7.

포·판매·임대하거나 공공연하게 전시한 자, 정보통신수단으로 공포심이나 불안감을 유발하는 부호·문언·음향·화상 또는 영상을 반복적으로 상대방에게 도달하게 한 자의 경우 1년 이하의 징역 또는 1천만 원 이하의 벌금에 처한다. 다만, 공포심이나 불안감 조장 행위의 경우 피해자가 구체적으로 밝힌 의사에 반하여 공소를 제기할 수 없다.

제49조의2제1항을 위반하여 개인정보의 제공을 유인한 자 8. 제61조에 따른 명령을 이행하지 아니한 자

호기심 또는
개인 흥미에 따른
홈페이지 접속시도가
처벌 대상일까?

갈수록 급증하는 해킹사건으로 전 세계가 몸살을 앓고 있다. 실제 KISA(한국인터넷진흥원)에 따르면 매년 해킹 건수는 증가추세이며 경찰에서 접수되는 사건 역시 함께 늘어나고 있는 실정이다.

우선 위 행위가 처벌 대상인지 여부를 확인하기 전에 위와 같은 행위에 대하여 관련 기관에서 어떤 방식으로 조사가 이루어지는지를 살펴보도록 하자.

보안뉴스 측에 따르면[68] 해킹사고 발생 시 112 등에 신고되면 경찰청 사이버안전국 내 관련 수사팀에 배정되고 118 등에 제보 시 한국인터넷진흥원은 인터넷침해대응센터에서 운영하는 침해대응 본부로 이관해 침해사고 분석단에 의한 사고분석이 이루어진다. 우선, 경찰은 사이버안전국에서 사건을 맡고 수사하기로 결정되면 본격적인 수사에 나선다. 다만 사이버안전국은 일반 사건처럼 현장에 출동하거나 수사를 통해 증거를 수집하는 대신 주로 범죄에 사용된 악성코드를 분석해 범인을 추적하거나 증거를 수집한다. 그리고 보통 악성코드를 분석하는 기관이나 민간기업의 경우 1부터 100까지 악성코드의 모든 것을 분석하지만, 사이버수사에서는 크게 2가지를 목표로 한다. 바로 수사의 단서로 활용할 수 있는 데이터와 범죄사실을 증명할 수 있는 데이터이다. 그 이유는 사이버안전국 역시 궁극적인 목표는 범인을 잡고 증거를 바탕으로 적법한 대가를 치르도록 하는 것이기 때문이다. 이 때문에 보안업체와 수사기관의 악성코드 분석은 비슷하면서도 다르다. 예를 들면, 보안업체는 백

---

68 "해킹 등 사이버범죄 수사절차 살펴보니", 보안뉴스 미디어(2018.7.9.)

신 에이전트나 보안장비 등에서 악성코드를 수집한다면 수사기관은 좀비 PC나 제보 등에서 수집한다. 또한 보안업체가 악성코드를 분석해 백신에 반영하고 공격을 차단하는 것에 목적을 둔다면, 수사기관은 수사단서 확보와 범죄증거 확보를 우선한다. 무엇보다 보안업체는 백신의 업그레이드와 위협 인텔리전스 생성이 최종 목적이라면 수사기관은 범죄자 검거와 원인 규명 등 사건 해결이 최종 목적인 것이다. 그러므로 수사관은 악성코드 분석을 통해 범죄 증거, 즉 악성기능의 여부를 판별하는데 주력하고, 범죄자 추적의 단서는 주로 2차 명령제어 서버를 찾는데 중점을 준다. 특히 수집·분석 기술은 물론 관련 법률지식도 필요하며, 구체적인 정적 분석보다 빠른 동적 분석을 선호하는 경향이 강하다.

9-1. 해킹사고의 정의[69]

　해킹사고에 대한 처벌을 다루는 법률은 정보통신망법[70]으로, 본 법률에서 정의하는 해킹은 "침해사고"로 명칭하며 침해사고는 해킹, 컴퓨터바이러스, 논리폭탄, 메일폭탄, 서비스 거부 또는 고출력 전자기파 등의 방법으로 정보통신망 또는 이와 관련된 정보시스템을 공격하는 행위를 하여 발생한 사태를 말한다.

---

69 정보통신망 이용촉진 및 정보보호 등에 관한 법률 제2조 (정의) ① 이 법에서 사용하는 용어의 뜻은 다음과 같다. 7. "침해사고"란 해킹, 컴퓨터바이러스, 논리폭탄, 메일폭탄, 서비스 거부 또는 고출력 전자기파 등의 방법으로 정보통신망 또는 이와 관련된 정보시스템을 공격하는 행위를 하여 발생한 사태를 말한다.

70 정보통신망 이용촉진 및 정보보호 등에 관한 법률 [시행 20170726] [법률 제14839호, 2017.7.26.,타법개정]

9-2. 침해행위 금지와 신고[71] 및 대응

원칙적으로 누구든지 정당한 접근 권한 없이 또는 허용된 접근권한을 넘어 정보통신망에 침입하는 것은 금지된다. 또한 정당한 사유 없이 정보통신시스템, 데이터 또는 프로그램 등을 훼손·멸실·변경·위조하거나 그 운용을 방해할 수 있는 프로그램을 전달 또는 유포해서도 안 된다. 그리고 정보통신망의 안정적 운영을 방해할 목적으로 대량의 신호 또는 데이터를 보내거나 부정한 명령을 처리하도록 하는 등의 방법으로 정보통신망에 장애가 발생하게 하여서는 아니된다.

또한 침해사고가 발생하면 신고[72] 관련하여 정보통신서비스 제공자,

---

71 정보통신망 이용촉진 및 정보보호 등에 관한 법률 제48조 (정보통신망 침해행위 등의 금지) ① 누구든지 정당한 접근권한 없이 또는 허용된 접근권한을 넘어 정보통신망에 침입하여서는 아니된다. ② 누구든지 정당한 사유 없이 정보통신시스템, 데이터 또는 프로그램 등을 훼손·멸실·변경·위조하거나 그 운용을 방해할 수 있는 프로그램(이하 "악성프로그램"이라 한다)을 전달 또는 유포하여서는 아니된다. ③ 누구든지 정보통신망의 안정적 운영을 방해할 목적으로 대량의 신호 또는 데이터를 보내거나 부정한 명령을 처리하도록 하는 등의 방법으로 정보통신망에 장애가 발생하게 하여서는 아니된다.

72 정보통신망 이용촉진 및 정보보호 등에 관한 법률 제48조의3 (침해사고의 신고 등) ① 다음 각호의 어느 하나에 해당하는 자는 침해사고가 발생하면 즉시 그 사실을 과학기술정보통신부 장관이나 한국인터넷진흥원에 신고하여야 한다. 이 경우 「정보통신기반 보호법」 제13조 제1항에 따른 통지가 있으면 전단에 따른 신고를 한 것으로 본다. <개정 2009.4.22, 2013.3.23., 2017.7.26> 1. 정보통신서비스 제공자 2. 집적정보통신시설 사업자 ② 과학기술정보통신부 장관이나 한국인터넷진흥원은 제1항에 따라 침해사고의 신고를 받거나 침해사고를 알게 되면 제48조의2 제1항 각 호에 따른 필요한 조치를 하여야 한다. <개정 2009.4.22, 2013.3.23, 2017.7.26>

집적정보통신 시설 사업자는 침해사고가 발생하면 즉시 그 사실을 과학기술정보통신부 장관이나 한국인터넷진흥원에 신고하여야 한다. 그리고 과학기술정보통신부 장관이나 한국인터넷진흥원은 제1항에 따라 침해사고의 신고를 받거나 침해사고를 알게 되면 필요한 조치를 하여야 한다.

그리고 침해사고에 대응[73]하기 위해 과학기술정보통신부 장관은 침해사고에 적절히 대응하기 위하여 침해사고에 관한 정보의 수집·전파, 침해사고의 예보·경보, 침해사고에 대한 긴급조치 등을 하고 필요하면 업무의 전부 또는 일부를 한국인터넷진흥원이 수행하도록 할 수 있다. 구

---

[73] 정보통신망 이용촉진 및 정보보호 등에 관한 법률 제48조의2 (침해사고의 대응 등) ① 과학기술정보통신부장관은 침해사고에 적절히 대응하기 위하여 다음 각호의 업무를 수행하고, 필요하면 업무의 전부 또는 일부를 한국인터넷진흥원이 수행하도록 할 수 있다. <개정 2009.4.22, 2013.3.23., 2017.7.26> 1. 침해사고에 관한 정보의 수집·전파 2. 침해사고의 예보·경보 3. 침해사고에 대한 긴급조치 4. 그 밖에 대통령령으로 정하는 침해사고 대응조치 ② 다음 각호의 어느 하나에 해당하는 자는 대통령령으로 정하는 바에 따라 침해사고의 유형별 통계, 해당 정보통신망의 소통량 통계 및 접속경로별 이용 통계 등 침해사고 관련 정보를 과학기술정보통신부 장관이나 한국인터넷진흥원에 제공하여야 한다. <개정 2009.4.22, 2013.3.23., 2017.7.26> 1. 주요정보통신서비스 제공자 2. 집적정보통신 시설 사업자 3. 그 밖에 정보통신망을 운영하는 자로서 대통령령으로 정하는 자 ③ 한국인터넷진흥원은 제2항에 따른 정보를 분석하여 과학기술정보통신부장관에게 보고하여야 한다. <개정 2009.4.22, 2013.3.23., 2017.7.26> ④ 과학기술정보통신부 장관은 제2항에 따라 정보를 제공하여야 하는 사업자가 정당한 사유 없이 정보의 제공을 거부하거나 거짓 정보를 제공하면 상당한 기간을 정하여 그 사업자에게 시정을 명할 수 있다. <개정 2013.3.23., 2017.7.26> ⑤ 과학기술정보통신부 장관이나 한국인터넷진흥원은 제2항에 따라 제공받은 정보를 침해사고의 대응을 위하여 필요한 범위에서만 정당하게 사용하여야 한다. <개정 2009.4.22, 2013.3.23., 2017.7.26> ⑥ 과학기술정보통신부 장관이나 한국인터넷진흥원은 침해사고의 대응을 위하여 필요하면 제2항 각호의 어느 하나에 해당하는 자에게 인력지원을 요청할 수 있다. <개정 2009.4.22, 2013.3.23, 2017.7.26>

체적[74]으로 주요 정보통신서비스 제공자 및 타인의 정보통신서비스 제공을 위하여 집적된 정보통신 시설을 운영·관리하는 사업자에 대한 접속경로(침해사고 확산에 이용되고 있거나 이용될 가능성이 있는 접속경로만 해당)의 차단 요청과 소프트웨어 사업자 중 침해사고와 관련이 있는 소프트웨어를 제작 또는 배포한 자에 대한 해당 소프트웨어의 보안상 취약점을 수정·보완한 프로그램의 제작·배포 요청 및 정보통신서비스 제공자에 대한 보안취약점보완프로그램의 정보통신망 게재 요청, 언론기관 및 정보통신서비스 제공자에 대한 침해사고 예보·경보의 전파, 국가 정보통신망 안전에 필요한 경우 관계 기관의 장에 대한 침해사고 관련정보의 제공 등을 하게 된다.

그리고 주요 정보통신서비스 제공자, 집적정보통신 시설 사업자, 그 밖에 정보통신망을 운영하는 자는 침해사고의 유형별 통계, 해당 정보통신망의 소통량 통계 및 접속경로별 이용 통계 등 침해사고 관련 정보를 과학기술정보통신부 장관이나 한국인터넷진흥원에 제공하여야 한

---

74 정보통신망 이용촉진 및 정보보호 등에 관한 법률 시행령 제56조 (침해사고 대응조치) 법 제48조의2 제1항 제4호에서 "그 밖에 대통령령으로 정한 침해사고 대응조치"란 다음 각호의 조치를 말한다. <개정 2009.1.28> 1. 주요정보통신서비스 제공자 및 법 제46조제1항에 따른 타인의 정보통신서비스 제공을 위하여 집적된 정보통신시설을 운영·관리하는 사업자에 대한 접속경로(침해사고 확산에 이용되고 있거나 이용될 가능성이 있는 접속경로만 해당한다)의 차단 요청 2. 「소프트웨어산업 진흥법」 제2조 제4호에 따른 소프트웨어사업자 중 침해사고와 관련이 있는 소프트웨어를 제작 또는 배포한 자에 대한 해당 소프트웨어의 보안상 취약점을 수정·보완한 프로그램(이하 "보안취약점보완프로그램"이라 한다)의 제작·배포 요청 및 정보통신서비스 제공자에 대한 보안취약점보완프로그램의 정보통신망 게재 요청 3. 언론기관 및 정보통신서비스 제공자에 대한 법 제48조의2 제1항 제2호에 따른 침해사고 예보·경보의 전파 4. 국가 정보통신망 안전에 필요한 경우 관계 기관의 장에 대한 침해사고 관련정보의 제공

다. 또한 한국인터넷진흥원은 관련 정보를 분석하여 과학기술정보통신부 장관에게 보고하여야 한다. 추가로 과학기술정보통신부 장관은 정보를 제공하여야 하는 사업자가 정당한 사유 없이 정보의 제공을 거부하거나 거짓 정보를 제공하면 상당한 기간을 정하여 그 사업자에게 시정을 명할 수 있다. 단, 과학기술정보통신부 장관이나 한국인터넷진흥원은 제공받은 정보를 침해사고의 대응을 위하여 필요한 범위에서만 정당하게 사용하여야 한다.

9-3. 침해행위 분석[75]

    정보통신서비스 제공자 등 정보통신망을 운영하는 자는 침해사고가 발생하면 침해사고의 원인을 분석하고 피해의 확산을 방지하여야 한다. 과학기술정보통신부 장관은 정보통신서비스 제공자의 정보통신망에 중대한 침해사고가 발생하면 피해 확산 방지, 사고대응, 복구 및 재발 방지를 위하여 정보보호에 전문성을 갖춘 민·관 합동조사단을 구성하여 그 침해사고의 원인 분석을 할 수 있다. 그리고 과학기술정보통신부 장

---

75 정보통신망 이용촉진 및 정보보호 등에 관한 법률 제48조의4 (침해사고의 원인 분석 등) ① 정보통신서비스 제공자 등 정보통신망을 운영하는 자는 침해사고가 발생하면 침해사고의 원인을 분석하고 피해의 확산을 방지하여야 한다. ② 과학기술정보통신부장관은 정보통신서비스 제공자의 정보통신망에 중대한 침해사고가 발생하면 피해 확산 방지, 사고대응, 복구 및 재발 방지를 위하여 정보보호에 전문성을 갖춘 민·관합동조사단을 구성하여 그 침해사고의 원인 분석을 할 수 있다. <개정 2013.3.23., 2017.7.26> ③ 과학기술정보통신부장관은 제2항에 따른 침해사고의 원인을 분석하기 위하여 필요하다고 인정하면 정보통신서비스 제공자와 집적정보통신시설 사업자에게 정보통신망의 접속기록 등 관련 자료의 보전을 명할 수 있다. <개정 2013.3.23., 2017.7.26> ④ 과학기술정보통신부장관은 침해사고의 원인을 분석하기 위하여 필요하면 정보통신서비스 제공자와 집적정보통신시설 사업자에게 침해사고 관련 자료의 제출을 요구할 수 있으며, 제2항에 따른 민·관합동조사단에게 관계인의 사업장에 출입하여 침해사고 원인을 조사하도록 할 수 있다. 다만, 「통신비밀보호법」 제2조 제11호에 따른 통신사실확인자료에 해당하는 자료의 제출은 같은 법으로 정하는 바에 따른다. <개정 2013.3.23., 2017.7.26> ⑤ 과학기술정보통신부장관이나 민·관합동조사단은 제4항에 따라 제출받은 자료와 조사를 통하여 알게 된 정보를 침해사고의 원인 분석 및 대책 마련 외의 목적으로는 사용하지 못하며, 원인 분석이 끝난 후에는 즉시 파기하여야 한다. <개정 2013.3.23., 2017.7.26> ⑥ 제2항에 따른 민·관합동조사단의 구성과 제4항에 따라 제출된 침해사고 관련 자료의 보호 등에 필요한 사항은 대통령령으로 정한다.

관은 침해사고의 원인을 분석하기 위하여 필요하다고 인정하면 정보통신서비스 제공자와 집적정보통신 시설 사업자에게 정보통신망의 접속기록 등 관련 자료의 보전을 명할 수 있다. 또한 침해사고의 원인을 분석하기 위하여 필요하면 정보통신서비스 제공자와 집적정보통신 시설 사업자에게 침해사고 관련 자료의 제출을 요구할 수 있으며, 민·관 합동 조사단에게 관계인의 사업장에 출입하여 침해사고 원인을 조사하도록 할 수 있다. 다만 통신비밀보호법상 통신사실확인자료에 해당하는 자료의 제출은 범죄 수사 등 관련 법률에 의거하여야 한다. 참고로 과학기술정보통신부 장관이나 민·관 합동조사단은 제출받은 자료와 조사를 통하여 알게 된 정보를 침해사고의 원인 분석 및 대책 마련 외의 목적으로는 사용하지 못하며, 원인 분석이 끝난 후에는 즉시 파기하여야 한다.

9-4. 침해행위 시 처벌

　위와 같은 침해행위에 대한 처벌과 관련하여 정보통신망법[76]은 악성 프로그램을 전달 또는 유포하는 자에 대해 7년 이하의 징역 또는 7천만 원 이하의 벌금에 처하도록 하고 있으며 무단으로 정보통신망에 침입한 자나 정보통신망에 장애가 발생하게 한 경우 5년 이하의 징역 또는 5천만 원 이하의 벌금에 처하도록 하고 있다.

---

[76] 정보통신망 이용촉진 및 정보보호 등에 관한 법률 제70조의2 (벌칙) 제48조 제2항을 위반하여 악성프로그램을 전달 또는 유포하는 자는 7년 이하의 징역 또는 7천만 원 이하의 벌금에 처한다. 제71조 (벌칙) ① 다음 각호의 어느 하나에 해당하는 자는 5년 이하의 징역 또는 5천만 원 이하의 벌금에 처한다. <개정 2016.3.22.> 9. 제48조 제1항을 위반하여 정보통신망에 침입한 자 10. 제48조 제3항을 위반하여 정보통신망에 장애가 발생하게 한 자

친구에게 재미삼아 야한 영상(메시지 등) 발송하거나, 게시하는 게 처벌될까?

얼마 전 사회적으로 미투운동과 함께 논란이 된 건이 바로 인터넷 공간에서 음란물 유포와 성폭력 피해자에 대한 영상물 게시 등이다. 실제로 언론[77]에 따르면 SNS를 통해 지인들에게 선정적인 음란 사진이나 영상물을 유포하거나 특정 카페 등에 자신이 촬영한 여성의 신체부위를 탑재하는 등 성폭력 범죄가 다발하고 있는 것으로 드러났다. 과연 그렇다면 이러한 행위들은 각각 어떠한 처벌을 받게 될까?

---

77 '음란물에 합성된 내 얼굴 지인 능욕 예방책 없나', 일용서울(2018.7.20.) 지인 얼굴 나체 사진 합성·성적 모욕감 주는 발언 교묘한 사이버 성폭력 등

10-1. 직접 촬영한 여성의 특정 신체부위
유포행위 처벌

  여성의 노출 신체 부위 등이나 성적 수치심을 유발할 수 있는 신체 등을 촬영하는 행위는 본래 법률[78]상 처벌 대상이다. 즉, 카메라나 그 밖에 이와 유사한 기능을 갖춘 기계장치를 이용하여 성적 욕망 또는 수치심을 유발할 수 있는 다른 사람의 신체를 그 의사에 반하여 촬영하거나 그 촬영물을 반포·판매·임대·제공 또는 공공연하게 전시·상영한 자는 5년 이하의 징역 또는 1천만 원 이하의 벌금에 처하도록 규정하고 있는 것이다. 더구나 해당 촬영이 최초 촬영 당시에는 대상자의 의사에 반하지 아니하는 경우에도 사후에 그 의사에 반하여 촬영물을 반포·판매·임대·제공 또는 공공연하게 전시·상영한 경우도 3년 이하의 징역 또는 500만 원 이하의 벌금에 처해진다. 그리고 만약 영리를 목적으로

---

[78] 성폭력범죄의 처벌 등에 관한 특례법 [시행 2017.12.12.] [법률 제15156호, 2017.12.12.,일부개정] 제14조 (카메라 등을 이용한 촬영) ① 카메라나 그 밖에 이와 유사한 기능을 갖춘 기계장치를 이용하여 성적 욕망 또는 수치심을 유발할 수 있는 다른 사람의 신체를 그 의사에 반하여 촬영하거나 그 촬영물을 반포·판매·임대·제공 또는 공공연하게 전시·상영한 자는 5년 이하의 징역 또는 1천만 원 이하의 벌금에 처한다. ② 제1항의 촬영이 촬영 당시에는 촬영대상자의 의사에 반하지 아니하는 경우에도 사후에 그 의사에 반하여 촬영물을 반포·판매·임대·제공 또는 공공연하게 전시·상영한 자는 3년 이하의 징역 또는 500만 원 이하의 벌금에 처한다. ③ 영리를 목적으로 제1항의 촬영물을 「정보통신망 이용촉진 및 정보보호 등에 관한 법률」 제2조 제1항 제1호의 정보통신망(이하 "정보통신망"이라 한다)을 이용하여 유포한 자는 7년 이하의 징역 또는 3천만 원 이하의 벌금에 처한다.

앞서 언급한 촬영물을 정보통신망 등에 유포한 자는 7년 이하의 징역 또는 3천만 원 이하의 벌금 등 중형에 처한다.

10-2. 이미 존재하는 음란물 게시,
유포 행위의 처벌

그렇다면 자신이 직접 촬영한 음란물이 아니라 이미 존재하는 것을 SNS 또는 카페 등에 탑재하거나 유포한 경우는 어떨까?

만약 위와 같이 직접 촬영한 음란물이 아니라고 해도 관련 법률[79]상 SNS 등과 같은 정보통신망을 이용하여 음란한 부호·문언·음향·화상 또는 영상을 배포·판매·임대하거나 공공연하게 전시 경우 1년 이하의 징역 또는 1천만 원 이하의 벌금에 처해지게 된다.

물론, 위와 같은 경우 과연 어떤 수준까지가 정보통신망법상 유포 등이 금지되는 음란물인지 애매한 경우가 있다. 이에 대하여 대법원[80]은 정보통신망 이용촉진 및 정보보호 등에 관한 법률에서 규정하고 있는

---

[79] 정보통신망 이용촉진 및 정보보호 등에 관한 법률 제44조의7 (불법정보의 유통금지 등) ① 누구든지 정보통신망을 통하여 다음 각호의 어느 하나에 해당하는 정보를 유통하여서는 아니된다. <개정 2011.9.15, 2016.3.22> 1. 음란한 부호·문언·음향·화상 또는 영상을 배포·판매·임대하거나 공공연하게 전시하는 내용의 정보 제74조 (벌칙) ① 다음 각호의 어느 하나에 해당하는 자는 1년 이하의 징역 또는 1천만 원 이하의 벌금에 처한다. <개정 2012.2.17, 2014.5.28> 2. 제44조의7 제1항 제1호를 위반하여 음란한 부호·문언·음향·화상 또는 영상을 배포·판매·임대하거나 공공연하게 전시한 자

[80] 사기·정보통신망이용촉진 및 정보보호 등에 관한 법률위반(음란물유포) 2012.10.25.사건번호 2011 도 16580

'음란'이라 함은 사회 통념상 일반 보통인의 성욕을 자극하여 성적 흥분을 유발하고 정상적인 성적 수치심을 해하여 성적 도의관념에 반하는 것으로, 표현물을 전체적으로 관찰·평가해 볼 때 단순히 저속하다거나 문란한 느낌을 준다는 정도를 넘어서 존중·보호되어야 할 인격을 갖춘 존재인 사람의 존엄성과 가치를 심각하게 훼손·왜곡하였다고 평가할 수 있을 정도로 노골적 방법에 의하여 성적 부위나 행위를 적나라하게 표현 또는 묘사한 것으로 사회통념에 비추어 전적으로나 지배적으로 성적 흥미에만 호소하고 하등 문학적·예술적·사상적·과학적·의학적·교육적 가치를 지니지 아니하는 것을 뜻하며 표현물의 음란 여부를 판단함에 있어서는 표현물 제작자의 주관적 의도가 아니라 사회의 평균인 입장에서 시대의 건전한 사회통념에 따라 객관적이고 규범적으로 평가하여야 한다고 판시하였다.

실제로 위 대법원 판결의 근거가 된 실제 사건에서 남녀 간의 애정행위, 정사 장면 등을 중심으로 하고 성기의 직접적이고 노골적인 노출 없이 남녀 간의 성관계를 보여주고 있어서 형사처벌 대상이라고 보기는 어렵다고 보았다. 단, 이와 달리 강간, 미성년자와의 성행위, 인척간의 성행위 등을 저속하고 노골적인 표현으로 묘사하고 있는데다가 그 내용이 반사회적 성행위 등을 저속하고 노골적인 표현으로 묘사한 것으로 볼 수 있다면 형사처벌 대상이라고 보았다.

10-3. 아동 및 청소년 음란물 보관 등의 처벌

물론, 앞서 살펴본 행위들의 경우 단순히 이를 보관하거나 수신한 자의 경우에는 처벌 대상이 아니다. 그러나 해당 음란물이 아동 및 청소년에 해당한다면 이 역시 처벌될 수 있다. 실제 법률[81]상 아동·청소년 이용 음란물이란 아동·청소년 또는 아동·청소년으로 명백하게 인식될 수 있는 사람이나 표현물이 등장하여 성적 행위를 하는 내용을 표현하는 것으로서 필름·비디오물·게임물 또는 컴퓨터나 그 밖의 통신매체를 통한 화상·영상 등의 형태로 된 것을 의미하며, 이와 같은 아동·청소년 이용 음란물을 제작·수입 또는 수출한 자는 무기징역 또는 5년 이상의 유기징역에 처하고 영리를 목적으로 아동·청소년 이용 음란물을 판매·대여·배포·제공하거나 이를 목적으로 소지·운반하거나 공연히 전시 또는 상영한 자는 10년 이하의 징역에 처하며 아동·청소년 이용 음란물을 배포·제공하거나 공연히 전시 또는 상영한 자는 7년 이하의

---

[81] 아동·청소년의 성보호에 관한 법률 제11조 (아동·청소년이용음란물의 제작·배포 등) ① 아동·청소년 이용 음란물을 제작·수입 또는 수출한 자는 무기징역 또는 5년 이상의 유기징역에 처한다. ② 영리를 목적으로 아동·청소년이용음란물을 판매·대여·배포·제공하거나 이를 목적으로 소지·운반하거나 공연히 전시 또는 상영한 자는 10년 이하의 징역에 처한다. ③ 아동·청소년 이용 음란물을 배포·제공하거나 공연히 전시 또는 상영한 자는 7년 이하의 징역 또는 5천만 원 이하의 벌금에 처한다. ④ 아동·청소년 이용 음란물을 제작할 것이라는 정황을 알면서 아동·청소년을 아동·청소년 이용 음란물의 제작자에게 알선한 자는 3년 이상의 징역에 처한다. ⑤ 아동·청소년이용음란물임을 알면서 이를 소지한 자는 1년 이하의 징역 또는 2천만 원 이하의 벌금에 처한다.

징역 또는 5천만 원 이하의 벌금에 처할 뿐 아니라 아동·청소년 이용 음란물을 제작할 것이라는 정황을 알면서 아동·청소년을 아동·청소년 이용 음란물의 제작자에게 알선한 자는 3년 이상의 징역에 처한다. 그리고 앞서 언급한 바와 같이 아동·청소년 이용 음란물임을 알면서 이를 소지한 자도 1년 이하의 징역 또는 2천만 원 이하의 벌금에 처하도록 하고 있다.

매크로 프로그램을
인터넷 공간에서 사용 시
법적 제재 대상인가?

최근 언론에서 매크로 프로그램에 의한 여론 조작이 논란이 된 적이 있다. 실제로 매크로 프로그램으로 네이버, 다음 등 검색엔진에 검색어 순위를 조작하는 등의 혐의로 유명 정치인들과 연루되었다는 의혹이 제기된 범인들이 기소되어 이슈화되기까지 하는 등 파급효과가 적지 않다. 또한 검색어 조작 외에도 매크로를 이용하여 특정 티켓 구매 사이트에서 집중적으로 표를 일괄구매하는 등의 방식으로 표를 독점하였다가 논란[82]이 되기도 하였다. 그렇다면 매크로란 프로그램을 인터넷 공간에서 사용하는 것은 어떤 법적 제재를 받을까?

---

82 "매크로 암표 거래, 왜 방치하나?", MBC(2018.6.19)

11-1. 정보통신망법상 침해행위 검토

    정보통신망 공간에서 매크로 프로그램(특정 작업을 반복하여 수행하도록 하는 소프트웨어)을 이용하여 댓글 반복 작업이나 접속 시도 행위를 계속하여 수행하게 되면서 검색순위에 영향을 끼치는 등의 행위와 관련하여 우선 정보통신망법 위반[83] 여부를 따져볼 수 있다.

    실제로 정보통신망 이용촉진 및 정보보호 등에 관한 법률에서는 누구든지 정보통신망의 안정적 운영을 방해할 목적으로 대량의 신호 또는 데이터를 보내거나 부정한 명령을 처리하도록 하는 등의 방법으로 정보통신망에 장애가 발생하게 하여서는 안 된다고 규정하고 있으며 이를 위반 시 5년 이하의 징역 또는 5천만 원 이하의 벌금에 처하도록 하고 있다.[84]

---

[83] 정보통신망 이용촉진 및 정보보호 등에 관한 법률 제48조 (정보통신망 침해행위 등의 금지) ① 누구든지 정당한 접근권한 없이 또는 허용된 접근권한을 넘어 정보통신망에 침입하여서는 아니된다. ② 누구든지 정당한 사유 없이 정보통신시스템, 데이터 또는 프로그램 등을 훼손·멸실·변경·위조하거나 그 운용을 방해할 수 있는 프로그램(이하 "악성프로그램"이라 한다)을 전달 또는 유포하여서는 아니된다. ③ 누구든지 정보통신망의 안정적 운영을 방해할 목적으로 대량의 신호 또는 데이터를 보내거나 부정한 명령을 처리하도록 하는 등의 방법으로 정보통신망에 장애가 발생하게 하여서는 아니된다.

[84] 정보통신망 이용촉진 및 정보보호 등에 관한 법률 제71조 (벌칙) ① 다음 각호의 어느 하나에 해당하는 자는 5년 이하의 징역 또는 5천만 원 이하의 벌금에 처한다. 10. 제48조 제3항을 위반하여 정보통신망에 장애가 발생하게 한 자

그렇다면 위와 같은 행위는 형사적인 제재 대상일까? 일단, 대법원의 판단에 따르면 정보통신망법상 형사적 제재 대상은 아닌 것으로 판단된다.

즉, 대법원[85]에 따르면 허위의 정보자료를 처리하게 하였다고 하더라도 그것이 정보통신망에서 처리가 예정된 종류의 정보자료인 이상 정보통신망 이용촉진 및 정보보호 등에 관한 법률에서 정한 '부정한 명령'을 처리하게 한 것이라 할 수 없고, 나아가 그와 같이 허위의 자료를 처리하게 함으로써 정보통신망의 관리자나 이용자의 주관적 입장에서 보아 진실에 반하는 정보처리 결과를 만들어 내었다고 하더라도 정보통신망에서 정보를 수집·가공·저장·검색·송신 또는 수신하는 기능을 물리적으로 수행하지 못하게 하거나 그 기능수행을 저해하지는 아니하는 이상 정보통신망법 위반으로 처벌할 수는 없다고 판시하였다.

---

85 컴퓨터 등 사용 사기·정보통신망 이용 촉진 및 정보보호 등에 관한 법률위반(정보통신망침해 등)·컴퓨터 등 장애업무방해 2013.03.28.사건번호 2010 도 14607

11-2. 형법상 업무방해 검토

그렇다면 형법상의 업무방해는 성립 가능할까? 일단 형법상 업무방해의 범죄성립요건[86]을 살펴보면 위력 등으로 사람의 업무를 방해한 자는 5년 이하의 징역 또는 1천 500만 원 이하의 벌금에 처하며 컴퓨터 등 정보처리 장치 또는 전자기록 등 특수매체기록을 손괴하거나 정보처리장치에 허위의 정보 또는 부정한 명령을 입력하거나 기타 방법으로 정보처리에 장애를 발생하게 하여 사람의 업무를 방해한 자도 동일하게 처벌하도록 하고 있다.

그리고 대법원[87]의 경우도 선거 관련 여론 반응 조작을 위해 ACS 전화가 걸려오자 고의로 허위의 응답을 입력함으로써 특정 후보의 지지율을 높이는 방법으로 경선 관리위원회와 주식회사의 공정한 여론조사를 통한 후보자 경선 관리업무에 위험을 초래한 사실도 인정할 수 있으므로 피고인들의 위와 같은 일련의 행위는 단순히 정보처리장치를 부정조작한 수준을 넘어 사람에 의하여 이루어지는 여론조사를 통한 경선

---

[86] 형법 제314조 (업무방해) ① 제313조의 방법 또는 위력으로써 사람의 업무를 방해한 자는 5년 이하의 징역 또는 1천 500만 원 이하의 벌금에 처한다. <개정 1995.12.29> ② 컴퓨터 등 정보처리장치 또는 전자기록 등 특수매체기록을 손괴하거나 정보처리장치에 허위의 정보 또는 부정한 명령을 입력하거나 기타 방법으로 정보처리에 장애를 발생하게 하여 사람의 업무를 방해한 자도 제1항의 형과 같다. <신설 1995.12.29>

[87] 대법원 업무방해 2013.11.28. 사건번호 2013 도 5814

관리 업무를 위계로 방해하였다고 평가할 여지가 충분하여(ACS 시스템에 대한 허위 입력은 전체적인 위계의 행위 태양 중 일부분일 뿐만 아니라 경선을 통한 후보자 확정 과정에서 부분적 도구에 불과함) 형법상 업무방해죄에 해당한다고 보았다.

또한 매크로 프로그램을 이용한 특정 구매 사이트에 대한 정상 구입 행위를 방해하고 특정인이 독점 구매를 한 경우도 대법원 논리[88]에 따르면 어떤 주식회사 임원인 피고인이 자동차 판매 수수료율과 관련하여 대리점 사업자들과 피고인 회사 사이에 의견대립이 고조되자 대리점 사업자가 일정액의 사용료를 지급하고 판매정보 교환 등에 이용해오던 피고인 회사의 내부전산망 전체 및 고객관리 시스템 중 자유게시판에 대한 접속 권한을 차단한 사안에서 피고인이 위력으로 업무를 방해하였다고 판단한 점을 고려할 때 충분히 처벌이 가능할 것으로 보인다.

---

88 대법원 업무방해 2012.05.24. 사건번호 2009 도 4141

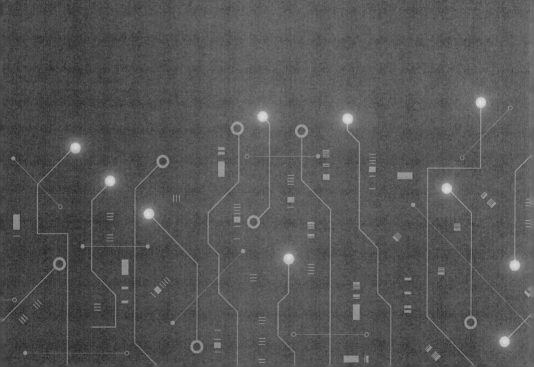

12

사이버 게임에
돈을 거는 행위는
어떤 형사처벌을 받는가?

최근 온라인 게임을 비롯하여 사행성 게임에 해당하는 스포츠 토토 등 사이버 공간에서 돈을 거는 게임이 성행하고 있다. 그러나 다수의 온라인 사이트에서 운영되는 배팅 게임은 불법인 경우가 많다. 실제로 언론[89]에 따르면 인터넷 광고를 통해 불법도박 홍보 사이트가 다수 적발되고 있고, 경찰의 추적을 피하기 위해 실제 연락망은 익명성이 보장된 텔레그램 등으로 소통하고 있으며 이러한 사이트가 셀 수 없이 많이 운영되고 있는 실정이라고 한다.

그렇다면 과연 인터넷상에서 이루어지는 모든 게임은 불법인가? 이에 관하여 과연 불법적인 게임은 무엇인지, 그리고 그러한 게임을 할 경우 처벌은 어떻게 받는지 살펴보자.

---

[89] "경북 경찰, 불법도박 사이트 홍보해 1억 5천만 원 챙긴 일당 구속", 뉴시스(2018.5.18.)

12-1. 게임의 정의와 그 범위

우선 사이버 게임은 법률[90]상 그 범위가 정해져 있다. 먼저, 게임물이라 함은 컴퓨터 프로그램 등 정보처리 기술이나 기계장치를 이용하여 오락을 할 수 있게 하거나 이에 부수하여 여가선용, 학습 및 운동효과 등을 높일 수 있도록 제작된 영상물 또는 그 영상물의 이용을 주된 목적으로 제작된 기기 및 장치를 말한다. 그러나 사행성 게임물은 그 대상에서 제외된다. 여기서 사행성 게임물은 베팅이나 배당을 내용으로 하는 게임물, 우연적인 방법으로 결과가 결정되는 게임물, 경마와 이를 모사한 게임물, 경륜·경정과 이를 모사한 게임물, 카지노와 이를 모사한 게임물 등으로 그 결과에 따라 재산상 이익 또는 손실을 주는 것을 말

---

90 게임산업진흥에 관한 법률 [시행 20180221] [법률 제15378호, 2018.2.21.,일부개정] 제2조 (정의) 이 법에서 사용하는 용어의 정의는 다음과 같다. <개정 2007.1.19, 2008.2.29, 2016.2.3., 2016.12.20> 1. "게임물"이라 함은 컴퓨터프로그램 등 정보처리 기술이나 기계장치를 이용하여 오락을 할 수 있게 하거나 이에 부수하여 여가선용, 학습 및 운동효과 등을 높일 수 있도록 제작된 영상물 또는 그 영상물의 이용을 주된 목적으로 제작된 기기 및 장치를 말한다. 다만, 다음 각 목의 어느 하나에 해당하는 것을 제외한다. 가. 사행성게임물 나.「관광진흥법」제3조의 규정에 의한 관광사업의 규율대상이 되는 것 다. 게임물과 게임물이 아닌 것이 혼재되어 있는 것으로서 문화체육관광부 장관이 정하여 고시하는 것 1의2. "사행성게임물"이라 함은 다음 각 목에 해당하는 게임물로서, 그 결과에 따라 재산상 이익 또는 손실을 주는 것을 말한다. 가. 베팅이나 배당을 내용으로 하는 게임물 나. 우연적인 방법으로 결과가 결정되는 게임물 다.「한국마사회법」에서 규율하는 경마와 이를 모사한 게임물 라.「경륜·경정법」에서 규율하는 경륜·경정과 이를 모사한 게임물 마.「관광진흥법」에서 규율하는 카지노와 이를 모사한 게임물

한다. 따라서 게임을 통해 배팅절차가 동반된다면 이는 게임의 범위에 포함되지 않는 것이다.

12-2. 사이버 게임 배팅 등 도박의 위법성

앞서 살펴본 것과 같이 배팅이 동반되는 사이버상의 게임은 실제로는 도박행위에 해당하는 것으로 그 요건이 법적으로 정해진 것만 합법으로 인정된다.

대표적으로 가장 많이 이용되는 스포츠 토토의 경우를 예로 들어보면 야구, 농구, 축구 등의 스포츠 게임에 복권과 같은 배팅이 가능하도록 한 게임은 국민체육진흥법에서 규율된 것만 가능하며 이를 제외한 것은 불법[91]이다.

실제로 서울올림픽기념 국민체육진흥공단과 수탁사업자가 아닌 자는

---

91 국민체육진흥법 [시행 20180101] [법률 제15261호, 2017.12.19.,일부개정 제26조 (유사행위의 금지 등) ① 서울올림픽기념 국민체육진흥공단과 수탁사업자가 아닌 자는 체육진흥투표권 또는 이와 비슷한 것을 발행(정보통신망에 의한 발행을 포함한다)하여 결과를 적중시킨 자에게 재물이나 재산상의 이익을 제공하는 행위(이하 "유사행위"라 한다)를 하여서는 아니된다. ② 누구든지 다음 각호의 어느 하나에 해당하는 행위를 하여서는 아니된다. 1. 「정보통신망 이용촉진 및 정보보호 등에 관한 법률」 제2조제1항 제1호에 따른 정보통신망을 이용하여 체육진흥투표권이나 이와 비슷한 것을 발행하는 시스템을 설계·제작·유통 또는 공중이 이용할 수 있도록 제공하는 행위 2. 유사행위를 위하여 해당 운동경기 관련 정보를 제공하는 행위 3. 유사행위를 홍보하거나 체육진흥투표권 또는 이와 비슷한 것의 구매를 중개 또는 알선하는 행위 제48조 (벌칙) 다음 각호의 어느 하나에 해당하는 자는 5년 이하의 징역이나 5천만 원 이하의 벌금에 처한다. <개정 2014.1.28> 3. 제26조 제1항의 금지행위를 이용하여 도박을 한 자

체육진흥 투표권 또는 이와 비슷한 것을 발행(정보통신망에 의한 발행을 포함)하여 결과를 적중시킨 자에게 재물이나 재산상의 이익을 제공하는 행위를 해서는 안 된다. 그리고 누구든지 정보통신망 이용촉진 및 정보보호 등에 관한 법률에 따른 정보통신망을 이용하여 체육진흥투표권이나 이와 비슷한 것을 발행하는 시스템을 설계·제작·유통 또는 공중이 이용할 수 있도록 제공하는 행위나 유사행위를 위하여 해당 운동경기 관련 정보를 제공 또는 이를 홍보하거나 체육진흥투표권 또는 이와 비슷한 것의 구매를 중개 또는 알선하는 행위를 하여서는 안 된다. 만약 이러한 금지규정을 위반하면 형사처벌을 받게 된다. 또한 이렇게 불법적인 사이트를 이용하여 도박에 참여한 사람 역시 5년 이하의 징역이나 5천만 원 이하의 벌금에 처해진다.

12-3. 일반 형법상의 도박혐의 처벌

또한 앞서 예로 든 스포츠 게임 배팅만이 아니라 예전에 인기를 끌었던 바다 이야기 등과 같은 일명 카지노 게임의 경우에도 사이버상에서 배팅 등 도박을 한 혐의로 인정되므로 적발될 경우 형법상 도박죄로 의율되어 1천만 원 이하의 벌금에 처해지게 되거나 상습으로 한 사람은 3년 이하의 징역 또는 2천만 원 이하의 벌금에 처해진다.[92]

---

92 형법 제246조 (도박, 상습도박) ① 도박을 한 사람은 1천만 원 이하의 벌금에 처한다. 다만, 일시오락 정도에 불과한 경우에는 예외로 한다. ② 상습으로 제1항의 죄를 범한 사람은 3년 이하의 징역 또는 2천만 원 이하의 벌금에 처한다.

12-4. 불법 사이버 도박의 위험성

꼭 처벌 때문에 이러한 불법 사이버 도박을 해서는 안 된다는 것이 아니다. 그 행위 자체에 대한 처벌만이 아니라 그러한 행위를 하는 과정에서 부수적으로 이루어진 것들이 모두 범죄가 되기에 참여자들은 자신도 모르게 중대한 범죄를 저지르게 되기 때문이다. 실제로 언론[93]에 따르면 불법 도박 사이트 광고 메시지 수십만 건을 발송한 혐의로 다수의 인원들이 처벌을 받게 되었는데, 문제는 이들의 행위에 도박 참여자들도 자연스럽게 관여하게 된다는 것이다. 그도 그럴 것이 불법도박 사이트 이용을 위해서는 자신들만의 이용 고객 의사소통 수단으로 불법 대포폰을 개설하게 되는데, 이때 이용 고객들도 자신의 명의를 대여하는 등의 일이 비일비재하게 발생하게 된다.

그런데 이러한 행위는 전기통신사업법[94]상 위법행위로 간주되고 실제로 자금을 제공 또는 융통하여 주는 조건으로 다른 사람 명의의 이동통신단말 장치를 개통하여 그 이동통신 단말장치에 제공되는 전기통신

---

93 "대포유심폰 개통해 불법 도박 사이트 스팸 문자발송 일당", 뉴스1(2018.7.20.)

94 전기통신사업법 제95조의2 (벌칙) 다음 각호의 어느 하나에 해당하는 자는 3년 이하의 징역 또는 1억 원 이하의 벌금에 처한다. <개정 2014.10.15> 2. 제32조의4 제1항 제1호를 위반하여 자금을 제공 또는 융통하여 주는 조건으로 다른 사람 명의의 이동통신 단말장치를 개통하여 그 이동통신 단말장치에 제공되는 전기통신역무를 이용하거나 해당 자금의 회수에 이용하는 행위를 한 자 3. 제32조의4 제1항 제2호를 위반하여 자금을 제공 또는 융통하여 주는 조건으로 이동통신 단말장치 이용에 필요한 전기통신역무 제공에 관한 계약을 권유·알선·중개하거나 광고하는 행위를 한 자

역무를 이용하거나 해당 자금의 회수에 이용하는 행위를 하거나 자금을 제공 또는 융통하여 주는 조건으로 이동통신 단말장치 이용에 필요한 전기통신역무 제공에 관한 계약을 권유·알선·중개하거나 광고하는 행위를 한 경우 3년 이하의 징역 또는 1억 원 이하의 벌금에 처해지게 된다. 따라서 여러 가지 측면에서 위험성이 동반된다고 하겠다.

형사사법 절차를
전자화하기 위한 노력은
무엇이 있을까?

과거와 달리 대한민국도 아날로그 방식의 수사절차보다 전자화된 방식으로 진화하고 있다. 실제로 각종 수사서류 및 결재 과정에서 기존 대면, 서면보다 비대면과 온라인 시스템에 의한 진행방식이 주를 이루고 있으며 이러한 절차를 법적으로 보장하고 있기도 하다. 이에 여기에서는 형사사법 절차의 전자화를 보장하는 법적 근거를 살펴보도록 하자.

13-1. 형사사법 절차 전자화 관련 주요 정의 이해

일단, 형사사법 절차 전자화 촉진법에 의거[95]하여 앞서 언급한 절차가 진행됨을 목적으로 한다. 본 법률에서 말하는 형사사법 업무란 수사, 공소, 공판, 재판의 집행 등 형사사건의 처리와 관련된 업무를 의미하며 형사사법 업무 처리기관이란 법원, 법무부, 검찰청, 경찰청, 해양경찰청 및 그 소속 기관과 그 밖에 형사사법 업무를 처리하는 기관을 말한다.

그리고 형사사법 정보란 형사사법 업무 처리기관이 이와 관련된 업무 처리에 대하여 형사사법 정보시스템을 이용하여 작성하거나 취득하여 관리하고 있는 자료로서 전자적 방식으로 처리되어 부호, 문자, 음성, 음향 또는 영상 등으로 표현된 것을 지칭하며 여기에서 규정하는 형사사법 정보시스템이란 형사사법 업무 처리기관이 형사사법 정보를 작성, 취득, 저장, 송신·수신하는데 이용할 수 있도록 하드웨어, 소프트웨어, 데이터베이스, 네트워크, 보안요소 등을 결합시켜 구축한 전자적 관리 체계를 의미한다.

---

95 형사사법절차 전자화 촉진법 [시행 20170726] [법률 제14839호, 2017.7.26.,타법개정] 제1조 (목적) 이 법은 형사사법 절차의 전자화를 촉진하여 신속하고 공정하며 투명한 형사사법 절차를 실현하고, 형사사법 분야의 대국민 서비스를 개선하여 국민의 권익 신장에 이바지함을 목적으로 한다.

특이한 점은 이러한 시스템을 각 수사기관들이 별도로 운영하기도 하지만 형사사법 정보 공통시스템이라는 체계를 통하여 둘 이상의 형사사법 업부 처리기관이 공동으로 사용하기도 한다.

13-2. 형사사법 절차 전자화 노력

   그리고 법률에 따르면[96] 형사사법 업무 처리기관은 형사사법 절차의 전자화에 필요한 제도 개선과 이를 반영할 수 있는 시스템 개발을 위하여 노력하여야 하며 절차의 전자화를 위하여 시스템의 유통표준을 준수하고 시스템이 안정적으로 운영될 수 있도록 협력하여야 한다. 또한 형사사법 업무 처리기관이 수립하는 국가정보화 기본법의 국가 정보화에 관한 부문 계획에는 형사사법 업무 전자화 추진 기본방향, 형사사법 업무 전자화 추진조직 및 체계에 관한 사항, 전자화 대상 문서 등의 선정·개발 등에 관한 사항, 공동 활용되는 형사사법 정보의 범위에 관한 사항, 형사사법 업무 전자화에 따르는 관련 법령 및 제도의 정비에 관한 사항, 전자화된 형사사법 절차에서의 정보공개, 정보보호 대책 등 기본

---

[96] 형사사법 절차 전자화 촉진법 제3조 (형사사법절차의 전자화 촉진) ① 형사사법 업무 처리기관은 형사사법 절차의 전자화에 필요한 제도 개선과 이를 반영할 수 있는 시스템 개발을 위하여 노력하여야 한다. ② 형사사법 업무 처리기관은 형사사법 절차의 전자화를 위하여 시스템의 유통표준을 준수하고 시스템이 안정적으로 운영될 수 있도록 협력하여야 한다. 제4조 (형사사법절차 전자화 계획) 형사사법 업무 처리기관이 수립하는 「국가정보화 기본법」 제6조 제4항의 국가정보화에 관한 부문계획에는 다음 각호의 사항이 포함되어야 한다. 1. 형사사법 업무 전자화 추진의 기본방향 2. 형사사법 업무 전자화 추진조직 및 체계에 관한 사항 3. 전자화 대상 문서 등의 선정·개발 등에 관한 사항 4. 공동 활용되는 형사사법 정보의 범위에 관한 사항 5. 형사사법 업무 전자화에 따르는 관련 법령 및 제도의 정비에 관한 사항 6. 전자화된 형사사법 절차에서의 정보공개, 정보보호 대책 등 기본권 보장에 관한 사항 7. 그 밖에 형사사법 업무의 전자화 촉진을 위하여 필요한 사항

권 보장에 관한 사항 등이 포함되어야 한다.

수가로 시스템의 안정적 운영을 위하여 형사사법 업무 처리기관은 판결문, 공소장, 영장, 조서 등 형사사법 업무와 관련된 문서를 시스템을 이용하여 저장·보관하여야 한다. 다만, 업무의 성격상 시스템을 이용하는 것이 곤란한 경우에는 법무부, 검찰청, 경찰청, 해양경찰청의 업무에 관하여는 그 예외[97]를 정할 수도 있다. 예를 들어 피의자, 피해자, 참고인 등 사건 관계인이 직접 작성하는 문서, 시스템에 작성 기능이 구현되어 있지 아니한 문서, 시스템을 이용할 수 없는 시간 또는 장소에서 불가피하게 작성하여야 하거나 시스템 장애 또는 전산망 오류 등으로 시스템을 이용할 수 없는 상황에서 불가피하게 작성하여야 하는 문서 등은 예외로 정할 수 있다.

물론, 위의 시스템 이용 시 주의할 점은 이러한 전자문서를 작성하거나 활용할 때 시스템에서 정하는 형사사법 정보의 유통표준[98]에 따라

---

97 형사사법 절차 전자화 촉진법 시행령 제2조 (형사사법 정보시스템을 이용하는 것이 곤란한 문서) 「형사사법 절차 전자화 촉진법」(이하 "법"이라 한다) 제5조 제1항 단서에 따라 업무의 성격상 형사사법 정보시스템(이하 "시스템"이라 한다)을 이용하는 것이 곤란한 경우로서 대통령령으로 정하는 예외는 다음 각 호와 같다. 1. 피의자, 피해자, 참고인 등 사건 관계인이 직접 작성하는 문서 2. 시스템에 작성 기능이 구현되어 있지 아니한 문서 3. 시스템을 이용할 수 없는 시간 또는 장소에서 불가피하게 작성하여야 하거나 시스템 장애 또는 전산망 오류 등으로 시스템을 이용할 수 없는 상황에서 불가피하게 작성하여야 하는 문서

98 형사사법 절차 전자화 촉진법 시행령 제3조 (형사사법 정보의 유통표준에 관한 준수사항) ① 형사사법 업무 처리기관은 법 제5조 제2항에 따른 형사사법 정보의 유통표준을 정할 때 다음 각호의 사항을 준수하여야 한다. 1. 송신 대상 형사사법 정보는 전자문서 출력물의 내용과 동일할 것 2. 전자문서 출력물의 내용과 송신 대상 형사사법 정보가 동일하다는 사실을 추정할 수 있도록 전자문서 출력물에는 출력기관, 출력일, 면수 및 총

야 한다는 점으로, 형사사법 업무 처리기관은 형사사법 정보를 생성하거나 유통할 때는 형사사법 정보의 정확성을 유지하여야 한다.

면수, 문서의 고유식별번호 등이 표시될 것 ② 전자문서 출력물의 간인(간인)은 면수 및 총면수를 표시하는 방법으로 한다.

13-3. 형사사법 절차 공동활용 협력 의무

위와 같이 시스템을 운영하는 기관들은 법령[99]상 형사사법 정보가 시스템을 통하여 공동 활용되고 신속히 유통되도록 노력하여야 하고 신속하고 정확하게 처리하기 위하여 필요하면 형사사법 정보체계 협의회가 정한 형사사법 정보를 시스템을 통하여 다른 형사사법 업무 처리기관에 제공할 수 있다. 단, 형사사법 업무 처리 외의 목적으로 형사사법 정보를 수집·저장 또는 이용할 수 없다.

물론, 위 시스템의 운영·관리는 이를 사용하는 각 형사사법 업무 처리기관이 하는 것이 원칙이다. 그러나 형사사법 포털 및 각 형사사법 업

---

[99] 형사사법 절차 전자화 촉진법 제6조 (정보의 공동 활용을 위한 협력 의무) ① 형사사법 업무 처리기관은 형사사법 정보가 시스템을 통하여 공동 활용되고 신속히 유통되도록 노력하여야 한다. ② 형사사법 업무 처리기관은 형사사법 업무를 신속하고 정확하게 처리하기 위하여 필요하면 제9조에 따른 형사사법 정보체계 협의회가 정한 형사사법 정보를 시스템을 통하여 다른 형사사법 업무 처리기관에 제공할 수 있다. ③ 형사사법 업무 처리기관은 형사사법 업무 처리 외의 목적으로 형사사법 정보를 수집·저장 또는 이용할 수 없다. 제7조 (대국민 포털 서비스) 형사사법 업무 처리기관은 형사사법 정보에 국민이 쉽고 신속하게 접근할 수 있도록 형사사법 포털을 통하여 형사사법 관련 서비스를 종합적으로 제공한다. 제8조 (시스템의 운영 주체) ① 시스템의 운영·관리는 이를 사용하는 각 형사사법 업무 처리기관이 한다. 다만, 형사사법 포털 및 각 형사사법 업무 처리기관이 운영·관리하는 시스템을 연계·지원하는 공통시스템은 법무부에 운영기구를 두어 운영·관리한다. ② 제1항의 운영기구의 조직과 운영 등에 필요한 사항은 대통령령으로 정한다. ③ 각 형사사법 업무 처리기관은 시스템의 안정적인 운영과 관리를 위하여 필요하다고 인정하면 시스템의 유지·보수 등 지원업무의 일부를 다른 국가기관 또는 정보화를 지원하는 법인에 위탁할 수 있다.

무 처리기관이 운영·관리하는 시스템을 연계·지원하는 공통시스템은 법무부에 일원화하여 운영기구를 둔다.[100] 이때, 운영단은 법무부 소속 공무원과 형사사법 업무 처리기관이나 관계 행정기관에서 파견된 공무원으로 구성하되 법무부 장관은 운영단을 운영하기 위하여 필요한 경우에는 다른 형사사법 업무 처리기관이나 관계 행정기관에 소속 공무원의 파견을 요청할 수 있다. 또한 운영단은 공통시스템 관련 하드웨어, 시스템소프트웨어, 응용소프트웨어 등에 대한 운영·관리 및 정보보호에 관한 업무, 형사사법 업무 처리기관 간 정보유통 연계관리 등 공통시스템의 지원 업무, 공통시스템의 고도화 등 개발 사업에 관한 업무 등을 수행한다.

---

[100] 형사사법 절차 전자화 촉진법 시행령 제6조 (형사사법공통시스템 운영단의 구성 등) ① 법 제8조 제1항 단서에 따라 형사사법 정보 공통시스템(이하 "공통시스템"이라 한다)을 운영·관리하기 위하여 법무부에 형사사법 공통시스템 운영단(이하 "운영단"이라 한다)을 둔다. ② 운영단은 법무부 소속 공무원과 형사사법 업무 처리기관이나 관계 행정기관에서 파견된 공무원으로 구성한다. ③ 법무부 장관은 운영단을 운영하기 위하여 필요한 경우에는 다른 형사사법 업무 처리기관이나 관계 행정기관에 소속 공무원의 파견을 요청할 수 있다. ④ 운영단의 조직 및 정원에 관한 세부사항은 법무부령으로 정한다. 제7조 (운영단의 기능) 운영단은 다음 각호의 업무를 수행한다. 1. 공통시스템 관련 하드웨어, 시스템소프트웨어, 응용소프트웨어 등에 대한 운영·관리 및 정보보호에 관한 업무 2. 형사사법 업무 처리기관 간 정보유통 연계관리 등 공통시스템의 지원 업무 3. 공통시스템의 고도화 등 공통시스템 개발 사업에 관한 업무 4. 그 밖에 운영단의 업무를 추진하기 위하여 필요한 업무 제8조 (운영단의 의무) ① 운영단은 형사사법업무 처리기관이 형사사법업무를 처리하는 데에 지장이 없도록 공통시스템을 안정적으로 관리하여야 한다. ② 운영단은 형사사법업무 처리기관의 시스템이 변경되어 공통시스템의 변경이 필요한 경우 적극 협조하여야 한다.

13-4. 형사사법 정보체계 협의회

앞서 언급한 형사사법 정보체계 협의회[101]는 시스템의 유통표준에 영향을 미치는 변경, 개발 및 개선에 관한 사항 및 전자화를 통한 형사사법 절차의 개선 등을 협의·조정하기 위하여 두며 구성은 법무부 차관, 법원행정처 차장, 대검찰청 차장검사, 경찰청 차장 및 해양경찰청 차장으로 한다.

그리고 이렇게 구성된 협의회의 기능[102]은 형사사법 업무의 전자화를 통한 형사사법 절차의 개선에 관한 사항, 유통 표준 및 그 변경에 관한 사항, 시스템을 통한 형사사법 업무 처리기관 간 공동 활용 및 그 변경

---

101 형사사법 절차 전자화 촉진법 제9조 (형사사법정보체계 협의회) 시스템의 유통표준에 영향을 미치는 변경, 개발 및 개선에 관한 사항 및 전자화를 통한 형사사법 절차의 개선 등을 협의·조정하기 위하여 형사사법 정보체계 협의회(이하 "협의회"라 한다)를 구성한다. 제10조 (협의회의 구성) ① 협의회는 법무부 차관, 법원행정처 차장, 대검찰청 차장검사, 경찰청 차장 및 해양경찰청 차장으로 구성한다. <개정 2014.3.18, 2014.11.19., 2017.7.26> ② 협의회의 위원장은 위원 중에서 호선(互選)한다.

102 형사사법 절차 전자화 촉진법 제12조 (협의회의 기능) ① 협의회는 다음 각호의 사항에 대하여 협의·조정한다. 1. 형사사법 업무의 전자화를 통한 형사사법 절차의 개선에 관한 사항 2. 형사사법 정보의 유통표준 및 그 변경에 관한 사항 3. 시스템을 통한 형사사법 업무 처리기관 간 형사사법 정보의 공동 활용 및 그 변경에 관한 사항 4. 공통시스템을 통한 형사사법 정보의 공개 등 형사사법 포털의 내용 및 운영에 관한 사항 5. 공통시스템의 대상, 범위, 변경, 운영 및 관리에 관한 사항 6. 형사사법 업무 처리기관 간 공동 활용되는 형사사법 정보의 보호에 관한 사항 7. 형사사법 정보의 유통표준에 영향을 미치는 시스템의 변경, 개발 및 개선에 관한 사항 ② 협의회의 운영에는 각 형사사법 업무 처리기관의 시스템 운영상의 독립성이 존중되어야 한다.

에 관한 사항, 공통적 시스템을 통한 형사사법 정보의 공개 등 형사사법 포털의 내용 및 운영에 관한 사항, 공통 시스템 대상, 범위, 변경, 운영 및 관리에 관한 사항, 형사사법 업무 처리기관 간 공동 활용되는 형사사법 정보의 보호에 관한 사항, 형사사법 정보의 유통표준에 영향을 미치는 시스템의 변경, 개발 및 개선에 관한 사항 등을 조정 및 협의하여 정한다.

13-5. 형사사법정보 보호와 유출 통제 및 처벌

　물론, 위와 같은 정보는 법령상 보호[103]되어야 한다. 즉, 형사사법 업무의 처리기관은 형사사법 업무를 처리할 때 정보가 분실, 도난, 유출, 변조 또는 훼손되지 아니하도록 안전성 확보에 필요한 조치를 하여야 한다. 또한 형사사법 업무에 종사하는 사람이나 시스템의 지원업무를 위탁받아 그 업무에 종사하는 사람은 권한 없이 다른 기관 또는 다른 사람이 관리하는 형사사법 정보를 열람, 복사 또는 전송하여서는 안 된다. 그리고 이런 업무를 위탁받아 종사한 사람은 직무상 알게 된 형사사법 정보를 누설하거나 권한 없이 처리하거나 타인이 이용하도록 제공

---

[103] 형사사법 절차 전자화 촉진법 제14조 (형사사법정보의 보호 및 유출금지) ① 형사사법 업무 처리기관은 형사사법 업무를 처리할 때 형사사법 정보가 분실, 도난, 유출, 변조 또는 는 훼손되지 아니하도록 안전성 확보에 필요한 조치를 하여야 한다. ② 형사사법 업무에 종사하는 사람 또는 제8조 제3항에 따라 시스템의 지원업무를 위탁받아 그 업무에 종사하는 사람은 권한 없이 다른 기관 또는 다른 사람이 관리하는 형사사법 정보를 열람, 복사 또는 전송하여서는 아니된다. ③ 형사사법 업무에 종사하거나 종사하였던 사람 또는 제8조 제3항에 따라 시스템의 지원업무를 위탁받아 그 업무에 종사하거나 종사하였던 사람은 직무상 알게 된 형사사법 정보를 누설하거나 권한 없이 처리하거나 타인이 이용하도록 제공하는 등 부당한 목적으로 사용하여서는 아니된다. 제15조 (벌칙) ① 형사사법 업무 처리기관의 업무를 방해할 목적으로 형사사법 정보를 위작 (위작) 또는 변작(변작)하거나 말소한 사람은 10년 이하의 징역에 처한다. ② 제14조 제3항을 위반하여 형사사법 정보를 누설하거나 권한 없이 처리하거나 타인이 이용하도록 제공하는 등 부당한 목적으로 사용한 사람은 5년 이하의 징역 또는 5천만 원 이하의 벌금에 처한다. ③ 제14조 제2항을 위반하여 권한 없이 다른 기관 또는 다른 사람이 관리하는 형사사법 정보를 열람, 복사 또는 전송한 사람은 3년 이하의 징역 또는 3천만 원 이하의 벌금에 처한다.

하는 등 부당한 목적으로 사용하여서는 안 된다.

    만약 형사사법 업무 처리기관 업무를 방해할 목적으로 정보를 위작, 변작하거나 말소한 사람은 10년 이하의 징역에 처하고 정보를 누설하거나 권한 없이 처리, 타인이 이용하도록 제공하는 등 부당한 목적으로 사용한 사람은 5년 이하의 징역 또는 5천만 원 이하의 벌금에 처한다. 그리고 권한 없이 다른 기관 또는 다른 사람이 관리하는 형사사법 정보를 열람, 복사 또는 전송한 사람은 3년 이하의 징역 또는 3천만 원 이하의 벌금에 처한다.

민사소송 등에서의 전자문서를 활용하는 법률은 무엇일까?

갈수록 전자화되어가는 세상 속에서 소액소송부터 기업 간 분쟁에 이르기까지 대부분의 소송에 있어서 전자문서 활용은 더 이상 남의 일이 아니다. 특히, 전자문서를 소송에서 활용하는 사례는 민사에 그치지 않고 행정소송, 가사소송 등과 같이 다방면에 걸쳐 있어 이를 규율하는 법령에 관하여 그 절차를 살펴볼 필요가 있다.

14-1. 관련 법률 및 정의와 적용범위

위와 관련된 법률은 민사소송 등에서의 전자문서 이용 등에 관한 법률[104]로 해당 법률[105]상 전자문서란 컴퓨터 등 정보처리능력을 가진 장치에 의하여 전자적인 형태로 작성되거나 변환되어 송신·수신 또는 저장되는 정보를 말하고, 전산 정보 처리시스템은 전자문서를 작성·제출·송달하거나 관리하는 데에 이용되는 정보처리능력을 가진 전자적 장치 또는 체계로서 법원행정처장이 지정하는 것이며 전자서명이란 전자서명법에 따른 공인 전자서명과 전자정부법에 따른 행정 전자서명을 의미한다. 그리고 사법 전자서명이란 전자정부법상 행정 전자서명으로서 법관·사법보좌관 또는 법원서기관·법원사무관·법원주사·법원주사

---

[104] 민사소송 등에서의 전자문서 이용 등에 관한 법률 [시행 20141201] [법률 제12586호, 2014.5.20.,일부개정] 제1조 (목적) 이 법은 민사소송 등에서 전자문서 이용에 대한 기본원칙과 절차를 규정함으로써 민사소송 등의 정보화를 촉진하고 신속성, 투명성을 높여 국민의 권리 실현에 이바지함을 목적으로 한다.

[105] 민사소송 등에서의 전자문서 이용 등에 관한 법률 제2조 (정의) 이 법에서 사용하는 용어의 뜻은 다음과 같다. <개정 2014.5.20.> 1. "전자문서"란 컴퓨터 등 정보처리능력을 가진 장치에 의하여 전자적인 형태로 작성되거나 변환되어 송신·수신 또는 저장되는 정보를 말한다. 2. "전산정보처리시스템"이란 제3조 각호의 어느 하나에 해당하는 법률에 따른 절차(이하 "민사소송 등"이라 한다)에 필요한 전자문서를 작성·제출·송달하거나 관리하는 데에 이용되는 정보처리능력을 가진 전자적 장치 또는 체계로서 법원행정처장이 지정하는 것을 말한다. 3. "전자서명"이란 「전자서명법」 제2조 제3호에 따른 공인전자서명과 「전자정부법」 제2조 제9호에 따른 행정전자서명을 말한다. 4. "사법전자서명"이란 「전자정부법」 제2조 제9호의 행정전자서명으로서 법관·사법보좌관 또는 법원서기관·법원사무관·법원주사·법원주사보(이하 "법원사무관 등"이라 한다)가 민사소송 등에서 사용하는 것을 말한다.

보가 민사소송 등에서 사용하는 것을 말한다.

　그리고 위 법률상 전자문서 등이 사용되는 소송 등[106]에는 민사소송법, 가사소송법, 행정소송법, 특허법(제9장에 한정), 민사집행법, 채무자 회생 및 파산에 관한 법률, 비송사건절차법 등에 적용된다.

---

[106] 민사소송 등에서의 전자문서 이용 등에 관한 법률 제3조 (적용 범위) 이 법은 다음 각호의 법률에 따른 절차에 적용한다. <개정 2014.5.20.> 1. 「민사소송법」 2. 「가사소송법」 3. 「행정소송법」 4. 「특허법」(제9장에 한정한다) 5. 「민사집행법」 6. 「채무자 회생 및 파산에 관한 법률」 7. 「비송사건절차법」 8. 제1호부터 제7호까지의 법률을 적용하거나 준용하는 법률

14-2. 전자 시스템의 운영 및 등록

위와 같은 전산 시스템의 등록[107]은 법원행정처장이 설치·운영하며 당사자, 소송대리인, 그 밖에 대법원 규칙으로 정하는 자[108]는 민사소송

---

[107] 민사소송 등에서의 전자문서 이용 등에 관한 법률 제4조 (전산정보처리시스템의 운영) 법원행정처장은 전산정보처리시스템을 설치·운영한다. 제5조 (전자문서에 의한 민사소송 등의 수행) ① 당사자, 소송대리인, 그 밖에 대법원규칙으로 정하는 자는 민사소송 등에서 법원에 제출할 서류를 전산정보처리시스템을 이용하여 이 법에서 정하는 바에 따라 전자문서로 제출할 수 있다. ② 이 법에 따라 작성·제출·송달·보존하는 전자문서는 다른 법률에 특별한 규정이 있는 경우를 제외하고 제3조 각호의 법률에서 정한 요건과 절차에 따른 문서로 본다. 제6조 (사용자등록) ① 전산정보처리시스템을 이용하려는 자는 대법원규칙으로 정하는 바에 따라 사용자등록을 하여야 한다. ② 제1항에 따라 사용자등록을 한 자(이하 "등록사용자"라 한다)는 대법원규칙으로 정하는 절차 및 방법에 따라 사용자등록을 철회할 수 있다. ③ 법원행정처장은 다음 각호의 어느 하나에 해당하는 사유가 있는 경우에는 등록사용자의 사용을 정지하거나 사용자등록을 말소할 수 있다. 1. 등록사용자의 동일성이 인정되지 아니하는 경우 2. 사용자등록을 신청하거나 사용자정보를 변경할 때 거짓의 내용을 입력한 경우 3. 다른 등록사용자의 사용을 방해하거나 그 정보를 도용하는 등 전산정보처리시스템을 이용한 민사소송 등의 진행에 지장을 준 경우 4. 고의 또는 중대한 과실로 전산 정보처리시스템에 장애를 일으킨 경우 5. 그 밖에 대법원 규칙으로 정하는 사유가 있는 경우 ④ 제3항에 따른 등록사용자의 사용 정지 및 사용자등록 말소의 구체적인 절차와 방법은 대법원 규칙으로 정한다. 제7조 (전자서명) ① 제5조에 따라 법원에 전자문서를 제출하려는 자는 제출하는 전자문서에 전자서명을 하여야 한다. 다만, 대법원 규칙으로 정하는 경우에는 그러하지 아니하다. ② 법관·사법보좌관 또는 법원사무관 등은 재판서, 조서 등을 전자문서로 작성하거나 그 서류를 전자문서로 변환하는 경우에 대법원 규칙으로 정하는 바에 따라 사법 전자서명을 하여야 한다. <개정 2014.5.20.> ③ 제1항의 전자서명과 제2항의 사법전자서명은 민사소송 등에 적용되거나 준용되는 법령에서 정한 서명, 서명날인 또는 기명날인으로 본다.

[108] 민사소송 등에서의 전자문서 이용 등에 관한 규칙 [시행 20180101] [대법원규칙 제02747호, 2017.6.29.,일부개정] 제3조 (전자문서를 제출할 수 있는 자) 법 제5조 제1항에 따라 당사자와 소송대리인 이외에 전자소송시스템을 이용하여 전자문서를 제출할 수 있는 자

등에서 법원에 제출할 서류를 전산 정보처리시스템을 이용하여 제출할 수 있고, 이러한 전산정보처리시스템을 이용하려는 자는 사용자등록을 하여야 한다.

그리고 사용자 등록을 한 사람은 대법원 규칙으로 정하는 절차 및 방법[109]에 따라 사용자등록을 철회할 수 있는데, 예외적으로 법원행정처

는 다음과 같다. <개정 2013.1.8, 2013.6.27, 2014.4.3., 2014.11.27> 1. 법 제3조 각호의 법률에 따른 참가인 1의2. 회생사건·파산사건·개인회생사건 및 국제도산사건(다음부터 "회생·파산사건"이라 한다)의 채무자 중 신청인이 아닌 자 1의3. 법원이 「민사집행법」에 따라 진행하는 경매사건의 이해관계인으로서 같은 법 제90조 각호 중 어느 하나에 해당하거나 이에 준하는 지위에 있는 자 1의4. 과태료 사건의 검사 2. 법정대리인 3. 특별대리인 4. 사건본인 5. 증인 6. 전문심리위원 7. 법원으로부터 조사 또는 문서의 송부를 촉탁받은 자 8. 감정인, 법원으로부터 감정을 촉탁받은 기관 9. 법원으로부터 문서 제출명령을 받은 자 10. 조정위원 10의2. 상담위원, 법원으로부터 상담을 촉탁 받은 기관 10의3. 성년후견·한정후견·특정후견·임의후견·미성년후견의 후견인, 후견감독인 10의4. 회생·파산사건의 채권자·주주·지분권자 중 신청인이 아닌 자, 관리인·보전관리인·조사위원·감사·파산관재인·감사위원·국제도산관리인(다음부터 관리인 이하의 자를 "회생·파산사건의 절차관계인"이라 한다) 10의5. 법원이 「민사집행법」에 따라 진행하는 사건과 관련된 집행관, 관리인, 감수·보존인(다음부터 "집행관 등"이라 한다) 11. 그 밖에 이해관계를 소명하거나 법 제3조 각호의 법률에 따른 절차에 관하여 서면을 제출할 정당한 권한이 있는 제3자 또는 기관 제2장 사용자등록

109 민사소송 등에서의 전자문서 이용 등에 관한 규칙 제4조 (사용자등록) ① 전자소송시스템을 이용하려는 자는 전자소송시스템에 접속하여 다음 각호의 회원 유형별로 전자소송 홈페이지에서 요구하는 정보를 해당란에 입력한 후 전자서명을 위한 인증서를 사용하여 사용자등록을 신청하여야 한다. 등록한 사용자 정보는 인증서의 내용과 일치하여야 한다. <개정 2014.4.3., 2014.11.27> 1. 개인회원 2. 법인회원 3. 변호사회원 4. 법무사회원 5. 회생·파산사건의 절차관계인회원 6. 집행관 등 ② 제1항 제2호부터 제6호까지의 사용자등록을 한 자(다음부터 "등록사용자"라 한다)는 이용권한의 범위를 정하여 소속사용자를 지정할 수 있고, 그에 따라 지정된 자는 전자소송시스템에 소속사용자로 등록할 수 있다. <개정 2014.4.3., 2014.11.27> ③ 법원은 다음 각호의 어느 하나에 해당하는 경우에 소송을 수행할 자에게 사용자등록과 전자소송시스템을 이용한 민사소송 등의 진행에 대한 동의(다음부터 "전자소송 동의"라 한다)를 할 것을 명할 수 있다. <개정 2012.5.2., 2013.1.8> 1. 전자기록사건에서 소송대리인의 선임·변경·해임·사임이나 소송수계 그 밖의 사유로 소송을 수행할 자가 변

장은 등록사용자의 동일성이 인정되지 아니하는 경우, 사용자 등록을 신청하거나 사용자 정보를 변경할 때 거짓의 내용을 입력한 경우, 다른 등록사용자의 사용을 방해하거나 그 정보를 도용하는 등 전산정보처리시스템을 이용한 민사소송 등의 진행에 지장을 준 경우, 고의 또는 중대한 과실로 전산 정보처리시스템에 장애를 일으킨 경우 등에는 등록사용자의 사용을 정지하거나 사용자 등록을 말소할 수 있다.

경된 때 2. 제24조제1항 제2호 또는 제25조 제1항 각호의 자가 소송대리인을 선임한 때 3. 제11조 제3항 단서에 따라 전자소송 동의를 할 것임을 확약하는 취지의 서면을 작성한 위임인이 전자소송 동의 없이 직접 소송서류를 제출하거나 송달받으려 할 때 ④ 전자기록사건에서 사용자등록 또는 전자소송 동의를 하지 않은 당사자, 소송대리인 및 제3조 제1호부터 제4호까지의 자에 대하여 재판장, 수명법관, 수탁판사, 조정담당 판사, 조정장 또는 사법보좌관(다음부터 "재판장 등"이라 한다)은 사용자등록과 전자소송 동의를 할 것을 권고할 수 있다. 다만, 당사자 등의 권리 행사에 현저한 지장을 초래할 것으로 예상되는 경우에는 그러하지 아니하다. <신설 2012.5.2, 2013.1.8., 2014.11.27> 제5조 (사용자등록의 철회 등) ① 등록사용자는 전자소송시스템에 접속하여 사용자등록 철회의 취지를 입력함으로써 사용자등록을 철회할 수 있다. ② 계속 중인 사건이 있으면 그 전부에 관하여 제10조 제2항에 따른 절차를 마친 때에만 제1항의 철회를 할 수 있다. 제6조 (사용자등록의 말소 등) ① 다음 각 호 가운데 어느 하나에 해당하면 법 제6조 제3항 제5호에 따라 등록사용자(제4조 제2항이 정하는 소속사용자를 포함한다. 이하 같다)의 사용을 정지하거나 사용자등록을 말소할 수 있다. 1. 사용자등록이 소송 지연 등 본래의 용도와 다른 목적으로 이용되는 경우 2. 등록사용자에게 소송능력이 없는 경우 3. 그 밖에 위 각호의 사유에 준하는 경우 ② 법원행정처장은 법 제6조 제3항 각 호 가운데 어느 하나에 해당하는지 여부를 결정하기 위하여 필요하다고 인정하는 때에는 당사자·이해관계인의 신청에 따라 또는 직권으로 해당 등록사용자의 사용을 일시적으로 정지할 수 있다. 이때 법원행정처장은 등록사용자에게 적당한 방법으로 그 사실을 통지하여야 한다. ③ 법원행정처장은 법 제6조 제3항에 따라 사용자등록을 말소하기 전에 해당 등록사용자에게 미리 그 사유를 통지하고 소명할 기회를 부여하여야 한다. ④ 등록사용자가 전자소송시스템을 마지막으로 이용한 날부터 5년이 지나면 사용자등록은 효력을 상실한다.

14-3. 시스템 사용에 따른 전자서명

　물론, 위 시스템 사용을 위한 전자서명도 필요[110]하다. 즉, 법원에 전자문서를 제출하려는 자는 제출하는 전자문서에 전자서명을 하여야 한다. 다만, 이때 법관·사법보좌관 또는 법원서기관·법원사무관·법원주사·법원주사보가 재판서나 조서 등을 작성하는 때에는 법원 행정 전자서명 인증관리센터에서 발급받은 행정 전자서명 인증서에 의한 사법 전자서명을 하여야 한다. 그리고 전자 소송시스템을 이용하여 전자문서를 제출할 필요성이 있다고 인정되고 신원이 확인되어 재판장 등의 허가를 받은 자는 공인 전자서명이 아닌 전자서명을 하거나 전자서명을 하지 아니하고 사용자등록 또는 전자문서 제출을 할 수 있다. 또한 이러한 경우 인감의 날인 또는 인감증명서 첨부를 하지 않는다.

---

[110] 민사소송 등에서의 전자문서 이용 등에 관한 법률 제7조 (전자서명) ① 제5조에 따라 법원에 전자문서를 제출하려는 자는 제출하는 전자문서에 전자서명을 하여야 한다. 다만, 대법원 규칙으로 정하는 경우에는 그러하지 아니하다. ② 법관·사법보좌관 또는 법원사무관 등은 재판서, 조서 등을 전자문서로 작성하거나 그 서류를 전자문서로 변환하는 경우에 대법원규칙으로 정하는 바에 따라 사법 전자서명을 하여야 한다. <개정 2014.5.20.> ③ 제1항의 전자서명과 제2항의 사법전자서명은 민사소송 등에 적용되거나 준용되는 법령에서 정한 서명, 서명날인 또는 기명날인으로 본다.

14-4. 전자문서 제출과 접수 및
사건기록 문서화 등

위와 같은 기본 절차가 끝나면 문서 제출 등의 절차가 이루어지는
데[111] 먼저, 등록사용자로서 전산정보처리시스템을 이용한 민사소송 등
의 진행에 동의한 자는 법원에 제출할 서류를 전산 정보처리시스템을
이용하여 정해진 방식에 따라 전자문서로 제출하여야 한다.

---

[111] 민사소송 등에서의 전자문서 이용 등에 관한 법률 제8조 (문서제출방법) 등록사용자로
서 전산정보 처리시스템을 이용한 민사소송 등의 진행에 동의한 자는 법원에 제출할
서류를 전산정보 처리시스템을 이용하여 대법원 규칙으로 정하는 바에 따라 전자문
서로 제출하여야 한다. 다만, 다음 각호의 어느 하나에 해당하는 경우로서 대법원 규
칙으로 정하는 사유가 있는 경우에는 그러하지 아니하다. 1. 전산정보 처리시스템에
장애가 있는 경우 2. 전자문서로 제출하는 것이 현저히 곤란하거나 적합하지 아니한
경우 제9조 (전자문서의 접수) ① 전산정보 처리시스템을 이용하여 제출된 전자문서는
전산정보 처리시스템에 전자적으로 기록된 때에 접수된 것으로 본다. ② 법원사무관
등은 제1항에 따라 전자문서가 접수된 경우에는 대법원 규칙으로 정하는 바에 따라
즉시 그 문서를 제출한 등록사용자에게 접수사실을 전자적으로 통지하여야 한다. 제
10조 (사건기록의 전자문서화) ① 법관·사법보좌관 또는 법원사무관 등은 민사소송 등
에서 재판서, 조서 등을 전자문서로 작성하거나 그 서류를 전자문서로 변환하여 전
산정보 처리시스템에 등재하여야 한다. <개정 2014.5.20.> ② 법원사무관 등은 대법
원규칙으로 정하는 사유가 없으면 전자문서가 아닌 형태로 제출된 서류를 전자문서
로 변환하고 사법 전자서명을 하여 전산정보 처리시스템에 등재하여야 한다. ③ 제1
항과 제2항에 따라 변환되어 등재된 전자문서는 원래의 서류와 동일한 것으로 본다.
④ 전자문서가 아닌 형태로 제출된 서류를 전자문서로 변환·등재하는 절차와 방법
은 대법원 규칙으로 정하되 원래의 서류와 동일성이 확보되도록 기술적 조치를 하여
야 한다.

실제, 등록사용자는 전자소송 홈페이지에서 요구하는 사항을 빈칸 채우기 방식으로 입력한 후, 나머지 사항을 해당란에 직접 입력하거나 전자문서를 등재하는 방식으로 소송서류를 작성·제출하되, 만약 전자소송 동의를 한 등록사용자가 전자문서가 아닌 서류를 법원에 제출하고자 할 때에는 그 서류를 전자문서로 변환하여 제출하여야 한다. 또한 변환된 전자문서로 소송서류를 제출한 경우 제출자는 그 원본을 해당 소송절차가 확정될 때까지 보관하여야 한다.

또한 음성·영상 등 멀티미디어 방식의 자료를 전자 소송시스템을 이용하여 제출할 수도 있는데 전자소송 홈페이지에서 요구하는 방식에 따라 제출하되, 해당 자료의 주요 내용, 제출 취지 및 용량을 밝혀야 한다. 단, 멀티미디어 자료는 재판장 등이 허가한 경우에만 전자기록에 편입하거나 기일에서 진술할 수 있고, 허가를 받은 멀티미디어 자료는 상대방에게 상당하다고 인정되는 방법으로 송달할 수 있다. 이때, 법원은 이를 위하여 멀티미디어 자료를 제출한 자에게 해당 자료를 자기 디스크 등에 담아 제출하거나 그 출력물을 제출하게 할 수 있다. 그러나 전자소송시스템 또는 정보통신망에 장애가 발생한 경우로 전자소송시스템의 장애가 언제 제거될 수 있는지 알 수 없는 경우, 시스템의 장애가 제거될 시점에 서류를 제출하면 소송이 지연되거나 권리 행사에 불이익을 입을 염려가 있는 경우, 등록사용자가 사용하는 정보통신망 장애 제거 시점에 서류를 제출하면 소송이 지연되거나 권리 행사에 불이익을 입을 염려가 있는 경우 등에는 전자문서가 아닌 형태로 제출할 수 있다.

물론, 위와 같이 전자문서를 자기 디스크 등에 담아 제출할 때에는 사건 표시, 자기 디스크 등을 제출하는 당사자와 대리인의 이름·주소와 연락처, 자기디스크 등에 담긴 전자문서의 표시, 작성자의 이름과 작성한 날짜, 작성자와 제출자와의 관계, 법원의 표시 및 전자문서를 자기디스크 등에 담아 제출하여야 하는 사유를 밝혀야 한다.

위와 같이 접수된 경우 법원사무관 등은 즉시 그 문서를 제출한 등록사용자에게 접수 사실을 전자적으로 통지하고 법관·사법보좌관 또는 법원사무관 등은 민사소송 등에서 재판서, 조서 등을 전자문서로 작성하거나 그 서류를 전자문서로 변환하여 전산정보 처리시스템에 등재하여야 한다. 그리고 전자문서가 아닌 형태로 제출된 서류는 전자문서로 변환하고 사법 전자서명을 하여 전산정보 처리시스템에 등재하여야 한다.

14-5. 전자 송달 및 통지

다음[112]으로 법원사무관 등은 송달이나 통지를 받을 자가 미리 전산
정보 처리시스템을 이용한 민사소송 등의 진행에 동의한 등록사용자인

---

[112] 민사소송 등에서의 전자문서 이용 등에 관한 법률 제11조 (전자적 송달 또는 통지) ① 법원사무관 등은 송달이나 통지를 받을 자가 다음 각호의 어느 하나에 해당하는 경우에는 전산정보 처리시스템에 의하여 전자적으로 송달하거나 통지할 수 있다. 1. 미리 전산정보처리시스템을 이용한 민사소송 등의 진행에 동의한 등록사용자로서 대법원규칙으로 정하는 자인 경우 2. 전자문서를 출력한 서면이나 그 밖의 서류를 송달받은 후 등록사용자로서 전산정보처리시스템을 이용한 민사소송 등의 진행에 동의한 자인 경우 3. 등록사용자가 국가, 지방자치단체, 그 밖에 그에 준하는 자로서 대법원규칙으로 정하는 자인 경우 ② 소송대리인이 있는 경우에는 제1항의 송달 또는 통지는 소송대리인에게 하여야 한다. ③ 제1항에 따른 송달은 법원사무관 등이 송달할 전자문서를 전산정보 처리시스템에 등재하고 그 사실을 송달받을 자에게 전자적으로 통지하는 방법으로 한다. ④ 제3항의 경우 송달받을 자가 등재된 전자문서를 확인한 때에 송달된 것으로 본다. 다만, 그 등재 사실을 통지한 날부터 1주 이내에 확인하지 아니하는 때에는 등재 사실을 통지한 날부터 1주가 지난 날에 송달된 것으로 본다. ⑤ 전산정보 처리시스템의 장애로 인하여 송달받을 자가 전자문서를 확인할 수 없는 기간은 제4항 단서의 기간에 산입하지 아니한다. 이 경우 전자문서를 확인할 수 없는 기간의 계산은 대법원규칙으로 정하는 바에 따른다. 제12조 (전자문서를 출력한 서면에 의한 송달) ① 법원사무관 등은 다음 각호의 어느 하나에 해당하는 경우에는 전자문서를 전산정보처리시스템을 통하여 출력하여 그 출력한 서면을 「민사소송법」에 따라 송달하여야 한다. 이 경우 법원사무관 등은 대법원규칙으로 정하는 바에 따라 전자문서를 제출한 등록사용자에게 전자문서의 출력서면을 제출하게 할 수 있다. 1. 송달을 받을 자가 「민사소송법」 제181조, 제182조 또는 제192조에 해당하는 경우 2. 송달을 받을 자가 제11조 제1항 각호의 어느 하나에 해당하지 아니하는 경우 3. 대법원규칙으로 정하는 전산정보처리시스템의 장애나 그 밖의 사유가 있는 경우 ② 법원사무관 등이 등재된 전자문서를 출력하여 그 출력서면을 당사자에게 송달한 때에는 그 출력서면은 등재된 전자문서와 동일한 것으로 본다. ③ 제1항에 따라 전자문서를 출력하는 절차와 방법은 대법원 규칙으로 정하되, 전자문서와 동일성이 확보되도록 기술적 조치를 하여야 한다.

경우, 전자문서를 출력한 서면이나 그 밖의 서류를 송달받은 후 등록사용자로서 전산정보 처리시스템을 이용한 민사소송 등의 진행에 동의한 자인 경우, 등록사용자가 국가, 지방자치단체, 그 밖에 그에 준하는 자인 경우 전산정보 처리시스템에 의하여 전자적으로 송달하거나 통지할 수 있으며 이러한 송달 시에 법원사무관 등은 송달할 전자문서를 전산정보 처리시스템에 등재하고 그 사실을 송달받을 자에게 전자적으로 통지하는 방법으로 한다. 그리고 이런 경우 송달받을 자가 등재된 전자문서를 확인한 때에 송달된 것으로 본다. 다만, 등재 사실을 통지한 날부터 1주 이내에 확인하지 아니하는 때에는 등재 사실을 통지한 날부터 1주가 지난 날에 송달된 것으로 본다.

14-6. 증거조사 및 상고심 관련 유의사항

이 외에도 각종 유의사항[113]으로 전자문서에 대한 증거조사는 문자, 그 밖의 기호, 도면·사진 등에 관한 정보에 대한 증거조사를 위해 전자문서를 모니터, 스크린 등을 이용하여 열람하는 방법을 사용하거나 음성이나 영상정보에 대한 증거조사는 전자문서를 청취하거나 시청하는 방식으로 진행할 수 있다.

또한 상고심 절차에 관한 특례법에 따른 판결 원본의 교부, 영수일자의 부기와 날인, 송달은 전산정보 처리시스템을 이용하여 전자적인 방법으로 할 수 있다.

---

113 민사소송 등에서의 전자문서 이용 등에 관한 법률 제13조 (증거조사에 관한 특례) ① 전자문서에 대한 증거조사는 다음 각호의 구분에 따른 방법으로 할 수 있다. 1. 문자, 그 밖의 기호, 도면·사진 등에 관한 정보에 대한 증거조사: 전자문서를 모니터, 스크린 등을 이용하여 열람하는 방법 2. 음성이나 영상정보에 대한 증거조사: 전자문서를 청취하거나 시청하는 방법 ② 전자문서에 대한 증거조사에 관하여는 그 성질에 반하지 아니하는 범위에서 「민사소송법」 제2편 제3장 제3절부터 제5절까지의 규정을 준용한다. 제14조 (상고심절차에 관한 특례) ① 「상고심절차에 관한 특례법」 제5조 제3항에 따른 판결 원본의 교부, 영수일자의 부기와 날인, 송달은 전산정보처리시스템을 이용하여 전자적인 방법으로 한다. ② 「상고심절차에 관한 특례법」 제6조 제2항에 정하여진 4개월의 기간은 상고사건이 대법원에 전자적인 방법으로 이관된 날부터 기산한다.

15

법정에 출석하지 않고
온라인으로
소송을 진행할 수 있는가?

최근 각종 전자기기 발달로 일부 경미한 사건의 경우 온라인으로 소송을 진행하는 경우가 있고, 심지어 일반 재판조차도 경우에 따라 스마트폰 등으로 소송 수행을 할 수 있는 방안이 추진되고 있다. 이에 현재 진행 중인 온라인 소송과 향후 도입될 분야에 관하여 살펴보자.

15-1. 약식절차 등에서 온라인 소송 및 대상사건

일부 법률[114]에 따르면 형사소송 중 약식절차 등에서 전자방식에 따른 소송절차 진행이 이루어지고 있다. 위 내용에 관하여 살펴보기 전에 관련 용어를 살펴보면 형사사법 정보시스템은 형사사법 절차 전자화 촉진법상 시스템을 의미하고 전자적 처리절차란 형사사법 업무 처리기관이 전자문서 또는 전자화 문서를 이용하여 약식사건 및 불기소사건을 처리하는 절차를 말한다.

그리고 위와 같은 방식으로 처리할 수 있는 대상 사건[115]은 도로교통

---

114 약식절차 등에서의 전자문서 이용 등에 관한 법률 [시행 20160106] [법률 제13714호, 2016.1.6.,일부개정] 제1조 (목적) 이 법은 「형사소송법」 제4편 제3장에 따른 약식절차 등에서 전자문서의 이용·관리에 관한 기본 원칙 및 절차를 규정함으로써, 약식절차 등의 정보화를 촉진하고 신속성과 효율성을 높여 국민의 권리 보호에 이바지함을 목적으로 한다. <개정 2016.1.6>

115 약식절차 등에서의 전자문서 이용 등에 관한 법률 제3조 (대상 사건) ① 이 법은 검사가 「형사소송법」 제448조 에 따라 약식명령을 청구할 수 있는 사건 중 피의자가 전자적 처리절차에 따를 것을 동의한 다음 각호의 어느 하나에 해당하는 사건에 대하여 적용한다. <개정 2014.12.30., 2016.1.6> 1. 「도로교통법」 제148조의2 제2항, 제152조 제1호 및 제154조 제2호에 해당하는 사건 2. 제1호에 해당하는 사건과 관련되는 「도로교통법」 제159조에 해당하는 사건 ② 이 법은 「교통사고처리 특례법」 제3조 제2항 본문에 해당하는 사건 중 같은 항 본문 또는 같은 법 제4조에 따라 공소를 제기할 수 없음이 명백한 사건에 대하여 적용한다. <신설 2016.1.6.> ③ 제1항 및 제2항에도 불구하고 다음 각호의 어느 하나에 해당하는 사건에 대하여는 전자적 처리절차에 따르지 아니한다. <개정 2016.1.6.> 1. 제1항 또는 제2항에 해당하는 사건과 그러하지 아니한 사건을 병합하여 수사하거나 심판하는 경우 2. 피의자가 제4조 제3항

법상 음주운전[116], 지동차 및 원동기장치 자전거 무면허 운전[117], 양벌규정 사건[118]과 교통사고처리 특례법상 공소를 제기할 수 없음이 명백한 사건[119]에 대하여 적용한다.

에 따라 제1항의 동의를 철회한 경우 3. 추가적인 증거 조사가 필요한 경우 등 수사의 진행 경과에 비추어 전자적 처리절차에 따르는 것이 적절하지 아니한 경우 ④ 다음 각호의 경우 검사나 사법경찰관리는 그때까지 해당 사건과 관련하여 작성된 전자문서와 전자화 문서를 출력한 종이문서를 해당 사건의 기록에 편철한다. 이 경우 제9조 제2항을 준용한다. <개정 2016.1.6.> 1. 제1항 또는 제2항에 해당하는 사건과 그러하지 아니한 사건을 병합하여 수사하게 된 경우 2. 다음 각 목의 어느 하나에 해당하는 경우 등 전자적 처리절차에 따르는 것이 적절하지 아니한 경우 가. 추가적인 증거 조사가 필요한 경우 나. 피의자에 대하여 구속영장이나 체포영장 등을 신청하거나 청구하는 경우

116 도로교통법 제148조의2 (벌칙) ② 제44조 제1항을 위반하여 술에 취한 상태에서 자동차 등을 운전한 사람은 다음 각호의 구분에 따라 처벌한다. 1. 혈중알코올농도가 0.2퍼센트 이상인 사람은 1년 이상 3년 이하의 징역이나 500만 원 이상 1천만 원 이하의 벌금 2. 혈중알코올농도가 0.1퍼센트 이상 0.2퍼센트 미만인 사람은 6개월 이상 1년 이하의 징역이나 300만 원 이상 500만 원 이하의 벌금 3. 혈중알코올농도가 0.05퍼센트 이상 0.1퍼센트 미만인 사람은 6개월 이하의 징역이나 300만 원 이하의 벌금

117 도로교통법 제152조 (벌칙) 다음 각호의 어느 하나에 해당하는 사람은 1년 이하의 징역이나 300만 원 이하의 벌금에 처한다. 1. 제43조를 위반하여 제80조에 따른 운전면허(원동기장치자전거면허는 제외한다. 이하 이 조에서 같다)를 받지 아니하거나(운전면허의 효력이 정지된 경우를 포함한다) 또는 제96조에 따른 국제운전면허증을 받지 아니하고(운전이 금지된 경우와 유효기간이 지난 경우를 포함한다) 자동차를 운전한 사람 제154조 (벌칙) 다음 각호의 어느 하나에 해당하는 사람은 30만 원 이하의 벌금이나 구류에 처한다. 2. 제43조를 위반하여 제80조에 따른 원동기장치자전거면허를 받지 아니하고 원동기장치자전거를 운전한 사람

118 도로교통법 제159조 (양벌규정) 법인의 대표자나 법인 또는 개인의 대리인, 사용인, 그 밖의 종업원이 법인 또는 개인의 업무에 관하여 제148조, 제148조의2, 제149조부터 제157조까지의 어느 하나에 해당하는 위반행위를 하면 그 행위자를 벌하는 외에 그 법인 또는 개인에게도 해당 조문의 벌금 또는 과료의 형을 과(科)한다. 다만, 법인 또는 개인이 그 위반행위를 방지하기 위하여 해당 업무에 관하여 상당한 주의와 감독을 게을리하지 아니한 경우에는 그러하지 아니하다.

119 교통사고처리 특례법 제3조 (처벌의 특례) ② 차의 교통으로 제1항의 죄 중 업무상과실치상죄(업무상과실치상죄) 또는 중과실치상죄(중과실치상죄)와 「도로교통법」 제151조의 죄를 범한 운전자에 대하여는 피해자의 명시적인 의사에 반하여 공소(공소)를 제

물론, 위와 같은 적용 대상 범위에도 불구하고 앞서 언급한 적용 대상 사건과 그러하지 아니한 사건을 병합하여 수사하거나 심판하는 경우, 피의자가 이러한 방식의 동의를 철회한 경우, 추가적인 증거 조사가 필요한 경우 등 수사의 진행 경과에 비추어 전자적 처리절차에 따르는 것이 적절하지 아니한 경우는 적용하지 않는다.

또한 앞서 기술된 것처럼 병합하여 수사하게 된 경우, 추가적인 증거 조사가 필요한 경우, 피의자에 대하여 구속영장이나 체포영장 등을 신청하거나 청구하는 경우 등에는 검사나 사법경찰관리는 그때까지 해당 사건과 관련하여 작성된 전자문서와 전자화 문서를 출력한 종이문서를 해당 사건의 기록에 편철하여 정상사건으로 처리한다.

기할 수 없다. 제4조 (보험 등에 가입된 경우의 특례) ① 교통사고를 일으킨 차가 「보험업법」 제4조, 제126조, 제127조 및 제128조, 「여객자동차 운수사업법」 제60조, 제61조 또는 「화물자동차 운수사업법」 제51조에 따른 보험 또는 공제에 가입된 경우에는 제3조 제2항 본문에 규정된 죄를 범한 차의 운전자에 대하여 공소를 제기할 수 없다. 다만, 다음 각호의 어느 하나에 해당하는 경우에는 그러하지 아니하다. 1. 제3조 제2항 단서에 해당하는 경우 2. 피해자가 신체의 상해로 인하여 생명에 대한 위험이 발생하거나 불구(부구)가 되거나 불치(부치) 또는 난치(난치)의 질병이 생긴 경우 3. 보험계약 또는 공제계약이 무효로 되거나 해지되거나 계약상의 면책 규정 등으로 인하여 보험회사, 공제조합 또는 공제사업자의 보험금 또는 공제금 지급의무가 없어진 경우 ② 제1항에서 "보험 또는 공제"란 교통사고의 경우 「보험업법」에 따른 보험회사나 「여객자동차 운수사업법」 또는 「화물자동차 운수사업법」에 따른 공제조합 또는 공제사업자가 인가된 보험약관 또는 승인된 공제약관에 따라 피보험자와 피해자 간 또는 공제조합원과 피해자 간의 손해배상에 관한 합의 여부와 상관없이 피보험자나 공제조합원을 갈음하여 피해자의 치료비에 관하여는 통상비용의 전액을, 그 밖의 손해에 관하여는 보험약관이나 공제약관으로 정한 지급기준금액을 대통령령으로 정하는 바에 따라 우선 지급하되, 종국적으로는 확정판결이나 그 밖에 이에 준하는 집행권원(집행권원)상 피보험자 또는 공제조합원의 교통사고로 인한 손해배상금 전액을 보상하는 보험 또는 공제를 말한다. ③ 제1항의 보험 또는 공제에 가입된 사실은 보험회사, 공제조합 또는 공제사업자가 제2항의 취지를 적은 서면에 의하여 증명되어야 한다.

15-2. 약식절차 등에서 피의자 동의와 철회

물론, 위와 같은 절차를 진행함에 있어서 수사기관 자의적 판단으로는 제한되고 반드시 피의자의 동의[120]가 필요하며 이때, 동의는 피의자가 시스템에 사용자 등록을 하고, 동의서를 전자문서로 작성·제출하는 방식으로 하며 동의서에는 약식명령이 형사사법 포털에 올라 있는 사실을 통지받을 전자적 수단이 적시되어야 한다. 또한 동의서를 작성할 때 피의자는 전자서명을, 검사나 사법경찰관리는 행정 전자서명을 하여야 하고, 철회서를 전자문서로 작성할 때는 피의자의 경우 공인 전자서명을 하여야 한다.

---

[120] 약식절차 등에서의 전자문서 이용 등에 관한 법률 제4조 (피의자의 동의 및 철회) ① 제3조 제1항의 동의는 피의자가 시스템에 사용자등록을 하고, 동의서를 전자문서로 작성·제출하는 방식으로 하여야 한다. ② 제1항의 동의서에는 제8조 제2항에 따라 약식명령이 형사사법 포털에 올라 있는 사실을 통지받을 전자적 수단(전자우편 또는 휴대전화 문자서비스를 말한다)을 적어야 한다. ③ 피의자가 제3조 제1항의 동의를 철회하려면 약식명령 청구 전까지 종이문서나 전자문서로 철회서를 제출하여야 한다. ④ 제3항의 철회를 접수한 검사나 사법경찰관리는 그때까지 해당 사건과 관련하여 작성된 전자문서와 전자화 문서를 출력한 종이문서를 해당 사건의 기록에 편철한다. 이 경우 제9조 제2항을 준용한다. ⑤ 제1항의 동의서를 작성할 때 피의자는 전자서명을, 검사나 사법경찰관리는 행정전자서명을 하여야 하고, 제3항의 철회서를 전자문서로 작성할 때 피의자는 공인전자서명을 하여야 한다.

15-3. 약식절차 등에서 전자문서 작성 및 제출

다음으로 문서 작성의 경우[121] 검사나 사법경찰관리는 피의자신문조

---

[121] 약식절차 등에서의 전자문서 이용 등에 관한 법률 제5조 (전자문서의 작성) ① 검사나 사법경찰관리는 제3조 제1항 또는 제2항에 규정된 사건을 수사하는 경우 다음 각호의 문서를 전자문서로 작성한다. <개정 2016.1.6.> 1. 피의자신문조서 및 진술조서 2. 체포 및 석방에 관한 문서 3. 음주 운전자에 대한 음주측정 정황·결과 및 음주 운전자의 운전 정황을 적은 문서 4. 무면허 운전자에 대한 운전면허 조회 결과 및 무면허 운전자의 운전 정황을 적은 문서 5. 범죄경력 조회 회보서 6. 그 밖에 수사상 필요한 문서 ② 검사는 제3조 제1항에 규정된 사건에 관하여 약식명령을 청구할 경우 시스템을 통하여 전자문서로 하여야 한다. ③ 검사는 제3조 제1항에 규정된 사건에 관하여 불기소 처분을 하는 경우 시스템을 통하여 전자문서로 한다. <신설 2016.1.6.> ④ 검사는 제3조 제2항에 규정된 사건에 관하여 「교통사고처리 특례법」 제3조 제2항 본문 또는 같은 법 제4조에 따라 불기소 처분을 하는 경우 시스템을 통하여 전자문서로 한다. <신설 2016.1.6.> ⑤ 법원은 제2항에 따라 약식명령이 청구된 경우 약식명령이나 그 밖의 소송에 관한 서류를 전자문서로 작성한다. <개정 2016.1.6.> ⑥ 제1항부터 제5항까지의 전자문서 작성자는 전자문서에 행정 전자서명을 하여야 하고, 진술자에게 전자서명을 하게 하여야 한다. <개정 2016.1.6.> ⑦ 제6항의 행정 전자서명과 전자서명은 「형사소송법」에서 정하는 서명, 서명날인 또는 기명날인으로 본다. <개정 2016.1.6.> ⑧ 제1항부터 제5항까지의 전자문서의 간인(간인)은 면수(면수)를 표시하는 방법으로 한다. <개정 2016.1.6.> 제6조 (전자화 문서의 작성) ① 형사사법 업무 처리기관 소속 공무원은 제3조 제1항 또는 제2항에 규정된 사건에 관한 전자적 처리절차에서 제출된 종이문서나 그 밖에 전자적 형태로 작성되지 아니한 문서(이하 "전자화 대상 문서"라 한다)를 전자화 문서로 작성한다. <개정 2016.1.6.> ② 전자화 문서는 스캐너를 이용하여 전자화 대상 문서와 그 내용과 형태가 같게 변환되도록 작성되어야 하며 작성자는 전자화 문서에 행정전자서명을 하여야 한다. ③ 전자화 문서 작성자의 소속 기관은 전자화 대상 문서를 약식명령이나 판결이 확정될 때까지 또는 검사의 처분이 있을 때까지 보관하여야 한다. 다만, 전자화 문서 작성자의 소속 기관이 전자화 대상 문서를 다른 기관에 송부한 경우에는 송부받은 기관에서 전자화 대상 문서를 보관하여야 한다. <개정 2016.1.6.> 제7조 (전자문서 및 전자화 문서의 제출) 검사는 제5조 제2항에 따라 약식명령을 청구할 경우 같은 조에 따라 작성된 전자문서 및 제6조에 따라 작성된 전자화 문서를 약식명령을 하는 데 필요한 증거서류로서 법원에 제출한다.

서 및 진술조서, 체포 및 석방에 관한 문서, 음주 운전자에 대한 음주측정 정황·결과 및 음주 운전자의 운전 정황을 적은 문서, 무면허 운전자에 대한 운전면허 조회결과 및 무면허 운전자의 운전 정황을 적은 문서, 범죄경력 조회 회보서, 그 밖에 수사상 필요한 문서를 작성하고 약식명령 청구 또한 전자문서로 한다. 반대로 검사는 불기소 처분을 하는 경우도 시스템을 통하여 전자문서로 한다.

또한 법원은 위와 같이 약식명령이 청구된 경우 약식명령이나 그 밖의 소송에 관한 서류를 전자문서로 처리하고 이러한 전자문서 작성자는 행정전자 서명을 하여야 하고, 진술자에게 전자서명을 하게 하여야 한다. 물론, 이때 전자서명 효과는 일반 서명, 서명날인 또는 기명날인으로 본다.

만약 위와 같은 처리 과정에서 비전자 문서를 접수받은 경우 스캐너를 이용하여 전자화 대상 문서와 그 내용과 형태가 같게 변환되도록 작성되어야 하며 작성자는 전자화 문서에 행정전자서명을 하여야 한다. 그리고 전자화 문서 작성자의 소속 기관은 전자화 대상 문서를 약식명령이나 판결이 확정될 때까지 또는 검사의 처분이 있을 때까지 보관하여야 한다. 다만, 전자화 문서 작성자의 소속 기관이 전자화 대상 문서를 다른 기관에 송부한 경우에는 송부받은 기관에서 전자화 대상 문서를 보관하여야 한다.

15-4. 약식명령 등에서 송달과 통지

　다음으로 송달과 통지 관련하여[122] 법원은 약식명령이 청구된 경우 검사와 피고인에게 약식명령이나 그 밖의 소송에 관한 서류를 시스템을 이용하여 전자적으로 송달하거나 통지한다. 이때, 법원서기관, 법원사무관, 법원주사 또는 법원주사보는 약식명령을 시스템에 올린 후, 피고인에게 그 사실을 동의서에 적힌 전자적 수단으로 알려야 한다.

---

[122] 약식절차 등에서의 전자문서 이용 등에 관한 법률 제8조 (약식명령 등의 전자적 송달·통지) ① 법원은 제5조 제2항에 따라 약식명령이 청구된 경우 검사와 피고인에게 약식명령이나 그 밖의 소송에 관한 서류를 시스템을 이용하여 전자적으로 송달하거나 통지한다. ② 제1항의 경우 법원서기관, 법원사무관, 법원주사 또는 법원주사보(이하 "법원사무관 등"이라 한다)는 약식명령을 시스템에 올린 후, 피고인에게 그 사실을 동의서에 적힌 전자적 수단으로 알려야 한다. ③ 제2항의 경우 송달을 받을 사람이 형사사법포털에 올려진 약식명령을 확인한 때에 약식명령이 송달된 것으로 본다. ④ 제2항의 경우 송달을 받을 사람이 형사사법포털에 올려진 약식명령을 확인하지 아니하는 경우에는 법원사무관 등이 제2항에 따라 약식명령을 올린 사실을 알린 날부터 2주가 지난 날에 송달된 것으로 본다. 다만, 송달을 받을 사람이 책임질 수 없는 사유로 형사사법포털에 올려진 약식명령을 확인하지 못한 경우에는 「형사소송법」 제458조 에서 준용하는 같은 법 제345조부터 제348조까지의 규정에 따른 정식재판청구권 회복의 청구를 할 수 있다. ⑤ 시스템을 통한 전자적 송달과 통지의 구체적인 절차는 대법원 규칙으로 정한다. 제9조 (출력물로써 하는 약식명령 등의 송달) ① 법원은 제5조 제2항에 따라 약식명령이 청구된 경우 시스템의 장애로 전자적 송달이 불가능하거나 그 밖에 대법원 규칙으로 정하는 사유가 있는 경우에는 약식명령이나 그 밖의 소송에 관한 서류를 종이문서로 출력하여 송달할 수 있다. ② 제1항에 따른 출력물은 시스템을 통하여 다음 각호의 요건을 모두 갖추어 출력되어야 한다. 이 경우 그 출력물은 그 전자문서의 등본으로 본다. 1. 출력일, 면수 및 총면수, 문서의 고유 식별번호 2. 복사 및 위조·변조의 방지 표지(표지)

또한 위와 같은 경우 송달을 받을 사람이 형사사법포털에 올려진 약식명령을 확인한 때에 약식명령이 송달된 것으로 보고 송달을 받을 사람이 형사사법포털에 올려진 약식명령을 확인하지 아니하는 경우에는 법원사무관 등이 약식명령을 올린 사실을 알린 날부터 2주가 지난 날에 송달된 것으로 본다. 다만, 송달을 받을 사람이 책임질 수 없는 사유로 형사사법 포털에 올려진 약식명령을 확인하지 못한 경우에는 정식재판청구권을 행사할 수 있다.

그리고 법원은 약식명령이 청구된 경우 시스템의 장애로 전자적 송달이 불가능하거나 그 밖에 불가피한 사유가 있는 경우 약식명령이나 그 밖의 소송에 관한 서류를 종이문서로 출력하여 송달할 수 있다. 단, 출력물은 시스템을 통하여 출력일, 면수 및 총면수, 문서의 고유 식별번호, 복사 및 위조·변조의 방지 표지 등의 요건을 모두 갖추어야 한다.

15-5. 공판절차 등에서의 처리절차[123]

　법원은 시스템을 통하여 제출된 소송에 관한 서류 및 증거서류를 검사에게 전자적으로 송부하고, 이를 받은 검사는 종이문서로 출력하여 법원에 제출하며 만약, 검사가 약식명령을 청구하지 아니하고 공소를 제기하는 경우에는 이미 작성된 전자문서와 전자화 문서를 종이문서로 출력하여 법원에 제출한다.

　그리고 검사가 불기소 처분하지 아니하고 약식명령을 청구하거나 공소를 제기하는 경우에는 이미 작성된 전자문서와 전자화 문서를 종이문서로 출력하여 법원에 제출한다.

---

123 약식절차 등에서의 전자문서 이용 등에 관한 법률 제10조 (공판절차 등에 따라 심판하는 경우의 처리) ① 「형사소송법」 제450조 또는 제453조에 따라 공판절차에 따라 심판하는 경우, 법원은 그때까지 시스템을 통하여 제출된 소송에 관한 서류 및 증거서류를 검사에게 전자적으로 송부하고, 이를 받은 검사는 종이문서로 출력하여 법원에 제출하여야 한다. ② 검사가 약식명령을 청구하지 아니하고 공소를 제기하는 경우에는 이미 작성된 전자문서와 전자화 문서를 종이문서로 출력하여 법원에 제출한다. ③ 검사가 제3조 제2항에 규정된 사건을 불기소 처분하지 아니하고 약식명령을 청구하거나 공소를 제기하는 경우에는 이미 작성된 전자문서와 전자화 문서를 종이문서로 출력하여 법원에 제출한다. <신설 2016.1.6.> ④ 제1항부터 제3항까지의 경우 제9조 제2항을 준용한다. <개정 2016.1.6.> 제11조 (전자문서 등에 의한 집행 지휘) ① 검사는 이 법에 따른 약식명령이 확정된 경우에는 「형사소송법」 제461조 본문에도 불구하고 전자문서로 형의 집행을 지휘한다. ② 제1항에 따라 전자문서로 형의 집행을 지휘하기 곤란할 경우에는 전자문서로 작성된 약식명령을 종이문서로 출력하여 형의 집행을 지휘한다. 이 경우 제9조 제2항을 준용한다.

또한 결정된 사건에 관하여 검사는 형사소송법에도 불구하고 전자문서로 형의 집행을 지휘한다. 다만, 전자문서로 형의 집행을 지휘하기 곤란할 경우에는 전자문서로 작성된 약식명령을 종이문서로 출력하여 형의 집행을 지휘한다.

15-6. 향후 일반 소송에서의 전자 방식 도입

언론에 따르면[124] 대법원에서는 2024년 스마트 법원 4.0 계획에 따라 일반소송 절차를 전자방식으로 진행하려 하고 있다. 위 계획에 의하면 소송 전 키워드 일부 검색을 통해 기존 판결문 검색을 하고 자신의 소송결과를 예측할 수 있으며 인공지능 채팅 봇이 24시간 자신의 소송 관련 절차를 안내하며, 실제 재판을 진행하는 과정에서는 홈페이지 접속에 안내된 바에 따라 별도 서류 출력이나 스캔 등의 번거로움 없이 소송서류 준비가 가능하고 스마트폰 앱으로 온라인 법정에 접속하여 재판에 참여하며 원하는 재판 날짜를 선택하기도 하고 본인 기일에 자동 알람 등을 통해 인지를 받기도 할 뿐 아니라 법원을 직접 방문하지 않고도 사법 통합민원 포털에서 각종 증명서 발급이 가능할 것으로 예측된다고 한다. 특히, 위 대상 범위에 일반 민사, 가사, 행정소송이 모두 해당되어 편리함이 커질 것으로 보인다. 물론, 형사사건의 경우 기존 약식절차 외 정식 사건의 경우는 제외된다.

---

124 "법원 안가고 스마트폰으로 나홀로 소송, 대법원 2024년 스마트 법워 도입", 동아닷컴(2018.4.13.)

손으로 서명하지 않고
사이버 공간에서 활용되는
전자서명이란 무엇일까?

각종 전자소송과 전자 시스템 등의 기본이 되는 전자문서에 실시하는 전자서명의 본질에 대해 그 법적 근거를 토대로 살펴보고 이해함으로써 전자서명의 효과에 대해 살펴보도록 하자.

16-1. 전자서명 관련 기본 이해

전자서명과 관련된 법적 근거는 전자서명법이 존재한다. 본 법[125]에서는 다음과 같은 기본 의미를 부여하고 있다. 우선, 전자서명이라 함은 서명자를 확인하고 서명자가 당해 전자문서에 서명을 하였음을 나타내

---

[125] 전자서명법 [시행 20170726] [법률 제14839호, 2017.7.26.,타법개정] 제2조 (정의) 이 법에서 사용하는 용어의 정의는 다음과 같다. 1. "전자문서"라 함은 정보처리시스템에 의하여 전자적 형태로 작성되어 송신 또는 수신되거나 저장된 정보를 말한다. 2. "전자서명"이라 함은 서명자를 확인하고 서명자가 당해 전자문서에 서명을 하였음을 나타내는데 이용하기 위하여 당해 전자문서에 첨부되거나 논리적으로 결합된 전자적 형태의 정보를 말한다. 3. "공인 전자서명"이라 함은 다음 각목의 요건을 갖추고 공인인증서에 기초한 전자서명을 말한다. 가. 전자서명생성정보가 가입자에게 유일하게 속할 것 나. 서명 당시 가입자가 전자서명생성정보를 지배·관리하고 있을 것 다. 전자서명이 있은 후에 당해 전자서명에 대한 변경여부를 확인할 수 있을 것 라. 전자서명이 있은 후에 당해 전자문서의 변경여부를 확인할 수 있을 것 4. "전자서명생성정보"라 함은 전자서명을 생성하기 위하여 이용하는 전자적 정보를 말한다. 5. "전자서명검증정보"라 함은 전자서명을 검증하기 위하여 이용하는 전자적 정보를 말한다. 6. "인증"이라 함은 전자서명생성정보가 가입자에게 유일하게 속한다는 사실을 확인하고 이를 증명하는 행위를 말한다. 7. "인증서"라 함은 전자서명생성정보가 가입자에게 유일하게 속한다는 사실 등을 확인하고 이를 증명하는 전자적 정보를 말한다. 8. "공인인증서"라 함은 제15조의 규정에 따라 공인인증기관이 발급하는 인증서를 말한다. 9. "공인인증업무"라 함은 공인인증서의 발급, 인증관련 기록의 관리 등 공인인증 역무를 제공하는 업무를 말한다. 10. "공인인증기관"이라 함은 공인인증 역무를 제공하기 위하여 제4조의 규정에 의하여 지정된 자를 말한다. 11. "가입자"라 함은 공인인증기관으로부터 전자서명생성정보를 인증받은 자를 말한다. 12. "서명자"라 함은 전자서명생성정보를 보유하고 자신이 직접 또는 타인을 대리하여 서명을 하는 자를 말한다. 13. "개인정보"라 함은 생존하고 있는 개인에 관한 정보로서 성명·주민등록번호 등에 의하여 당해 개인을 알아볼 수 있는 부호·문자·음성·음향·영상 및 생체특성 등에 관한 정보(당해 정보만으로는 특정 개인을 알아볼 수 없는 경우에도 다른 정보와 용이하게 결합하여 알아볼 수 있는 것을 포함한다)를 말한다.

는데 이용하기 위하여 당해 전자문서에 첨부되거나 논리적으로 결합된 전자적 형태의 정보를 말한다. 또한 공인 전자서명은 전자서명 생성정보가 가입자에게 유일하게 속하고 서명 당시 가입자가 전자서명 생성정보를 지배·관리하고 있으며 전자서명이 있은 후에 당해 전자서명에 대한 변경 여부를 확인할 수 있고 변경 여부를 확인할 수 있는 경우 그 요건이 인정된다. 다음으로 전자서명 생성정보라 함은 전자서명을 생성하기 위하여 이용하는 전자적 정보를 의미하며 전자서명 검증정보라 함은 전자서명을 검증하기 위하여 이용하는 전자적 정보로 이를 위한 인증은 전자서명 생성정보가 가입자에게 유일하게 속한다는 사실을 확인하고 이를 증명하는 행위이다. 즉, 이러한 인증을 통해 인증서가 발급된다.

16-2. 전자서명 효력

    전자서명 시 법적[126]으로 문서 또는 서면에 서명, 서명날인 또는 기명날인을 요하는 경우 전자문서에 공인 전자서명이 있는 때 이를 충족한 것으로 볼 수 있고 공인 전자서명이 있는 경우 당해 전자서명이 서명자의 서명, 서명날인 또는 기명날인이고, 당해 전자문서가 전자서명된 후 그 내용이 변경되지 아니하였다고 추정한다. 또한 공인 전자서명 외의 전자서명은 당사자 간의 약정에 따른 서명, 서명날인 또는 기명날인으로서의 효력을 가진다.

---

[126] 전자서명법 제3조 (전자서명의 효력 등) ① 다른 법령에서 문서 또는 서면에 서명, 서명날인 또는 기명날인을 요하는 경우 전자문서에 공인 전자서명이 있는 때에는 이를 충족한 것으로 본다. <개정 2001.12.31.> ② 공인 전자서명이 있는 경우에는 당해 전자서명이 서명자의 서명, 서명날인 또는 기명날인이고, 당해 전자문서가 전자서명된 후 그 내용이 변경되지 아니하였다고 추정한다. <개정 2001.12.31.> ③ 공인 전자서명외의 전자서명은 당사자 간의 약정에 따른 서명, 서명날인 또는 기명날인으로서의 효력을 가진다. <신설 2001.12.31>

16-3. 전자서명 공인인증기관

    이러한 공인인증기관[127]은 과학기술정보통신부 장관이 공인인증 업무를 안전하고 신뢰성 있게 수행할 능력이 있다고 인정되는 자를 지정하되 공인인증기관으로 지정받을 수 있는 자는 국가기관·지방자치단체 또는 법인에 한한다. 또한 인증기관으로 지정받고자 하는 자는 적정한 기술능력·재정 능력·시설 및 장비 기타 필요한 사항을 갖추어야 한다. 또한 과학기술정보통신부 장관은 공인인증기관을 지정하는 경우 인증

---

[127] 전자서명법 제4조 (공인인증기관의 지정) ① 과학기술정보통신부 장관은 공인인증업무 (이하 "인증업무"라 한다)를 안전하고 신뢰성 있게 수행할 능력이 있다고 인정되는 자를 공인인증기관으로 지정할 수 있다. <개정 2001.12.31, 2008.2.29, 2013.3.23., 2017.7.26> ② 공인인증기관으로 지정받을 수 있는 자는 국가기관·지방자치단체 또는 법인에 한한다. ③ 공인인증기관으로 지정받고자 하는 자는 대통령령이 정하는 기술능력·재정능력·시설 및 장비 기타 필요한 사항을 갖추어야 한다. ④ 과학기술정보통신부 장관은 제1항에 따라 공인인증기관을 지정하는 경우 공인인증 시장의 건전한 발전 등을 위하여 국가기관, 지방자치단체 또는 비영리법인과 특별법에 의하여 설립된 법인에 대하여는 설립목적에 따라 인증업무의 영역을 구분하여 지정할 수 있다. <신설 2005.12.30, 2008.2.29, 2013.3.23., 2017.7.26> ⑤ 공인인증기관의 지정절차 기타 필요한 사항은 대통령령으로 정한다. <개정 2005.12.30.> 제5조 (결격사유) 다음 각호의 1에 해당하는 자는 공인인증기관으로 지정받을 수 없다. <개정 2005.3.31., 2014.10.15> 1. 임원중 다음 각목의 1에 해당하는 자가 있는 법인 가. 피성년 후견인 또는 피한정 후견인 또는 파산선고를 받은 자로서 복권되지 아니한 자 나. 금고 이상의 실형의 선고를 받고 그 집행이 종료(집행이 종료된 것으로 보는 경우를 포함한다)되거나 집행이 면제된 날부터 2년이 경과되지 아니한 자 다. 금고 이상의 형의 집행유예의 선고를 받고 그 집행유예 기간 중에 있는 자 라. 법원의 판결 또는 다른 법률에 의하여 자격이 상실 또는 정지된 자 마. 제12조의 규정에 의하여 지정이 취소된 법인의 취소당시의 임원이었던 자(취소된 날부터 2년이 경과되지 아니한 자에 한한다) 2. 제12조의 규정에 의하여 지정이 취소된 후 2년이 경과되지 아니한 법인

업무의 영역을 구분하여 지정할 수 있다.

일단, 공인인증기관으로 지정되면 인증업무를 개시하기 전에 인증업무 종류, 인증업무의 수행방법 및 절차, 공인 인증역무의 이용조건, 기타 인증업무의 수행에 관하여 필요한 사항 등이 포함된 공인 인증업무준칙을 작성하여 과학기술정보통신부 장관에게 신고하여야 한다.

16-4. 공인인증서 발급과 효력[128]

    공인인증기관은 공인인증서를 발급받고자 하는 자에게 공인인증서를 발급한다. 이 경우 공인인증기관은 공인인증서를 발급받고자 하는 자의 신원을 확인하여야 하고 발급 시 가입자의 이름, 전자서명 검증정보,

---

128 전자서명법 제15조 (공인인증서의 발급) ① 공인인증기관은 공인인증서를 발급받고자 하는 자에게 공인인증서를 발급한다. 이 경우 공인인증기관은 공인인증서를 발급받고자 하는 자의 신원을 확인하여야 한다. <개정 2001.12.31.> ② 공인인증기관이 발급하는 공인인증서에는 다음 각호의 사항이 포함되어야 한다. <개정 2001.12.31.> 1. 가입자의 이름(법인의 경우에는 명칭을 말한다) 2. 가입자의 전자서명검증정보 3. 가입자와 공인인증기관이 이용하는 전자서명 방식 4. 공인인증서의 일련번호 5. 공인인증서의 유효기간 6. 공인인증기관의 명칭 등 공인인증기관임을 확인할 수 있는 정보 7. 공인인증서의 이용범위 또는 용도를 제한하는 경우 이에 관한 사항 8. 가입자가 제3자를 위한 대리권 등을 갖는 경우 또는 직업상 자격 등의 표시를 요청한 경우 이에 관한 사항 9. 공인인증서임을 나타내는 표시 ③ 삭제 <2001.12.31.> ④ 공인인증기관은 공인인증서를 발급받고자 하는 자의 신청이 있는 경우에는 공인인증서의 이용범위 또는 용도를 제한하는 공인인증서를 발급할 수 있다. <개정 2001.12.31.> ⑤ 공인인증기관은 공인인증서의 이용범위 및 용도, 이용된 기술의 안전성과 신뢰성 등을 고려하여 공인인증서의 유효기간을 적정하게 정하여야 한다. <개정 2001.12.31.> ⑥ 공인인증서 발급에 따른 신원확인 절차 및 방법 등에 관하여 필요한 사항은 과학기술정보통신부령으로 정한다. <신설 2001.12.31, 2008.2.29, 2013.3.23., 2017.7.26> 제16조 (공인인증서의 효력의 소멸 등) ① 공인인증기관이 발급한 공인인증서는 다음 각호의 1에 해당하는 사유가 발생한 경우에는 그 사유가 발생한 때에 그 효력이 소멸된다. <개정 2001.1.16., 2001.12.31> 1. 공인인증서의 유효기간이 경과한 경우 2. 제12조 제1항의 규정에 의하여 공인인증기관의 지정이 취소된 경우 3. 제17조의 규정에 의하여 공인인증서의 효력이 정지된 경우 4. 제18조의 규정에 의하여 공인인증서가 폐지된 경우 5. 삭제 <2001.12.31.> ② 과학기술정보통신부 장관은 제10조의 규정에 따라 인증업무를 휴지 또는 폐지하였거나 제12조의 규정에 따라 인증업무가 정지된 공인인증기관의 전자서명생성정보가 분실·훼손 또는 도난·유출되는 등의 경우에는 인증업무의 안전성과 신뢰성 확보를 위하여 해당 공인인증기관이 발급한 모든 공인인증서의

공인인증기관이 이용하는 전자서명 방식, 일련번호, 유효기간, 인증기관의 명칭 등 인증기관임을 확인할 수 있는 정보, 이용범위 또는 용도를 제한하는 경우 이에 관한 사항, 가입자가 제3자를 위한 대리권 등을 갖는 경우 또는 직업상 자격 등의 표시를 요청한 경우 이에 관한 사항, 공인인증서임을 나타내는 표시 등을 포함하여 발급해야 한다.

단, 공인인증서의 유효기간이 경과한 경우, 인증기관의 지정이 취소된 경우, 인증서의 효력이 정지된 경우, 인증서가 폐지된 경우 등에는 효력이 소멸된다. 그리고 과학기술정보통신부 장관은 인증기관의 전자서명 생성정보가 분실·훼손 또는 도난·유출되는 등의 경우에는 인증업무의 안전성과 신뢰성 확보를 위하여 해당 공인인증기관이 발급한 모든 인증서의 효력을 정지할 수 있고 효력정지 시 그 사실을 항상 확인할 수 있도록 지체 없이 인터넷진흥원으로 하여금 필요한 조치를 하게 하여야 한다.

효력을 정지할 수 있다. <개정 2005.12.30, 2008.2.29, 2013.3.23., 2017.7.26> ③ 과학기술정보통신부 장관은 제2항의 규정에 의하여 공인인증서의 효력을 정지한 때에는 그 사실을 항상 확인할 수 있도록 지체 없이 인터넷진흥원으로 하여금 필요한 조치를 하게 하여야 한다. 제1항 제2호의 규정에 의하여 공인인증서의 효력이 소멸된 경우에도 또한 같다. <개정 2001.12.31, 2008.2.29, 2013.3.23., 2017.7.26> 제17조 (공인인증서의 효력정지 등) ① 공인인증기관은 가입자 또는 그 대리인의 신청이 있는 경우에는 공인인증서의 효력을 정지하거나 정지된 공인인증서의 효력을 회복하여야 한다. 이 경우 공인인증서 효력회복의 신청은 공인인증서의 효력이 정지된 날부터 6월 이내에 하여야 한다. <개정 2001.12.31.> ② 공인인증기관이 제1항의 규정에 의하여 공인인증서의 효력을 정지하거나 회복한 경우에는 그 사실을 항상 확인할 수 있도록 지체 없이 필요한 조치를 취하여야 한다. <개정 2001.12.31>

16-5. 공인인증서 관련 형사제재[129]

만약 규정에 위반하여 가입자의 신청 없이 가입자의 전자서명생성정보를 보관하거나 전자서명생성정보의 보관을 신청한 가입자의 승낙 없이 이를 이용하거나 유출한 경우, 타인의 전자서명생성정보를 도용 또는 누설한 경우, 타인의 명의로 공인인증서를 발급받거나 발급받을 수 있도록 한 경우에는 3년 이하의 징역 또는 3천만 원 이하의 벌금에 처한다.

또한 규정에 위반하여 가입자 인증서 등을 보관하지 아니한 경우, 공인 인증서를 이용범위 또는 용도에서 벗어나 부정하게 사용한 경우, 행사하게 할 목적으로 다른 사람에게 공인인증서를 양도 또는 대여하거나

---

[129] 전자서명법 제31조 (벌칙) 다음 각호의 1에 해당하는 자는 3년 이하의 징역 또는 3천만 원 이하의 벌금에 처한다. <개정 2001.12.31.> 1. 제21조제3항의 규정에 위반하여 가입자의 신청 없이 가입자의 전자서명생성정보를 보관하거나 전자서명생성정보의 보관을 신청한 가입자의 승낙 없이 이를 이용하거나 유출한 자 2. 제23조제1항의 규정에 위반하여 타인의 전자서명생성정보를 도용 또는 누설한 자 3. 제23조 제2항의 규정에 위반하여 타인의 명의로 공인인증서를 발급받거나 발급받을 수 있도록 한 자 제32조 (벌칙) 다음 각호의 어느 하나에 해당하는 자는 1년 이하의 징역 또는 1천만 원 이하의 벌금에 처한다. <개정 2005.12.30.> 1. 제22조 제2항의 규정에 위반하여 가입자인증서 등을 보관하지 아니한 자 2. 삭제 <2005.12.30.> 3. 제23조제4항의 규정을 위반하여 공인인증서를 이용범위 또는 용도에서 벗어나 부정하게 사용한 자 4. 제23조 제5항의 규정을 위반하여 행사하게 할 목적으로 다른 사람에게 공인인증서를 양도 또는 대여하거나 행사할 목적으로 다른 사람의 공인인증서를 양도 또는 대여 받은 자

행사할 목적으로 다른 사람의 공인인증서를 양도 또는 대여받은 경우 1년 이하의 징역 또는 1천만 원 이하의 벌금에 처한다.

전자정부로의
변화를 위한
법률상 시스템은
무엇이 있는가?

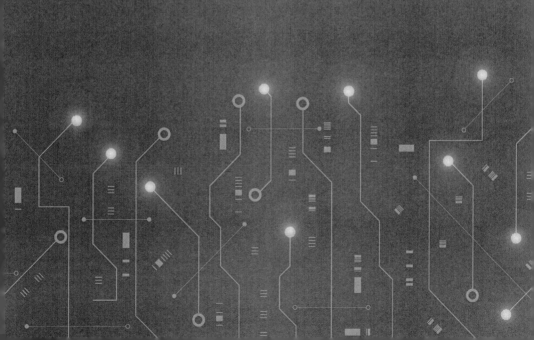

갈수록 전자화되어 가는 흐름에서 민간 기업 등만이 아니라 정부 역시 이러한 추세에 발맞추어 행정업무 전자화를 위한 노력을 지속해나가고 있다. 따라서 여기에서는 이러한 정부의 노력 중 법적 측면을 살펴보도록 하자.

17-1. 전자정부 운영에 관한 기본법적 근거

우선 전자정부 운영을 위하여 정부는 전자정부법[130]을 제정하여 운

---

[130] 전자정부법 [시행 20171024] [법률 제14914호, 2017.10.24.,일부개정] 제1장 총칙 제1조 (목적) 이 법은 행정업무의 전자적 처리를 위한 기본원칙, 절차 및 추진방법 등을 규정함으로써 전자정부를 효율적으로 구현하고, 행정의 생산성, 투명성 및 민주성을 높여 국민의 삶의 질을 향상시키는 것을 목적으로 한다. 제2조 (정의) 이 법에서 사용하는 용어의 뜻은 다음과 같다. <개정 2013.3.23, 2014.1.28, 2014.11.19., 2017.7.26> 1. "전자정부"란 정보기술을 활용하여 행정기관 및 공공기관(이하 "행정기관 등"이라 한다)의 업무를 전자화하여 행정기관 등의 상호 간의 행정업무 및 국민에 대한 행정업무를 효율적으로 수행하는 정부를 말한다. 2. "행정기관"이란 국회·법원·헌법재판소·중앙선거관리위원회의 행정사무를 처리하는 기관, 중앙행정기관(대통령 소속 기관과 국무총리 소속 기관을 포함한다. 이하 같다) 및 그 소속 기관, 지방자치단체를 말한다. 3. "공공기관"이란 다음 각 목의 기관을 말한다. 가. 「공공기관의 운영에 관한 법률」 제4조에 따른 법인·단체 또는 기관 나. 「지방공기업법」에 따른 지방공사 및 지방공단 다. 특별법에 따라 설립된 특수법인 라. 「초·중등교육법」, 「고등교육법」 및 그 밖의 다른 법률에 따라 설치된 각급 학교 마. 그 밖에 대통령령으로 정하는 법인·단체 또는 기관 4. "중앙사무관장 기관"이란 국회 소속 기관에 대하여는 국회사무처, 법원 소속 기관에 대하여는 법원행정처, 헌법재판소 소속 기관에 대하여는 헌법재판소사무처, 중앙선거관리위원회 소속 기관에 대하여는 중앙선거관리위원회 사무처, 중앙행정기관 및 그 소속 기관과 지방자치단체에 대하여는 행정안전부를 말한다. 5. "전자정부 서비스"란 행정기관 등이 전자정부를 통하여 다른 행정기관 등 및 국민, 기업 등에 제공하는 행정서비스를 말한다. 6. "행정정보"란 행정기관 등이 직무상 작성하거나 취득하여 관리하고 있는 자료로서 전자적 방식으로 처리되어 부호, 문자, 음성, 음향, 영상 등으로 표현된 것을 말한다. 7. "전자문서"란 컴퓨터 등 정보처리능력을 지닌 장치에 의하여 전자적인 형태로 작성되어 송수신되거나 저장되는 표준화된 정보를 말한다. 8. "전자화 문서"란 종이문서와 그 밖에 전자적 형태로 작성되지 아니한 문서를 정보시스템이 처리할 수 있는 형태로 변환한 문서를 말한다. 9. "행정 전자서명"이란 전자문서를 작성한 다음 각 목의 어느 하나에 해당하는 기관 또는 그 기관에서 직접 업무를 담당하는 사람의 신원과 전자문서의 변경 여부를 확인할 수 있는 정보로서 그 문서에 고유한 것을 말한다. 가. 행정기관 나. 행정기관의 보조기관 및 보좌기관 다. 행정기관과 전자문서를 유통하는 기관, 법인 및 단체 라. 제36조 제2항의 기관, 법인 및

영 중에 있다. 그리고 본법에서 말하는 전자정부란 정보기술을 활용하여 행정기관 및 공공기관의 업무를 전자화하여 행정기관 등의 상호 간의 행정업무 및 국민에 대한 행정업무를 효율적으로 수행하는 정부를 말한다. 그리고 정보자원이란 행정기관 등이 보유하고 있는 행정정보, 전자적 수단에 의하여 행정정보의 수집·가공·검색을 하기 쉽게 구축한 정보시스템, 정보시스템의 구축에 적용되는 정보기술, 정보화 예산 및 정보화 인력 등을 의미하고 정보기술 아키텍처는 일정한 기준과 절차에 따라 업무, 응용, 데이터, 기술, 보안 등 조직 전체의 구성요소들을 통합적으로 분석한 뒤 이들 간의 관계를 구조적으로 정리한 체제 및 이를 바탕으로 정보화 등을 통하여 구성요소들을 최적화하기 위한 방법에 해당한다.

단체 10. "정보통신망"이란 「전기통신기본법」 제2조 제2호에 따른 전기통신설비를 활용하거나 전기통신설비와 컴퓨터 및 컴퓨터 이용기술을 활용하여 정보를 수집·가공·저장·검색·송신 또는 수신하는 정보통신체제를 말한다. 11. "정보자원"이란 행정기관 등이 보유하고 있는 행정정보, 전자적 수단에 의하여 행정정보의 수집·가공·검색을 하기 쉽게 구축한 정보시스템, 정보시스템의 구축에 적용되는 정보기술, 정보화 예산 및 정보화 인력 등을 말한다. 12. "정보기술아키텍처"란 일정한 기준과 절차에 따라 업무, 응용, 데이터, 기술, 보안 등 조직 전체의 구성요소들을 통합적으로 분석한 뒤 이들 간의 관계를 구조적으로 정리한 체제 및 이를 바탕으로 정보화 등을 통하여 구성요소들을 최적화하기 위한 방법을 말한다. 13. "정보시스템"이란 정보의 수집·가공·저장·검색·송신·수신 및 그 활용과 관련되는 기기와 소프트웨어의 조직화된 체계를 말한다. 14. "정보시스템 감리"란 감리발주자 및 피감리인의 이해관계로부터 독립된 자가 정보시스템의 효율성을 향상시키고 안전성을 확보하기 위하여 제3자의 관점에서 정보시스템의 구축 및 운영 등에 관한 사항을 종합적으로 점검하고 문제점을 개선하도록 하는 것을 말한다. 15. "감리원"(감리원)이란 정보시스템 감리의 업무(이하 "감리업무"라 한다)를 수행하기 위하여 제60조 제1항에 따른 요건을 갖춘 사람을 말한다.

17-2. 전자정부의 원칙[131]

　행정기관 등은 전자정부의 구현·운영 및 발전을 추진할 때 대민 서비스의 전자화 및 국민편익의 증진, 행정업무의 혁신 및 생산성·효율성의 향상, 정보시스템의 안전성·신뢰성의 확보, 개인정보 및 사생활의 보호, 행정정보의 공개 및 공동이용의 확대, 중복투자의 방지 및 상호 운용성 증진 등을 우선적으로 고려하고 이에 필요한 대책을 마련하여야 한다. 또한 전자정부의 구현·운영 및 발전을 추진할 때 정보기술아키텍처를 기반으로 해야 한다. 그리고 행정 정보 공동이용을 통하여 전자적으로 확인할 수 있는 사항을 민원인에게 제출하도록 요구하여서는 아니된다. 또한 행정기관 등이 보유·관리하는 개인정보는 법령에서 정하는 경우를 제외하고는 당사자의 의사에 반하여 사용해서는 안 된다.

---

[131] 전자정부법 제4조 (전자정부의 원칙) ① 행정기관 등은 전자정부의 구현·운영 및 발전을 추진할 때 다음 각호의 사항을 우선적으로 고려하고 이에 필요한 대책을 마련하여야 한다. 1. 대민서비스의 전자화 및 국민편익의 증진 2. 행정업무의 혁신 및 생산성·효율성의 향상 3. 정보시스템의 안전성·신뢰성의 확보 4. 개인정보 및 사생활의 보호 5. 행정정보의 공개 및 공동이용의 확대 6. 중복투자의 방지 및 상호 운용성 증진 ② 행정기관 등은 전자정부의 구현·운영 및 발전을 추진할 때 정보기술아키텍처를 기반으로 하여야 한다. ③ 행정기관 등은 상호간에 행정정보의 공동이용을 통하여 전자적으로 확인할 수 있는 사항을 민원인에게 제출하도록 요구하여서는 아니된다. ④ 행정기관 등이 보유·관리하는 개인정보는 법령에서 정하는 경우를 제외하고 당사자의 의사에 반하여 사용되어서는 아니된다.

17-3. 전자방식 행정처리 등[132]

행정기관 등의 장은 민원인이 해당 기관을 직접 방문하지 아니하고도 민원사항 등을 처리할 수 있도록 관계 법령의 개선, 필요한 시설 및 시스템의 구축 등 제반 여건을 마련하여야 하며 전자민원 창구를 통하여 신청된 민원사항 등에 대하여 관계 법령에서 정한 수수료를 납부할 필

---

[132] 전자정부법 제9조 (방문에 의하지 아니하는 민원처리) ① 행정기관 등의 장은 민원인이 해당 기관을 직접 방문하지 아니하고도 민원사항 등을 처리할 수 있도록 관계 법령의 개선, 필요한 시설 및 시스템의 구축 등 제반 여건을 마련하여야 한다. ② 행정기관 등의 장은 제1항에 따른 민원처리제도를 시행하기 위하여 인터넷에 전자민원창구를 설치·운영할 수 있다. 다만, 전자민원창구를 설치하지 아니하였을 때에는 제3항의 통합전자민원창구에서 민원사항 등을 처리하게 할 수 있다. ③ 중앙사무관장기관의 장은 행정기관 등의 전자민원창구의 설치·운영을 지원하고 이를 연계하여 통합전자민원창구를 설치·운영할 수 있다. ④ 민원인이 제2항 및 제3항의 전자민원창구를 통하여 신청 등을 하였을 때에는 관계 법령에서 정한 그 민원의 소관 기관에 직접 민원을 신청한 것으로 본다. ⑤ 행정기관 등의 장은 제2항 및 제3항의 전자민원창구를 통하여 신청된 민원사항 등에 대하여 관계 법령에서 정한 수수료를 제14조에 따른 방법으로 납부할 필요가 있을 때에는 해당 수수료 외에 별도의 업무처리비용을 함께 청구할 수 있다. ⑥ 행정기관 등의 장은 제2항 및 제3항에 따른 전자민원창구를 통하여 민원사항 등을 처리하는 경우에는 다른 법령에도 불구하고 수수료를 감면할 수 있다. ⑦ 제1항부터 제4항까지의 규정에 따른 전자민원창구의 설치·운영, 제5항에 따른 업무처리비용, 제6항에 따라 수수료를 감면할 수 있는 민원사항 등의 범위와 감면 비율 등에 관하여 필요한 사항은 국회 규칙, 대법원 규칙, 헌법재판소 규칙, 중앙선거관리위원회 규칙 및 대통령령으로 정한다. 제9조의2 (통합전자민원창구를 통한 생활정보의 제공) ① 행정안전부 장관은 민원인에게 중앙행정기관과 그 소속 기관, 지방자치단체 및 공공기관(이하 "중앙행정기관 등"이라 한다)이 보유한 본인의 건강검진일, 예방접종일, 운전면허갱신일 등 생활정보를 열람할 수 있는 서비스(이하 이 조에서 "생활 정보 열람서비스"라 한다)를 제공할 수 있다. 이 경우 행정안전부 장관은 다른 중앙행정기관 등의 장과 협의하여 제9조제3항에 따른 통합전자민원창구와 다른 중앙행정기관 등의

요가 있을 때에는 해당 수수료 외에 별도의 업무처리 비용을 함께 청구할 수 있다.

　또한 행정안전부 장관은 민원인에게 중앙행정기관과 그 소속 기관, 지방자치단체 및 공공기관이 보유한 본인의 건강검진일, 예방접종일, 운전면허갱신일 등 생활 정보를 열람할 수 있는 서비스를 제공할 수 있다. 이 경우 행정안전부 장관은 다른 중앙행정기관 등의 장과 협의하여 통합전자민원창구와 다른 중앙행정기관 등의 정보시스템을 연계할 수 있다. 그리고 이 과정에서 다른 중앙행정기관 등의 장에게 자료의 제공을 요청할 수 있으며 자료의 제공을 요청받은 관계 중앙행정기관 등의 장은 특별한 사유가 없으면 이에 따라야 한다.

정보시스템을 연계할 수 있다. <개정 2014.11.19., 2017.7.26> ② 제1항에 따라 제공하는 생활 정보 열람서비스의 종류는 행정안전부 장관이 관계 중앙행정기관 등의 장과 협의를 거쳐 결정·고시한다. <개정 2014.11.19., 2017.7.26> ③ 행정안전부 장관은 생활정보 열람서비스를 제공하기 위하여 다른 중앙행정기관 등의 장에게 자료의 제공을 요청할 수 있다. 이 경우 자료의 제공을 요청받은 관계 중앙행정기관 등의 장은 특별한 사유가 없으면 이에 따라야 한다. <개정 2014.11.19., 2017.7.26> ④ 행정안전부 장관은 민원인이 동의한 경우에만 생활정보 열람서비스를 제공할 수 있다. <개정 2014.11.19, 2017.7.26>

17-4. 전자정부 서비스의 민간 참여 등[133]

행정기관 등의 장은 전자정부 서비스 이용을 활성화하기 위하여 업무 협약 등을 통하여 개인 및 기업, 단체 등이 제공하는 서비스와 결합하여 새로운 서비스를 개발·제공할 수 있고 개인 및 기업, 단체 등이 전자정부 서비스에서 제공하는 일부 기술이나 공공성이 큰 행정정보를 활용하여 새로운 서비스를 개발·제공할 수 있도록 필요한 지원을 할 수

---

[133] 전자정부법 제21조 (전자정부 서비스의 민간 참여 및 활용) ① 행정기관 등의 장은 전자정부 서비스 이용을 활성화하기 위하여 업무협약 등을 통하여 개인 및 기업, 단체 등이 제공하는 서비스와 결합하여 새로운 서비스를 개발·제공할 수 있다. ② 행정기관 등의 장은 개인 및 기업, 단체 등이 전자정부 서비스에서 제공하는 일부 기술이나 공공성이 큰 행정정보(「개인정보 보호법」 제2조 제1호에 따른 개인정보는 제외한다) 등을 활용하여 새로운 서비스를 개발·제공할 수 있도록 필요한 지원을 할 수 있다. <개정 2011.3.29.> ③ 제1항 및 제2항에 따른 업무협약, 지원 기준과 절차 등에 필요한 사항은 국회 규칙, 대법원 규칙, 헌법재판소 규칙, 중앙선거관리위원회 규칙 및 대통령령으로 정한다. 제22조 (전자정부 서비스의 이용실태 조사·분석) ① 행정기관 등의 장은 해당 기관에서 제공하는 전자정부 서비스에 대한 이용실태 등을 주기적으로 조사·분석하여 관리하고 개선 방안을 마련하여야 한다. ② 제1항에 따른 전자정부 서비스 이용실태의 조사·분석 및 관리에 필요한 구체적인 사항은 국회 규칙, 대법원 규칙, 헌법재판소 규칙, 중앙선거관리위원회 규칙 및 대통령령으로 정한다. 제23조 (전자정부 서비스의 효율적 관리) ① 중앙사무관장기관의 장은 행정기관 등에서 제공하는 전자정부 서비스가 서로 유사하거나 중복되는 경우 또는 운영가치가 낮은 경우에는 서비스의 통합 또는 폐기 등 개선 방안을 권고할 수 있다. <개정 2013.3.23.> ② 제1항의 전자정부 서비스의 통합 또는 폐기 등의 기준 및 절차에 관한 사항은 국회 규칙, 대법원 규칙, 헌법재판소 규칙, 중앙선거관리위원회 규칙 및 대통령령으로 정한다. 제24조 (전자적 대민서비스 보안대책) ① 행정안전부장관은 전자적 대민서비스와 관련된 보안대책을 국가정보원장과 사전 협의를 거쳐 마련하여야 한다. <개정 2013.3.23, 2014.11.19., 2017.7.26> ② 중앙행정기관과 그 소속 기관 및 지방자치단체의 장은 제1항의 보안대책에 따라 해당 기관의 보안대책을 수립·시행하여야 한다.

있다.

그리고 해당 기관에서 제공하는 전자정부 서비스에 대한 이용·실태 등을 주기적으로 조사·분석하여 관리하고 개선 방안을 마련하고 전자 정부 서비스가 서로 유사하거나 중복되는 경우 또는 운영가치가 낮은 경우에는 서비스의 통합 또는 폐기 등 개선 방안을 권고할 수 있는데, 이때 전자적 대민서비스와 관련된 보안대책을 국가정보원장과 사전 협 의를 거쳐 마련하여야 한다.

17-5. 행정정보 공동이용[134]

　행정안전부 장관은 행정정보의 원활한 공동이용을 위하여 행정안전부 장관 소속으로 행정정보 공동이용센터 이용에 필요한 시책을 추진하게 할 수 있는데 이때에 이용 가능한 정보는 민원사항 등의 처리를 위하여 필요한 정보, 통계정보, 문헌정보, 정책정보 등 행정업무의 수행에 참고가 되는 행정정보, 행정기관 등이 법령 등에서 정하는 소관 업무의 수행을 위하여 불가피하게 필요하다고 인정하는 행정정보 등이다. 단, 국가의 안전보장과 관련된 행정정보, 법령에 따라 비밀로 지정된 행정정보 또는 이에 준하는 행정정보는 공동이용 대상정보에서 제외할 수 있다.

---

134 전자정부법 제37조 (행정정보 공동이용센터) ① 행정안전부 장관은 행정정보의 원활한 공동이용을 위하여 행정안전부 장관 소속으로 행정정보 공동이용센터(이하 "공동이용 센터"라 한다)를 두고 대통령령으로 정하는 바에 따라 공동이용에 필요한 시책을 추진하게 할 수 있다. <개정 2013.3.23, 2014.11.19., 2017.7.26> ② 제36조 제2항에 따라 행정정보를 공동으로 이용하는 기관은 정당한 사유가 없으면 공동이용센터를 통하여 행정정보를 공동이용 하여야 한다. 제38조 (공동이용 행정정보) ① 제36조 및 제37조에 따라 공동이용센터를 통하여 공동으로 이용할 수 있는 행정정보는 다음 각 호와 같다. 1. 민원사항 등의 처리를 위하여 필요한 행정정보 2. 통계정보, 문헌정보, 정책정보 등 행정업무의 수행에 참고가 되는 행정정보 3. 행정기관 등이 법령 등에서 정하는 소관 업무의 수행을 위하여 불가피하게 필요하다고 인정하는 행정정보 ② 국가의 안전보장과 관련된 행정정보, 법령에 따라 비밀로 지정된 행정정보 또는 이에 준하는 행정정보는 공동이용 대상정보에서 제외할 수 있다. ③ 행정정보 보유기관은 공동으로 이용되는 행정정보가 최신 정보가 되도록 하고 정확성을 유지하도록 관리하여야 한다. ④ 행정정보의 공동이용은 특정한 이용목적에 따라 필요한 범위에서 이루어져야 한다. ⑤ 제1항에 따른 행정정보의 범위에서 대상정보의 종류, 범위 및 유형 등은 대통령령으로 정한다.

17-6. 규정 위반 시 형사처벌[135]

　우선, 행정정보를 위조·변경·훼손하거나 말소하는 행위를 한 사람은 10년 이하의 징역에 처한다. 그리고 행정정보 공동이용을 위한 정보시스템을 정당한 이유 없이 위조·변경·훼손하거나 이용한 경우, 행정정보를 변경하거나 말소하는 방법 및 프로그램을 공개·유포하는 행위를 한 경우 5년 이하의 징역 또는 5천만 원 이하의 벌금에 처한다.

135　전자정부법 제76조 (벌칙) ① 제35조제1호를 위반하여 행정정보를 위조·변경·훼손하거나 말소하는 행위를 한 사람은 10년 이하의 징역에 처한다. ② 다음 각호의 어느 하나에 해당하는 자는 5년 이하의 징역 또는 5천만 원 이하의 벌금에 처한다. 1. 제35조 제2호를 위반하여 행정정보 공동이용을 위한 정보시스템을 정당한 이유 없이 위조·변경·훼손하거나 이용한 자 2. 제35조 제3호를 위반하여 행정정보를 변경하거나 말소하는 방법 및 프로그램을 공개·유포하는 행위를 한 자 ③ 다음 각호의 어느 하나에 해당하는 자는 3년 이하의 징역 또는 3천만 원 이하의 벌금에 처한다. 1. 제35조 제4호를 위반하여 행정정보를 누설하는 행위를 한 자 2. 제35조 제5호를 위반하여 행정정보를 권한 없이 처리하거나 권한 범위를 넘어서 처리하는 행위를 한 자 3. 제35조 제6호를 위반하여 행정정보를 권한 없이 다른 사람으로 하여금 이용하게 하는 행위를 한 자 4. 제35조 제7호를 위반하여 승인받지 아니한 방식으로 행정정보를 공동이용하거나 승인받지 아니한 정보시스템 또는 저장장치에 저장한 자 5. 제74조를 위반하여 직무상 알게 된 비밀을 누설하거나 도용한 자 ④ 제35조 제8호를 위반하여 거짓이나 그 밖의 부정한 방법으로 행정기관 등으로부터 행정정보를 제공받거나 열람하는 행위를 한 자는 2년 이하의 징역 또는 700만 원 이하의 벌금에 처한다. ⑤ 제58조 제1항의 등록을 하지 아니한 자가 정보시스템 감리를 한 경우에는 2년 이하의 징역 또는 2천만 원 이하의 벌금에 처한다. ⑥ 제60조 제3항을 위반하여 다른 사람에게 자기의 성명을 사용하여 감리업무를 수행하게 하거나 감리원증을 빌려준 사람 또는 다른 사람의 성명을 사용하여 감리업무를 수행하거나 감리원증을 빌린 사람은 1년 이하의 징역 또는 1천만 원 이하의 벌금에 처한다.

또한 행정정보를 누설하는 행위를 하거나 권한 없이 행정정보를 처리하거나 권한 범위를 넘어서 처리, 다른 사람으로 하여금 이용하게 하는 행위, 승인받지 아니한 방식으로 행정정보를 공동이용하거나 승인받지 아니한 정보시스템 또는 저장장치에 저장, 직무상 알게 된 비밀을 누설하거나 도용한 경우 3년 이하의 징역 또는 3천만 원 이하의 벌금에 처한다.

그리고 거짓이나 그 밖의 부정한 방법으로 행정기관 등으로부터 행정정보를 제공받거나 열람하는 행위를 한 경우 2년 이하의 징역 또는 700만 원 이하의 벌금에 처한다.

인공지능 발전에 따른 법률 시스템의 변화는 어떤 것이 있을까?

각종 언론[136]에 따르면 최근 들어 인공지능 적용 분야에 대한 열기가 뜨거운 것으로 알려지고 있다. 실제로 국내 연구진이 개인생활 환경이나 습관·임상·유전체 정보 등 의료 빅데이터를 인공지능으로 분석해 질병에 대한 진단에서 예방·치료에 이르는 개인별 맞춤의료 서비스를 위한 본격적인 연구를 시작했다고 하며, 또 다른 보도[137]에서는 인공지능을 이용한 자율자동차 개발이 활성화되고 있다고 전해진다. 실제로 중국의 경우 2040년까지 전체 자동차 중에 11% 이상이 인공지능에 의한 자율자동차로 바뀔 것으로 예상하고 있어서 전 세계적으로 인공지능에 대한 관심이 가중되고 있다.

그렇다면 과연 법률 분야에 있어서는 인공지능 발전이 어떠한 변화를 가져올까? 이에 대한 몇몇 언론[138]에서는 이미 현재 인공지능 형태의 빅데이터 분석 기술이 법률정보 수집·관리와 증거자료 검토·판별 분야, 인수·합병(M&A) 과정에서의 기업실사 등 다양한 법적 문제 해결 과정에 널리 이용되고 있다고 한다. 이뿐만 아니라 빅데이터 분석 기술을 결합한 VDR 형태의 클라우드 보안 환경의 경우 M&A 기업실사에만 한정되는 게 아니라 주식시장의 기업공개(IPO) 대상 기업평가나 파산기업 자산분석 등 다양한 법률 사무에서의 분석에 활용되고 있다고도 전해진다.

이 외에도 법률정보 검색 및 활용이 가능한 각종 DB의 경우 기본 검

---

136 "인공지능 이용, 의료 데이터 분석한다", 보안뉴스 미디어(2018.7.13.)

137 "성큼 다가온 자율주행차 시대, 인공지능에 운전자 자격부여, 사고데이터 경찰 의무 제출", 세계일보(2018.5.20.)

138 "빅데이터와 AI가 가져올 법률시장 변화, 안진우 변호사", 아주경제(2018.6.23.)

색형태를 벗어나 인공지능에 의한 검색 서비스가 구현될 것으로 예측하기도 한다. 즉, 기존에 법률가가 직접 자신의 사건과 관련된 법률·판례를 검색하고 검토하는 것을 벗어나 인공지능이 이러한 임무를 대신하고 그 효율성 측면에서도 단시간에 훨씬 광범위하고 정확한 자료를 검색, 정리함으로써 효율성을 극대화할 것이라는 것이다. 이미 미국에서 판결을 자동 인식하여 검색하는 인공지능 로봇이 지난 2016년에 도입되어 운용 중인 점은 이러한 예측이 전 세계적으로 도래할 것이라는 것을 방증한다. 실제, IMB의 인공지능 '왓슨'을 기반으로 개발된 '로스(ROSS)'는 뉴욕의 대형 로펌 베이커앤드호 스테틀러에 도입되어 파산 관련 법원의 각종 판결사례를 수집하고 분석하는 업무를 수행하고 있다. 더구나 미국의 경우만 해도 법률 시장에 인공지능 도입된 시점인 2011년부터 본격적으로 규모가 커지기 시작해 2018년에는 관련 회사만 1,100개에 이른다고 한다.

이 외에도 유사한 사례[139], 이스라엘의 스타트업 기업인 로긱스(LawGeex)에서는 5건의 비밀유지 계약서를 놓고 인공지능과 20명의 변호사들이 해당 내용을 검토하고 각각의 결과를 다른 전문가들이 평가하였는데, 인공지능은 26초 만에 모든 계약서의 검토를 마친 반면 대형 로펌 등에서 근무하는 변호사들은 평균적으로 92분이 걸렸다고 한다. 더구나 해당 검토 결과물의 평균적 정확도를 비교해보니 인간 변호사는 85%인 반면, 인공지능은 94%로 인공지능이 훨씬 정확하다고 전해져 향후 법률 서비스 상당 부분이 인공지능에 의하여 대체될 것으로 예측된다.

---

139 "인공지능(A.I.)시대와 법률가", 대한변협신문(2018.7.16.)

AI를 통해 본
다양한 법적 쟁점 분야는?

'AI', 전 세계적으로 이미 일상생활에서 대화의 한 주제가 될 정도로 인공지능 분야는 우리 사회 깊숙이 자리 잡아 가고 있다. 특히, 지난 2016년에 있었던 알파고와 이세돌 9단과의 바둑대결은 인공지능인 AI의 발전 가능성을 여실히 보여주기도 하였다. 특히 사물인터넷 및 빅데이터, 가상화폐인 블록체인의 등장과 더불어 AI의 발전속도와 활용범위는 갈수록 커져가고 있는 형국이다. 이에 본 장에서는 AI의 발전과 관련하여 발생할 수 있는 사회 각 분야에서의 법적 충돌과 문제점에 대하여 검토함으로써 앞으로 인간이 겪을 수 있는 법적 갈등 관계에 관한 고민을 자유롭게 논하고자 한다.

19-1. AI(인공지능)의 선두주자 '자율자동차'에 대한 법적 책임

자율자동차는 아마도 AI가 가장 선제적이고 광범위하게 현실 속에 자리 잡은 한 분야가 아닐까 한다. 먼저 자율자동차의 정의를 보면, 운전자의 개입 없이 주변 환경을 인식하고 주행 상황을 판단해 차량을 제어함으로써 스스로 주어진 목적지까지 주행하는 자동차를 말하는 것으로 일반적으로 자율주행 자동차와 무인자동차(Unmanned Vehicle, Driverless Car)의 용어가 혼재되어 사용되기도 하지만 자율주행 자동차는 운전자 탑승 여부보다는 차량이 완전히 독립적으로 판단하고 주행하는 자율주행 기술에 초점을 맞춘 것이기에 운전자가 브레이크, 핸들, 가속 페달 등을 제어하지 않아도 도로의 상황을 파악해 스스로 목적지까지 찾아가는 자동차라고 할 수 있다.[140]

문제는 자율자동차의 사고책임 소재로, 사람이 운행하지 않은 채 자동차에 의한 교통사고 발생 시 그 책임은 누가 져야 할까?

---

[140] '4차 산업혁명, 자율주행 자동차란?' 시민의 소리(2018.3.28.)

(1) 개인책임(운행, 정비, 점검 등 사용자로서 과실 책임 한계)

이에 관하여 먼저 개인차원에서 검토해보도록 하자. 우선, 현재의 도로교통법에서는 모든 안전의무 부과 대상을 운전자로 규율[141]하고 있다. 실제로 무면허 운전, 음주 운전, 난폭 운전, 각종 신호 등의 준수의무는 모두 운전자에게 부과되어 있다. 여기에서 운전자란 실제 자동차 등을 도로상에서 운전하는 사람을 말하는 것으로 책임 주체가 사람으로 한정되어 있다. 그런데 자율주행 자동차의 경우 사람인 운전자가 아니라 인공지능이 운전자의 역할을 할 뿐 아니라 운행 간 각종 판단 역시 인공지능이 내리게 되어 사고가 발생하게 될 경우 그 책임 소재가 모호해지게 된다.

물론 자율주행 자동차라고 해도 아래 그림과 같이 인공지능이 운행에 사용하는 각종 핵심 부품인 전방 및 측방 영상센서 모듈, 라이더 센서, 디지털 맵, 카메라 등에 관하여 제대로 정비를 하지 않은 채로 자율주행을 하거나 일부 장비가 고장 난 것을 알면서도 방치하였다면 해당 장치의 오류가 사고결과와 인과관계 정도에 따라 책임을 지게 될 소지가 있다.

---

[141] 도로교통법 제43조 (무면허 운전 등의 금지), 제44조 (술에 취한 상태에서의 운전 금지), 제45조 (과로한 때 등의 운전 금지), 제46조 (공동 위험 행위의 금지), 제46조의2 (교통단속용 장비의 기능방해 금지), 제46조의3 (난폭 운전 금지), 제47조 (위험방지를 위한 조치), 제48조 (안전운전 및 친환경 경제 운전의 의무), 제49조 (모든 운전자의 준수사항 등), 제50조 (특정 운전자의 준수사항)

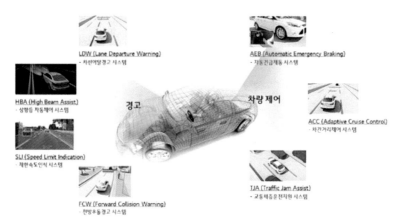

[참고그림] 한국산업기술평가관리원 제시 자율자동차 9대 핵심 부품

　그러나 만약 그렇다고 해도 기존의 교통사고처리 특례법[142]이나 특정
범죄 가중 처벌법[143] 등에서 규율하는 처벌조항으로는 의율하기 어려운
것이 현실이다. 해당 법률상 과실이란 직접적인 운전행위를 전제로 하기
때문이다. 굳이 처벌을 하고자 한다면 형법상 업무상 과실치사상이나
재물손괴 등을 검토해볼 수 있겠지만 이것 역시 업무상의 책임의 범위
한계가 적용될 가능성이 극히 좁은 관계로 쉽지 않다. 예를 들어 나름
대로는 최선을 다해 정비나 장비 점검을 하였다고 주장하며 조사결과에

142　교통사고처리 특례법 제2조 (정의) 이 법에서 사용하는 용어의 뜻은 다음과 같다. 1.
　　　"차"란 「도로교통법」 제2조 제17호 가 목에 따른 차(車)와 「건설기계관리법」 제2조 제
　　　1항 제1호에 따른 건설기계를 말한다. 2. "교통사고"란 차의 교통으로 인하여 사람을
　　　사상(死傷)하거나 물건을 손괴(損壞)하는 것을 말한다.

143　특정범죄 가중처벌 등에 관한 법률 제5조의3 (도주차량 운전자의 가중처벌) ① 「도로교
　　　통법」 제2조에 규정된 자동차·원동기장치자전거의 교통으로 인하여 「형법」 제268
　　　조의 죄를 범한 해당 차량의 운전자(이하 "사고운전자"라 한다)가 피해자를 구호(救護)하
　　　는 등 「도로교통법」 제54조 제1항에 따른 조치를 하지 아니하고 도주한 경우에는 다
　　　음 각호의 구분에 따라 가중 처벌한다.

서도 해당 장비 오류가 100% 사고원인으로 도출되지 않는다면 과실범으로서 책임을 지우기 위해 주의의무 인정 책임을 묻기가 어렵기 때문이다. 더구나 재물손괴의 경우 과실범 처벌조항조차 없어 형사사법 사각지대에 놓여있기까지 하다.

또한 장비가 정상적으로 작동하는 경우라고 해도 만약 공주거리나 제동 거리상 갑자기 도로로 뛰어드는 사람을 치어 다치게 하거나 사망하게 한 경우를 고려해보면 기존에는 보험 특례 적용 외에 형사입건 후 처벌 대상으로 규율되었으나 자율주행 중이었다면 얘기가 달라진다. 즉, 인공지능 입장에서도 급작스런 충돌사고라 시스템이 정상적으로 작동하였다고 해도 제동거리 부족으로 충돌이 벌어질 수밖에 없었다면 그 책임을 물을 수 있는 방법이 없기 때문이다. 특히 이러한 상황에서는 민사적인 책임소재도 따지기 힘들어 보험처리조차 되지 않는 인명사고로 취급될 가능성마저 있어서 법이 저촉되지 않는 완전한 사법의 불모지대가 발생할 수도 있다.

(2) 업체 책임(설계, 제조, 조립, 시험, 평가 단계별 과실 책임 한계)

다음은 업체의 책임이다. 먼저, 자율자동차 자체가 하나의 기술집약체라고 할 수 있다는 점을 고려하면 얼마나 많은 분야의 업체들이 자율자동차와 연관되어 있는지를 미루어 짐작할 수 있을 텐데, 예를 들어 이미 자율주행차에 장착되어 운용되는 어드벤스드 스마트 크루즈 컨트롤(ASCC)과 차선유지 지원 시스템(LKAS) 및 고속도로 주행 지원 시스템(HDA), 혼잡 구간 주행 지원 시스템(TJA), 자동 긴급제동(AEB), 자동 주차 시스템(APS) 등만 하더라도 이들의 작동 오류에 의한 사고 발생 시 그 책임소재를 명확히 구별하여 따져야 하는 문제가 존재한다.

그러나 형사책임은 제쳐두고서라도 제조업자의 책임을 묻기 위해서는 현행 법률[144]상 제조업자의 책임을 인정하게 하려면 고의성의 정도, 제조물 결함으로 인하여 발생한 손해 정도, 제조물 공급으로 인하여 제조업자가 취득한 경제적 이익, 결함으로 업자가 형사 또는 행정처분을 받은 경우 처분 정도, 제조물 공급이 지속된 기간 및 공급 규모 등을 고려하게 되기 때문에 피해자 입장에서는 상당 기간 입증 결과를 알기 어렵고, 결함추정 역시 법적으로 제조물이 정상적으로 사용되는 상태에서

---

[144] 제조물 책임법 제3조 (제조물 책임) ① 제조업자는 제조물의 결함으로 생명·신체 또는 재산에 손해(그 제조물에 대하여만 발생한 손해는 제외한다)를 입은 자에게 그 손해를 배상하여야 한다. ② 제1항에도 불구하고 제조업자가 제조물의 결함을 알면서도 그 결함에 대하여 필요한 조치를 취하지 아니한 결과로 생명 또는 신체에 중대한 손해를 입은 자가 있는 경우에는 그 자에게 발생한 손해의 3배를 넘지 아니하는 범위에서 배상책임을 진다. 이 경우 법원은 배상액을 정할 때 다음 각호의 사항을 고려하여야 한다. <신설 2017.4.18> 1. 고의성의 정도 2. 해당 제조물의 결함으로 인하여 발생한 손해의 정도 3. 해당 제조물의 공급으로 인하여 제조업자가 취득한 경제적 이익 4. 해당 제조물의 결함으로 인하여 제조업자가 형사처벌 또는 행정처분을 받은 경우 그 형사처벌 또는 행정처분의 정도 5. 해당 제조물의 공급이 지속된 기간 및 공급 규모 6. 제조업자의 재산상태 7. 제조업자가 피해구제를 위하여 노력한 정도 ③ 피해자가 제조물의 제조업자를 알 수 없는 경우에 그 제조물을 영리 목적으로 판매·대여 등의 방법으로 공급한 자는 제1항에 따른 손해를 배상하여야 한다. 다만, 피해자 또는 법정대리인의 요청을 받고 상당한 기간 내에 그 제조업자 또는 공급한 자를 그 피해자 또는 법정대리인에게 고지(고지)한 때에는 그러하지 아니하다. <개정 2017.4.18> 제3조의2 (결함 등의 추정) 피해자가 다음 각호의 사실을 증명한 경우에는 제조물을 공급할 당시 해당 제조물에 결함이 있었고 그 제조물의 결함으로 인하여 손해가 발생한 것으로 추정한다. 다만, 제조업자가 제조물의 결함이 아닌 다른 원인으로 인하여 그 손해가 발생한 사실을 증명한 경우에는 그러하지 아니하다. 1. 해당 제조물이 정상적으로 사용되는 상태에서 피해자의 손해가 발생하였다는 사실 2. 제1호의 손해가 제조업자의 실질적인 지배영역에 속한 원인으로부터 초래되었다는 사실 3. 제1호의 손해가 해당 제조물의 결함 없이는 통상적으로 발생하지 아니한다는 사실

피해자의 손해가 발생하였다는 사실이나 해당 손해가 제조업자의 실질적인 지배영역에 속한 원인으로부터 초래되었다는 사실 등을 피해자가 입증하여야 하므로 자율자동차의 고차원적인 기술 수준을 감안하면 피해자가 이를 입증하기란 불가능에 가깝다고 볼 수 있을 것이다.

더불어 아직 현행법으로는 해당 제품 설계에서부터 시험평가, 제작, 완성, 출하에 이르기까지 각 단계별로 책임을 물을 수 있는 법체계가 정착되어 있지 않기 때문에 업체의 책임을 묻기 위한 사고원인 규명을 하려면 전 단계를 거쳐 하자나 오류를 검증하여야 하므로 지금의 제조물책임법 요건 세분화가 반드시 검토되어야 한다.

(3) 정부책임(제품 개발 인허가, 안전기준[운행구간 및 시기 범위 설정 등] 정립)

다음으로는 정부의 책임이다. 물론 정부책임의 경우 국가배상 정도를 들 수 있지만, 현재의 법률[145]의 경우 국가나 지방자치단체는 공무원 또는 공무를 위탁받은 사인이 직무를 집행하면서 고의 또는 과실로 법령을 위반하여 타인에게 손해를 입히는 등 매우 한정적인 경우에만 불법

---

[145] 국가배상법 제2조 (배상책임) ① 국가나 지방자치단체는 공무원 또는 공무를 위탁받은 사인(이하 "공무원"이라 한다)이 직무를 집행하면서 고의 또는 과실로 법령을 위반하여 타인에게 손해를 입히거나, 「자동차손해배상 보장법」에 따라 손해배상의 책임이 있을 때에는 이 법에 따라 그 손해를 배상하여야 한다. 다만, 군인·군무원·경찰공무원 또는 예비군대원이 전투·훈련 등 직무 집행과 관련하여 전사(전사)·순직(순직)하거나 공상(공상)을 입은 경우에 본인이나 그 유족이 다른 법령에 따라 재해보상금·유족연금·상이연금 등의 보상을 지급받을 수 있을 때에는 이 법 및 「민법」에 따른 손해배상을 청구할 수 없다. <개정 2009.10.21, 2016.5.29>
② 제1항 본문의 경우에 공무원에게 고의 또는 중대한 과실이 있으면 국가나 지방자치단체는 그 공무원에게 구상(구상)할 수 있다.

책임을 인정하기 때문에 책임 인정의 현실성은 제로에 가깝다.

그러나 자율자동차 주행 시대를 맞아 현재의 도로 사정이나 교통시스템이 그에 상응하여 체계화되지 못한 점에 관하여서는 국가적 차원에서 도의, 정치적 책임을 지게 될 가능성은 충분하다. 예를 들어 안전한 제품인지 여부를 검증하기 위한 안전기준 정립과 해당 기준에 대한 점검시스템 구축, 자율자동차의 안전성에 대한 검증절차 및 검증기관 등의 기관 운영을 통해 사고 우려를 불식시키고 발생 가능한 다양한 사고에 대비하는 것은 국가로서의 책임이라 할 수 있다.

실제로 미국에 따르면[146] 애리조나주 템페 시내 도로를 횡단하던 40대 여성 '일레인 허즈버그(ElAIneHerzberg)'가 우버의 자율주행 자동차와 충돌해 사망하는 사건이 발생했으며, 이번 사고로 그동안 미국 의회에 자율주행 자동차의 조기 운행을 촉구하던 우버, 웨이모 등 자율주행 자동차 업계의 움직임에 제동이 걸릴 전망이라고 한다.

더구나 민주당 의원들은 안전성 문제를 이유로 자율주행 자동차에 관한 입법 반대 의견을 내놓고 있는 상황으로 일부 의원들은 공공 도로에서 자율주행 자동차 주행 테스트를 보류해야 한다는 주장까지 하고 있는 상황으로 알려졌다.

---

146 '우버 자율주행 자동차 사고 '일파만파' 자율주행 자동차 규제 강화 여론 힘 실릴 듯',
　　로봇신문(2018.3.20.)

또한 비영리 기관인 '컨슈머 워치독(Consumer Watchdog)'은 "애리조나 주는 실질적으로 자율주행 자동차에 관한 법적인 규제가 없었다."며 규제를 강화해야 한다는 성명을 발표하여 국가적인 문제로 비화된 사례는 앞으로 이러한 사례가 점차 증가할 수 있음을 시사한다고 할 것이다.

(4) 외부요인(해킹·천재지변 등)

이와 함께 해킹, 천재지변 등에 의한 외부간섭 요인도 배제할 수 없다. 특히 자율주행 자동차의 해킹 가능성에 대해서는 이미 여러 업체에서 그 위험성을 제기한 바 있다.

만약 해커에 의해 자율자동차를 이용한 사고사 위장이나 보험금 수령 목적의 고의적 교통사고 등이 문제로 비화된다면 이를 악용하기 위해 수많은 해킹 시도가 이루어지게 될 것이고 이는 자칫 새로운 유형의 범죄 양산의 길을 열어주는 불상사로 이어질 수도 있다고 하겠다.

그리고 국가별, 지역별로 천차만별인 천재지변의 영향도 무시할 수 없을 듯하다. 즉, 태풍이나 황사가 극심한 중국, 미국 일부 국가들의 경우와 같이 자율주행 자동차에 의한 주행 시스템 운영이 매우 제한되는 경우, 만약 사고가 발생하게 된다고 해도 그 책임이 다른 국가에 비해 매우 낮을 수도 있고 반대로 다른 국가들의 경우 전적인 책임을 지울 수도 있는 등 천재지변 역시 자율주행 자동차 사고에 적지 않은 영향을 주는 요인이 될 수 있을 것이다.

19-2. AI 적용분야별 법적 책임 쟁점
(형사, 민사, 행정 등)

(1) AI와 정보통신 분야(무인장비에 의한 개인정보 침해사고 책임)

AI의 등장에 있어서 가장 큰 논란거리 중 하나는 바로 정보통신 분야에 있어서 개인정보 침해 우려라고 해도 과언이 아닐 것이다. 그도 그럴 것이 AI가 기반으로 하는 대부분의 정보는 바로 전산 시스템이나 네트워크 공간에 저장되어 있는 데이터를 기본으로 할 것이기 때문이다. 실제로 일부 전문가[147]는 데이터 추출 및 데이터 관련 문제 해결이 AI 도입 관련 법률 분야에서 분명히 문제가 있을 것으로 예측하고 있다. 실제, 개인정보 남용 관련 사건[148]에서 홈플러스 임직원들이 경품행사를 통해 입수한 고객 정보를 판매하여 수익을 올린 혐의로 기소되어 징역형 등을 선고한 바 있다.

더구나 현행 법률[149]상 개인정보 수집이나 이용은 본인 동의를 구하

---

147 'AI가 미칠 영향은… 전문가 3인의 진단', 비즈니스 경제(2018.8.2.)

148 '고객정보 판매 홈플러스 임직원, 파기환송심서 줄줄이 유죄' 파이낸셜 뉴스 (2018.8.16.)

149 개인정보 보호법 제16조 (개인정보의 수집 제한) ① 개인정보처리자는 제15조 제1항 각 호의 어느 하나에 해당하여 개인정보를 수집하는 경우에는 그 목적에 필요한 최소한의 개인정보를 수집하여야 한다. 이 경우 최소한의 개인정보 수집이라는 입증책임은 개인정보처리자가 부담한다. ② 개인정보처리자는 정보 주체의 동의를 받아 개인정

지 않고서는 극히 예외적인 경우에만 허가하고 있어서 AI에 의한 무작

보를 수집하는 경우 필요한 최소한의 정보 외의 개인정보 수집에는 동의하지 아니할 수 있다는 사실을 구체적으로 알리고 개인정보를 수집하여야 한다. <신설 2013.8.6> ③ 개인정보처리자는 정보 주체가 필요한 최소한의 정보 외의 개인정보 수집에 동의하지 아니한다는 이유로 정보 주체에게 재화 또는 서비스의 제공을 거부하여서는 아니된다. <개정 2013.8.6.> 제18조 (개인정보의 목적 외 이용 · 제공 제한) ① 개인정보처리자는 개인정보를 제15조 제1항에 따른 범위를 초과하여 이용하거나 제17조 제1항 및 제3항에 따른 범위를 초과하여 제3자에게 제공하여서는 아니된다. ② 제1항에도 불구하고 개인정보처리자는 다음 각호의 어느 하나에 해당하는 경우에는 정보 주체 또는 제3자의 이익을 부당하게 침해할 우려가 있을 때를 제외하고는 개인정보를 목적 외의 용도로 이용하거나 이를 제3자에게 제공할 수 있다. 다만, 제5호부터 제9호까지의 경우는 공공기관의 경우로 한정한다. 1. 정보 주체로부터 별도의 동의를 받은 경우 2. 다른 법률에 특별한 규정이 있는 경우 3. 정보 주체 또는 그 법정대리인이 의사표시를 할 수 없는 상태에 있거나 주소불명 등으로 사전 동의를 받을 수 없는 경우로서 명백히 정보 주체 또는 제3자의 급박한 생명, 신체, 재산의 이익을 위하여 필요하다고 인정되는 경우 4. 통계작성 및 학술연구 등의 목적을 위하여 필요한 경우로서 특정 개인을 알아볼 수 없는 형태로 개인정보를 제공하는 경우 5. 개인정보를 목적 외의 용도로 이용하거나 이를 제3자에게 제공하지 아니하면 다른 법률에서 정하는 소관 업무를 수행할 수 없는 경우로서 보호 위원회의 심의 · 의결을 거친 경우 6. 조약, 그 밖의 국제협정의 이행을 위하여 외국 정부 또는 국제기구에 제공하기 위하여 필요한 경우 7. 범죄의 수사와 공소의 제기 및 유지를 위하여 필요한 경우 8. 법원의 재판업무 수행을 위하여 필요한 경우 9. 형(刑) 및 감호, 보호처분의 집행을 위하여 필요한 경우 ③ 개인정보처리자는 제2항 제1호에 따른 동의를 받을 때에는 다음 각호의 사항을 정보 주체에게 알려야 한다. 다음 각호의 어느 하나의 사항을 변경하는 경우에도 이를 알리고 동의를 받아야 한다. 1. 개인정보를 제공받는 자 2. 개인정보의 이용 목적(제공 시에는 제공받는 자의 이용 목적을 말한다) 3. 이용 또는 제공하는 개인정보의 항목 4. 개인정보의 보유 및 이용 기간(제공 시에는 제공받는 자의 보유 및 이용 기간을 말한다) 5. 동의를 거부할 권리가 있다는 사실 및 동의 거부에 따른 불이익이 있는 경우에는 그 불이익의 내용 ④ 공공기관은 제2항 제2호부터 제6호까지, 제8호 및 제9호에 따라 개인정보를 목적 외의 용도로 이용하거나 이를 제3자에게 제공하는 경우에는 그 이용 또는 제공의 법적 근거, 목적 및 범위 등에 관하여 필요한 사항을 행정안전부령으로 정하는 바에 따라 관보 또는 인터넷 홈페이지 등에 게재하여야 한다. <개정 2013.3.23, 2014.11.19, 2017.7.26> ⑤ 개인정보처리자는 제2항 각호의 어느 하나의 경우에 해당하여 개인정보를 목적 외의 용도로 제3자에게 제공하는 경우에는 개인정보를 제공받는 자에게 이용 목적, 이용 방법, 그 밖에 필요한 사항에 대하여 제한을 하거나, 개인정보의 안전성 확보를 위하여 필요한 조치를 마련하도록 요청하여야 한다. 이 경우 요청을 받은 자는 개인정보의 안전성 확보를 위하여 필요한 조치를 하여야 한다.

위적인 정보통신망을 통한 개인정보 침해는 충분히 법적 논란의 소지가 있을 것으로 보인다. 더구나 SNS 등에 일부 공개된 개인정보라고 해도 부분적으로 흩어져 있어서 일반적으로 특정인으로 간주될 수 없는 각종 게시글, 사진, 영상 등을 AI에 의해 다차원 수집, 분석, 여과되어 한 개인에 대한 포괄적인 집약정보로 재탄생하게 될 경우 이에 대한 책임을 누가 져야 하는가의 문제도 존재한다.

예를 들어 인터넷 공간의 특성상 해당 AI를 개발하거나 운용하는 사람 입장에서 전혀 의도하지 않은 개인정보를 자동으로 수집하여 활용하는 경우 형사, 민사적 책임을 해당 개발자, 운용자에게까지 지울 수 있는가의 문제가 바로 그것이다. 현행 법률에서는 개인정보를 무단으로 수집, 활용하는 행위에 대한 제재에 관하여 어디까지나 고의적인 경우에만 처벌한다는 점을 고려한다면 과연 개인정보 침해 등의 행위에 대한 처벌 범위를 전면적으로 재검토하는 소요가 발생할 것으로 보인다.

(2) AI와 의료분야(프로그램에 의한 진단, 처방, 수술 부작용 발생에 대한 책임)

AI는 의료분야에도 큰 파장을 불러올 것으로 보인다. 실제 올림푸스에 따르면[150] 일본의 '구레 의료센터 주고쿠 암센터'와 공동으로 개발한 인공지능 병리진단 지원 소프트웨어가 임상병리사들의 업무부담을 줄이고 진단 정밀도를 향상시킬 것이라고 발표하였는데 사람의 위에서 채취한 검체의 병리 슬라이드 전체를 스캔하여 디지털화한 이미지(whole

---

150 'AI 병리진단 지원 소프트웨어 개발', 청년의사(2018.9.7.)

slide image) 데이터를 토대로 선암과 비선암에 대한 학습 단계를 거친 뒤, 새로운 검체 이미지를 입력하면 소프트웨어가 선암과 비선암을 판별하도록 하는 시스템으로 소프트웨어의 진단 정밀도 목표치는 민감도 100%, 특이도 50%, 즉 선암은 100%의 확률로 선암으로, 비선암은 50%의 확률로 비선암으로 판정하도록 하는 목표달성 위한 최종실험에서 선암은 100%의 확률로, 비선암은 50.7%의 확률로 판별해내 목표치에 근접한 성과를 거두었다고 알려져 있다.

그러나 이는 어디까지나 가능성의 문제이다. 만약 AI에 의한 위와 같은 의료진단이 극히 일부라도 오진이 발생하거나 AI에 의한 수술이나 처방에 있어 불상사가 발생할 경우에 책임을 누가 져야 하는지에 관하여 충분한 대책이 필요하다는 것이다.

예를 들어 현재는 의료법, 형법 등에 의거하여 명백한 담당 의사의 과실이 인정될 경우 해당 의사로 하여금 형사, 민사, 행정책임을 지우면 되는 구조이지만 향후 AI에 의한 오진 등의 경우 기존 시스템과 달리 형사적 책임을 지울만한 법적 장치가 마련되어 있지 않다. 그렇다고 하여 고도의 의료지식과 기술이 집약되어 있는 AI의 판단능력이 명백한 오류에 해당한다는 점을 입증하기란 일반인 입장에서는 거의 불가능에 가깝다.

문제는 이뿐만이 아니다. 현재는 인간의 생명과 신체 보호를 위해 의료인은 국가에서 인정하는 교육과 자격, 인성 등을 통과한 경우에만 허가하고 있으나 AI의 경우 이러한 검증이 이루어지기 어렵고 만약 국가적인 검증체계가 마련되어 해당 검증을 통과한 AI만 의료행위를 할 수 있다고 치더라도 과연 데이터에 기반해 판단을 내리는 AI에 의한 사망 진단이나 연명치료 중단 결정 등의 경우까지 법적으로 허용할지 여부 등도 법적 쟁점으로 부각될 것으로 보인다.

(3) AI와 사법분야(수사·재판 간 자동 증거분석·법리판단 근거 제출 오류 책임)

벌써 법률 분야는 상당한 측면에서 AI가 도입되고 있다. 실제로 국내만 해도 법무부에서 이미 법률상담 서비스를 인공지능으로 제공하고 있는데,[151] 예를 들어 노동상담 관련하여 실업급여를 못 받은 사람을 대신해 "실업급여를 받으려면?"이라고 질문 시 곧장 "징계해고를 당했나요?"라는 반문을 하고 "그렇다."고 하자 "근로자의 중대한 귀책사유로 해고된 경우에는 실업급여의 수급자격을 상실하게 됩니다. 자세한 기준은 고용보험법 제58조 제1호에 기재돼 있습니다." 근거가 되는 법률 명칭과 해당 조항을 콕 집어주는 것처럼 매우 실용적이라고 한다.

이뿐만이 아니다. 대법원은 개인회생과 파산, 전자소송 등에 인공지능을 도입하기 위한 준비를 진행 중이다.[152] 실제, 대법원 법원행정처 전산정보관리국 관계자는 "ISP를 통해 기재부에서 예산을 확보하고 구축에 들어갈 계획"이라며 "개인파산을 신청인 스스로 간편하게 처리할 수 있게 하는 게 목표"라고 밝힌 바 있다. 그리고 2021년 시행을 목표로 '지

---

151 '법무부, AI 법률비서 버비 2세대 버전 사용해보니', 세계일보(2018.3.5.)

152 '개인회생, 파산, 전자소송 등 법률시장에 AI 도입 속도', 디지털타임즈(2018.1.29.)

능형 차세대 전자소송 시스템 구축사업' ISP를 마쳤으며 해당 시스템을 통해 사건 성격에 맞는 소송 제기방법과 서류작성 방법을 지원하는 한편 필요한 제출서류와 소송 예상 종료 시점 등을 안내한다는 계획이라고 한다.

위와 관련하여 이미 미국에서는 2016년 뉴욕에 위치한 대형 로펌 베이커앤드호스 테틀러가 IBM 왓슨 API를 적용한 AI 변호사 '로스(ROSS)'를 도입했는데 초당 10억 장에 달하는 법률문서를 분석해 관련 법 조항과 판례를 몇 초 만에 검색하고 사람과 대화하듯 자연어로 24시간 상담을 해주는 것으로 알려져 있다. 또한 국내에서도 율촌, 태평양 등 대형 로펌 출신 변호사들이 창업한 '헬프미'가 AI를 활용해 지급명령 자동화 서비스, 법인등기, 상속문제 등 서비스를 속속 개발하고 있다고 한다, 물론 아직 범죄 수사와 관련해서는 도입된 사례가 없지만 해당 분야 역시 충분히 변화 가능성이 있다고 판단된다.

그러나 문제는 AI에 의한 수사, 재판, 변호 등의 사법 시스템상 발생하는 오류에 대한 책임소재 여부이다. 예를 들어 범죄 수사를 담당하는 수사기관에서 AI에 의하여 수집된 범죄정보 등을 이용해 특정인을 내사, 압수수색, 입건, 체포, 구속 등 제반 수사절차 과정에서 혐의입증에 필요한 수사기법이나 법리판단 등에 심대한 오류나 편향성 결론이 내려지는 것을 그대로 신뢰하여 수사가 이루어진다면 차후 재판을 통해 무죄가 밝혀진다고 해도 이미 발생한 사법 피해에 대한 책임을 누구에게 지울 수 있는지 여부가 관건일 것이다.

즉, 사람에 의한 사법절차의 경우는 해당 수사관, 검사, 판사 등을 상대로 법적 책임을 따지고 이러한 결과를 바탕으로 재심이나 손해배상 청구 등을 할 수 있겠으나 AI가 내린 결론에 의한 수사와 재판의 경우 법적 책임을 따질 수 있는 상대가 존재하지 않거나 AI의 오류를 기술적으로 밝혀낼 가능성이 매우 낮다는 점을 고려하면 구제절차를 밟을 기회는 더욱 희박해질 수 있고 심지어 한번 내려진 판단이 결론처럼 굳어져 항소심, 상고심 자체가 의미가 없어질 수도 있을 것이다.

(4) AI와 금융분야(주식·외환·신용거래 자동화 오류에 대한 책임)

AI가 활성화되면 가장 빛을 발할만한 또 다른 분야는 바로 금융계이다. 실제 빅데이터를 통해 변화하는 주식 및 외환시장 예측을 통해 손익을 따지거나 일반 금전 신용거래에 있어 고객에게 최적의 금융상품을 추천하는 등 대부분의 업무가 바로 다량의 정보분석이 기반이 되는 시장이 바로 금융 분야라는 점에서 어쩌면 이러한 예상은 당연한 것일 수도 있다.

그런데 문제는 AI가 전혀 예측할 수 없는 미공개 정보가 존재하거나 국가 안보, 재난, 외교적 사태, 사회복지 제도 차원의 문제로 인하여 경제 논리와 무관한 선택이 필요한 경우에 있어서도 과연 AI가 최적의 상담이나 선택을 제공할 것인지 여부이다.

예를 들어, 현행 자본시장법상 각종 제한사항[153]이나 신뢰의 원칙[154]

153 자본시장과 금융투자업에 관한 법률 제54조 (직무 관련 정보의 이용 금지) 금융투자업자
는 직무상 알게 된 정보로서 외부에 공개되지 아니한 정보를 정당한 사유 없이 자기
또는 제삼자의 이익을 위하여 이용하여서는 아니된다. 제50조 (투자권유준칙) ① 금
융투자업자는 투자권유를 함에 있어서 금융투자업자의 임직원이 준수하여야 할 구
체적인 기준 및 절차(이하 "투자권유준칙"이라 한다)를 정하여야 한다. 다만, 파생상품 등
에 대하여는 일반 투자자의 투자 목적·재산 상황 및 투자 경험 등을 고려하여 투자
자 등급별로 차등화된 투자권유준칙을 마련하여야 한다. <개정 2009.2.3> ② 금융
투자업자는 투자권유준칙을 정한 경우 이를 인터넷 홈페이지 등을 이용하여 공시하
여야 한다. 투자권유준칙을 변경한 경우에도 또한 같다. ③ 협회는 투자권유준칙과
관련하여 금융투자업자가 공통으로 사용할 수 있는 표준투자권유준칙을 제정할 수
있다.

154 자본시장과 금융투자업에 관한 법률 제46조 (적합성 원칙 등) ① 금융투자업자는 투자
자가 일반 투자자인지 전문투자자인지의 여부를 확인하여야 한다. ② 금융투자업자
는 일반투자자에게 투자권유를 하기 전에 면담·질문 등을 통하여 일반투자자의 투
자 목적·재산 상황 및 투자 경험 등의 정보를 파악하고, 일반 투자자로부터 서명('전
자서명법」제2조 제2호에 따른 전자서명을 포함한다. 이하 같다), 기명날인, 녹취, 그 밖에 대통
령령으로 정하는 방법으로 확인을 받아 이를 유지·관리하여야 하며, 확인받은 내용
을 투자자에게 지체 없이 제공하여야 한다. ③ 금융투자업자는 일반 투자자에게 투
자권유를 하는 경우에는 일반 투자자의 투자 목적·재산 상황 및 투자 경험 등에 비
추어 그 일반 투자자에게 적합하지 아니하다고 인정되는 투자권유를 하여서는 아니
된다. 제46조의2 (적정성의 원칙 등) ① 금융투자업자는 일반 투자자에게 투자권유를
하지 아니하고 파생상품, 그 밖에 대통령령으로 정하는 금융투자상품(이하 "파생상품
등"이라 한다)을 판매하려는 경우에는 면담·질문 등을 통하여 그 일반 투자자의 투자
목적·재산 상황 및 투자 경험 등의 정보를 파악하여야 한다. ② 금융투자업자는 일
반 투자자의 투자 목적·재산 상황 및 투자 경험 등에 비추어 해당 파생상품 등이 그
일반 투자자에게 적정하지 아니하다고 판단되는 경우에는 대통령령으로 정하는 바
에 따라 그 사실을 알리고, 일반 투자자로부터 서명, 기명날인, 녹취, 그 밖에 대통령
령으로 정하는 방법으로 확인을 받아야 한다. 제47조 (설명의무) ① 금융투자업자는
일반 투자자를 상대로 투자권유를 하는 경우에는 금융투자상품의 내용, 투자에 따
르는 위험, 그 밖에 대통령령으로 정하는 사항을 일반 투자자가 이해할 수 있도록 설
명하여야 한다. ② 금융투자업자는 제1항에 따라 설명한 내용을 일반 투자자가 이해
하였음을 서명, 기명날인, 녹취, 그 밖의 대통령령으로 정하는 방법 중 하나 이상의
방법으로 확인을 받아야 한다. ③ 금융투자업자는 제1항에 따른 설명을 함에 있어서
투자자의 합리적인 투자판단 또는 해당 금융투자상품의 가치에 중대한 영향을 미칠
수 있는 사항(이하 "중요사항"이라 한다)을 거짓 또는 왜곡(불확실한 사항에 대하여 단정적 판
단을 제공하거나 확실하다고 오인하게 할 소지가 있는 내용을 알리는 행위를 말한다)하여 설명하
거나 중요사항을 누락하여서는 아니된다. <개정 2009.2.3>

등에 충실할 것으로 예상되는 AI 입장에서 국가이익이 걸려있는 신용거래나 재정사태 발생 시 국내기업이건 외국기업 등을 구분하여 선택지를 달리 정하거나 특정 금융공시 거래 정보를 취사 선택하여 제공할 리 만무할 것인데 이러한 경우 과연 국가의 이익에 도움이 되는 시스템으로서 역할을 기대할 수 있는가의 문제가 발생할 수 있을 것이다.

더구나 AI 입장에서 수사기관이나 금융조사 당국의 조사나 수사 협조 등을 위해 절차에 위배되는 내부 거래 제공이나 잠재적 비위 혐의자 등을 끌어모으기 위한 부당한 행위를 요구받았을 경우 이를 거부하거나 오히려 진행되는 위험요소로 판단하여 해당 사항을 고객들에게 설명하는 등 예측하지 못한 상황이 발생하게 됨으로써 오히려 금융시장 혼란이 초래되어 억울한 금융 피해자들이 발생할 수도 있다. 물론, 다소 과한 예측일 수도 있으나 이와 같은 경우 과연 AI에게 공무집행방해 등의 혐의를 적용한다거나 오히려 내부 조사 진행 사항이 위험요소라고 간주하여 이를 대외 공개함으로써 주가 폭락 등 사태가 발생하여 금융 피해자들이 발생하는 데 대한 책임을 AI에게 지울 수 있는지에 관하여서도 앞으로 법제도적으로 충분히 검토가 되어야 할 것으로 보인다.

(5) AI와 교통 운송 분야(항공기·선박·자동차·기차 등 무인운행 사고 책임)

항공기, 선박, 기차 등 교통 분야에 있어서 AI가 도입되면 법적으로 가장 크게 바뀔만한 부분에는 어떤 것이 있을까? 아마도 경제적 관점이 아닌 처벌 위주 법리적 차원에서 접근한다고 친다면 안전 관련 법률들이 대폭 폐지될 것으로 보인다.

위와 관련하여 과거 세월호 침몰사고 시 선장과 선원들의 승객에 대한 위험 고지 의무 위반 등이나 대한항공 부사장의 항공운행 방해 등의 혐의 등이 발생할 여지가 거의 없을 것이기 때문이다. 예를 들어 AI가 선장이나 선원이 된다거나 항공기 조종사나 기내원으로서 업무를 수행한다면 승객의 안전과 규정 준수를 최우선으로 선택할 것이기 때문에 절차를 위반한 초과 화물을 탑재한다거나 운행상 음주나 과속, 경로 이탈 또는 위험 행동 등을 용납하지 않을 것이기 때문이다.

사실, 선박안전법[155]이나 항공안전법,[156] 철도안전법[157] 등에서 규율하는 각종 위법행위 제재 조항들을 살펴보면 교통을 방해하거나 위험을 발생시키는 행위들로 모두 사람에 의해 발생 가능한 범죄 유형들이다. 바로 이러한 모든 원천적인 사항들이 AI로 대체된다면 과연 그러한 법률들이 존재할 필요성이 무색해질 것이기 때문에 아마도 폐기될 수도 있을 것으로 보인다.

오히려, 반대로 AI의 정상적인 운행이나 교통 통제 등의 업무수행을 방해하거나 거스르는 탑승객들의 행위를 제재하는 새로운 유형의 행위,

---

155 선박안전법 제1조 (목적) 이 법은 선박의 감항성 (감항성) 유지 및 안전운항에 필요한 사항을 규정함으로써 국민의 생명과 재산을 보호함을 목적으로 한다.

156 항공안전법 제1조 (목적) 이 법은 「국제민간항공협약」 및 같은 협약의 부속서에서 채택된 표준과 권고되는 방식에 따라 항공기, 경량항공기 또는 초경량비행장치가 안전하게 항행하기 위한 방법을 정함으로써 생명과 재산을 보호하고, 항공기술 발전에 이바지함을 목적으로 한다.

157 철도안전법 제1조 (목적) 이 법은 철도안전을 확보하기 위하여 필요한 사항을 규정하고 철도안전 관리체계를 확립함으로써 공공복리의 증진에 이바지함을 목적으로 한다.

즉 전자파 방해나 전산망 침해 및 간섭 등을 제재하는 법률이 신설되는 방향으로 선회할 가능성이 크다고 판단된다.

(6) AI와 무기체계(인공지능에 의한 전차, 무인기, 미사일 운용 간 사고발생 책임)

무인 무기체계 운용은 이미 미국을 비롯한 일부 국가에서 추진 중이며 향후 AI를 이용한 무기체계 개발 역시 도입될 것으로 보인다. 심지어 한국 역시 전장 정보 수집 및 지휘체계 시스템을 AI화 하여 실시간 최적의 지휘체계를 구축하겠다는 입장이니 무기체계에 있어서도 AI의 활약상이 기대된다고 보는 시각이 우세하다.

그런데 문제는 개발은 논외로 하더라도 운용상에 있어서 사고, 오류발생 시 책임 소재이다. 만약 무인 전차를 이용한 훈련 중 AI 오류로 인해 민가 침입 및 사격 등으로 재물파손, 인명손실 등이 발생할 경우 과연 이에 대한 국가배상은 별론으로 하고서 형사적 책임을 누구에게 지워야 할까?

지금까지는 군에서 훈련 간 발생하는 각종 무기체계에 의한 피해사고 발생 시 운용 및 정비 과실 인원들을 대상으로 과실치사상 등의 형사책임을 물어왔으나, 앞으로는 AI에 의하여 운용되는 시스템이 도입 시 시스템 오류에 의한 폐기 절차 외 판단 미흡을 이유로 AI를 처벌할 수는 없기 때문이다. 상황은 이것만이 아니다. 그나마 군내에서 발생하거나 국내적인 사태로 종결되면 그에 상응한 제재와 개선, 보상을 검토해볼 수 있겠으나 이를 벗어나 접경지대에서의 오발 사고, 영해나 영공을 넘어 AI의 판단작동 오류로 공격행위에 준하는 사태 발생 시 외교적, 군사적 위기상황이 초래될 수도 있다.

물론, 위와 같은 상황이 사람에 의하여 초래된다면 당사자를 조사하여 연루자나 책임자를 추궁하여 고의 여부를 따져 처벌함으로써 위기를 벗어날 수도 있겠으나, AI에 의한 경우 시스템 작동 오류인지 여부를 조사하여 검증하는 데만 상당한 시간이 소요될 것이고 더구나 조사 주체의 공정성 문제 등이 불거질 경우 조작 의혹이 불거질 수도 있다. 또한 해킹 등에 의한 AI 오류 발생 시 진실 규명 여부는 미궁에 빠져 그 파급효과는 단순히 법적, 경제적 측면에서 따질 수 없는 상황이 초래될지도 모른다. 따라서 인공지능에 의한 무기체계 개발과 운용의 경우 위기사태 초래를 감안하여 그 한계와 범위를 법제화하되 국제적 차원의 합의 동반이 필요할 것으로 사료된다.

(7) AI와 국정분야(인공지능에 의한 중요 정책 결정 책임)

AI가 중요 정책 결정을 하게 된다면 어떨까? 실제 주요 대기업[158]의 경우를 살펴보면, 먼저 LG 화학은 2016년 빅데이터 및 AI를 활용해 나프타 가격 예측 모델을 개발하는 데 성공했다. 원유와 환율 등 176가지의 변수를 입력하면 최장 8주간의 나프타 가격을 예측할 수 있어서 가격이 가장 낮을 때 나프타를 구매할 수 있게 된 것이다. 이를 통해 연간

---

158 '[AI 열풍] ⑪ 인공지능이 원유 도입 결정… LG화학 등 한 해 수백 원 절감', 아시아타임즈(2018.3.2.)

1%만 구매 비용을 낮춰도 수백 원의 비용을 절감할 수 있게 되었다.

SK 이노베이션도 빅데이터 및 AI로 원유 도입 시기를 결정하고 있다. AI가 빅데이터를 바탕으로 약 5만 개의 변수를 고려해 최적의 원유 도입 시기를 분석하는 것이다. 또한 SK 이노베이션의 울산공장은 빅데이터를 활용해 사고를 예측하는 시스템을 도입됐고, 충남 서산공장의 신규 설비는 원재료 투입부터 제품 검사까지 전 공장이 자동화로 진행되는 스마트 팩토리(Smart Factory) 공정으로 조성된다.

에쓰오일의 경우는 AI, 빅데이터 팀을 신설 운영 중이다. 원유 도입 시기는 물론 공장 설비의 이상 징후까지 사전에 파악하면서 단번에 회사의 핵심 부서로 성장했다. 이 외에 한화토탈은 서산공장을 스마트 공장으로 탈바꿈시키기 300억 원을 투입하여 국내 석유화학기업 최초로 단지 내 무선통신망(P-LTE)을 구축하고, 이를 기반으로 실시간 데이터 전송과 업무 처리가 가능한 방폭형 스마트폰을 도입, 빅데이터, 모바일, 사물인터넷(IoT)을 활용해 모든 상황을 한눈에 모니터링하고 데이터 기반의 의사결정을 가능케 하는 '지능형 공장'을 추진하고 있다.

섬유업계 라이벌인 코오롱과 효성도 자사 공장을 스마트화하는 것에 주력하고 있다. 코오롱 플라스틱은 빅터이터를 활용해 김천공장의 생산성을 기존대비 40% 증가하는 데 성공했고, 효성도 해외 베트남 공장에 스마트 팩토리 공정을 도입하는 등 주요 대기업들이 앞다투어 기업의 중요 정책 결정을 AI에 의존하기 시작했다.

물론, 위와 같이 경영과 경제적 분야에서의 AI 활용은 예측성과 정확성, 속도가 중요하다는 측면에서 매우 효율적이고 생산적이어서 긍정적인 측면이 높은 것이 사실이다.

그러나 국정 분야를 AI에게 맡긴다면 어떨까? 흔히, 국제관계와 정치는 경제와 경영 논리가 통하지 않는 불확실성과 군중심리가 도사리는 분야라고 본다. 즉, 종교적 갈등이나 인종갈등, 민족과 국가 이기주의로 합리적이고 논리적인 선택이 아닐 뿐 아니라 심지어 손실을 넘어 자멸의 결과를 초래함을 알면서도 불구덩이 속으로 날아드는 나방처럼 불합리한 선택을 하게 된다는 것이다.

특히, 국정 분야 중 외교와 국방 등과 같이 국내를 벗어나 국내법만으로 통제가 불가능한 분야는 AI에 의한 관리나 활용이 무의미할 수 있을 것으로 판단된다. 물론, 만약 국제적으로 강력한 통제기구가 신설되어 모든 국가가 예외 없이 국제기구에서 정한 법과 제도를 준수하여야 할 의무가 주어지고 이를 따르지 않을 경우 거부할 수 없는 제재가 부과되어 반드시 따를 수밖에 없는 시스템이 정착된다면 AI가 최적의 선택을 할 수 있는 환경이 조성되었다고 할 수 있을 것이다. 그러나 이는 지금의 국제사회를 고려한다면 요원한 것이 사실이다.

지금까지 살펴본 것처럼 AI는 활용 분야와 범위에 따라 최적의 선택이 가능한 매우 유용한 시스템임은 부인할 수 없는 사실이다. 그러나 이와 달리 책임 소재가 모호해지고 인간적인 측면이 동반되는 불확실한 예측제한 환경에서는 큰 효과를 기대하기 어려운 것도 사실이다.

실제로 맥스 테그마크 미국 MIT 물리학과 교수[159]는 "인공지능(AI) 문명은 우리가 만드는 것이기 때문에 '무슨 일이 일어날까'라고 물어서는 안 된다. 우리 인간은 AI 발전 결과에 커다란 영향을 미칠 수 있다. 따라서 대신 '무엇이 벌어지기를 바라는가'라고 물어야 한다."라고 언급한 적이 있다. 특히 그는 AI를 통한 살상 무기 개발, 빈부 격차 확대 등이 발생하지 않도록 국제적인 연대와 각종 제도 마련이 필요하다고 주장했다. 그리고 "기술이 발달하면 오류나 해킹 가능성이 커지고, 이는 우리에게 해를 끼치게 된다"며 "한국 정부는 기술 등과 같은 AI 관련 교육 투자뿐 아니라 AI 안전과 관련한 투자도 해야 한다"고 말한 바 있다.

다시 말해서 AI를 개발하는 데만 치중할 것이 아니라 AI의 부작용 등도 함께 고려하면서 바람직한 방향으로 개발, 활용이 될 수 있도록 적극적인 통제 방향을 선정하여 추진해나가야 한다는 것이다.

앞서 언급했던 몇 가지 AI와 관련된 사회 각 분야 적용 및 부작용 우려 사항들 역시 위의 테그 마크 교수가 언급한 점을 고려하여 충분한 사회적 고민이 필요할 것으로 보인다.

---

159 "'AI로 '무슨 일이 일어날까' 아닌 '무엇을 바라는가' 먼저 물어야'", 문화일보(2018.8.17.)

드론 운용 간
각종 법적 문제는 없을까?

근래에 들어 전 세계적으로 드론에 대한 활용 방안에 관한 논의가 한창이다. 기본적인 배달부터 위험지역 촬영 등에 이르기까지 상업적인 분야만이 아니라 군의 무기체계에서도 그 가능성을 높게 보고 연구 중으로 점차 소요가 증가할 것으로 판단된다. 그럼에도 불구하고 아직 드론 도입 및 운용 관련 발생할 수 있는 각종 법률적 문제점에 관하여서는 충분한 연구가 이루어지지 않고 있어서 향후 다양한 법리적 쟁점이 예상된다. 이에 이번 장에서는 드론의 분야별 도입에 따른 예상되는 법적 문제에 관하여 검토하고자 한다.

20-1. 국내에서의 다양한 드론의 활용

충남 천안시에 따르면 드론을 이용한 농업 기술 발전이 한창[160]이다. 실제로 천안시 농업기술 센터는 농업용 드론으로 볍씨를 뿌리는 작업을 시연하였는데 기존 이앙기를 이용한 모내기의 경우 1ha(헥타르·1ha는 1만 ㎡)당 1시간 이상이 걸리지만 드론을 이용할 경우 30분 내외로 작업이 가능할 뿐 아니라 작업시간도 30% 이상 줄일 수 있어 인력 부족 및 고령화에 따른 일손 부족 문제를 해결할 수 있을 것으로 기대하고 있다.

이뿐 아니다. 육군의 경우 국방과학연구소와 연계하여 드론을 이용하여 비무장지대에 설치된 지뢰를 탐지하고 제거하는 무인지뢰 제거체계를 개발 중이다.[161] 즉, 드론이 DMZ 지뢰지대의 1m 상공을 날면서 장착된 금속탐지기로 묻혀 있는 지점을 찾아내면 GPS 장비로 해당 지점의 좌표를 자동으로 지도에 표시하고 이후, 드론에 탑재한 '기화폭탄(FAE)'을 지뢰지대로 떨어뜨려 지뢰를 제거하는 방식으로 알려져 있다.

그리고 경찰의 경우 긴급한 경우 사건, 범죄 예상 우려 지역에 대한 내부 확인을 위해 영장을 발부받기 어려운 제한사항 극복을 위해 드론

---

160 "드론으로 벼농사한다?", 어린이동아(2018.5.22.)

161 "드론으로 DMZ 지뢰제거 시대 온다", 연합뉴스(2018.9.8.)

으로 촬영을 한다거나 도로교통 위반 사범 단속 및 추적 등에 있어서 드론을 적극적으로 활용할 수 있는 방안을 연구 중이다.[162]

---

162 "가정집 넘나들어도 문제없는 드론 수사", OBS 경인 TV(2017.6.14)

20-2. 외국의 경우 드론 이용 범위

먼저 일본의 경우 드론을 이용한 산업시장 및 서비스 규모가 갈수록 증가하고 있다. 실제로 서비스 증대금액은 2015년 112억 엔에서 2018년 462억 엔으로 4배가량 증가하였고 2022년엔 1,406억 엔까지 늘어날 것으로 전망하고 있다고 한다.[163] 그리고 운용 분야도 농약 살포, 토지 측량, 건설 현장에서 공중 촬영에서부터 인명구조 현장까지 매우 다양한 것으로 알려졌다.

물론 미국과 유럽 등지에서는 이미 드론이 상용화되어 각종 배달서비스에서 드론이 실생활 속에서 자리 잡은 지 오래되었고 주요 방송 촬영의 경우 거의 드론에 의존하고 있는 실정이다.

---

[163] "일본에서 새로 주목받는 직업, 드론 조종사", 보안뉴스 미디어(2018.8.2.)

20-3. 드론의 법리적 운용 한계와 개선 촉구

그런데 드론의 국내 이용에 있어서 법리적인 문제가 적지 않은 것이 현실이다. 실제로 고층 아파트 베란다에서 날아다니는 개인 운용 드론으로 인해 112에 신고 접수되는 민원이 적지 않고 드론 간 충돌로 인해 주변 사람들의 파편 부상 위협 등을 우려하는 목소리도 적지 않다.

그 이유는 현재 항공안전법 및 시행규칙상[164] 드론의 경우 대부분 무인비행 장치에 해당되고 시행령[165]에 따라 무인동력 비행 장치 중에서

---

[164] 항공안전법 시행규칙[2018.6.27. 개정] 제5조(초경량비행장치의 기준) 5. 무인비행장치: 사람이 탑승하지 아니하는 것으로서 다음 각 목의 비행장치 가. 무인동력비행장치: 연료의 중량을 제외한 자체중량이 150킬로그램 이하인 무인비행기, 무인헬리콥터 또는 무인멀티콥터

[165] 항공안전법 시행령[2018.6.19. 개정] 제24조 (신고를 필요로 하지 아니하는 초경량비행장치의 범위)
법 제122조제1항 단서에서 "대통령령으로 정하는 초경량비행장치"란 다음 각호의 어느 하나에 해당하는 것으로서 「항공사업법」에 따른 항공기대여업·항공레저스포츠사업 또는 초경량비행장치사용사업에 사용되지 아니하는 것을 말한다. 1. 행글라이더, 패러글라이더 등 동력을 이용하지 아니하는 비행장치 2. 계류식(계류식) 기구류(사람이 탑승하는 것은 제외한다) 3. 계류식 무인비행장치 4. 낙하산류 5. 무인동력비행장치 중에서 연료의 무게를 제외한 자체무게(배터리 무게를 포함한다)가 12킬로그램 이하인 것 6. 무인비행선 중에서 연료의 무게를 제외한 자체무게가 12킬로그램 이하이고, 길이가 7미터 이하인 것 7. 연구기관 등이 시험·조사·연구 또는 개발을 위하여 제작한 초경량비행장치 8. 제작자 등이 판매를 목적으로 제작하였으나 판매되지 아니한 것으로서 비행에 사용되지 아니하는 초경량비행장치 9. 군사목적으로 사용되는 초경량비행장치

연료의 무게를 제외한 자체무게(배터리 무게 포함)가 12kg 이하, 길이가 7 미터 이하인 경우 사전에 신고나 등록 의무가 없어 항공안전법에서 정하고 있는 각종 안전준수 의무 적용 대상이 아니기 때문이다. 이에 따라 음주 상태에서 드론을 비행하거나 이 과정에서 각종 사고가 발생한다고 해도 항공안전법에서 정하는 제재나 형사적 처벌 적용 대상으로 보기가 쉽지 않고 단순히 재물손괴나 과실치사상만이 적용될 수 있을 뿐이어서 법리적 사각지대로 방치되고 있는 실정이다.

이뿐만 아니다. 경찰수사연수원 이동규 교수에 따르면[166] 드론을 이용하여 타인의 주거 내부를 촬영하거나 드론이 담을 넘어 남의 집에 들어간 경우라고 해도 고정 CCTV 등의 경우에만 한정하여 개인정보 보호법[167]이 적용될 뿐이어서 특정 신체 부위 등의 촬영이 아니라면 불법 촬영을 이유로 형사처벌을 하기 어렵고 주거침입 역시 해당되지 않아 심각한 사생활 침해가 우려될 것으로 보인다.

더구나 해당 드론 비행이 실외가 아닌 백화점 등과 같은 실내에서 이루어진다면 아예 적용할 법률 근거조차 없어 업무방해 등을 이유로 한 퇴거 조치나 신고 외에 할 수 있는 방안이 없다.

또한 형사적 제재 외에 사고 발생에 따른 손해배상이나 보험 등 민사

---

166 "드론사용의 증가와 법적문제", 내일신문(2017.1.26.)

167 개인정보 보호법[2017.7.26. 개정] 제2조(정의) 7. "영상정보처리기기"란 일정한 공간에 지속적으로 설치되어 사람 또는 사물의 영상 등을 촬영하거나 이를 유·무선망을 통하여 전송하는 장치로서 대통령령으로 정하는 장치를 말한다.

적 분야에서도 불법행위 책임을 어디까지 할 것인지, 보험적용 범위를 얼마나 산정할 것인지 등의 여부도 연구가 되지 않고 있는 실정이다. 실제, 국내 6개 보험사들의 경우 드론 배상 보험의 경우 보상한도액이 대인의 경우 1.5억 원에서 3억 원, 대물배상의 경우 0.2억 원에서 1억 원까지 기준이 각각 상이하여 피해자 입장에서는 사고를 유발한 드론 운행자가 어떠한 보험에 가입하였는가에 따라 배상을 받을 수 있는 범위가 천차만별인 문제가 발생하고 있다.[168]

따라서 향후 다양한 분야에서 이용이 증가할 드론에 관하여 현재의 항공안전법 등에 적시된 한계를 충분히 검토하여 별도의 안전기준 마련이 시급하고 민사적인 분야에서도 피해 발생에 따른 통일된 배상기준이 필요할 것으로 보인다.

---

[168] "보험연, 드론보험 활성화, 구체적 기준마련 시급", 디지털타임즈(2018.6.17.)

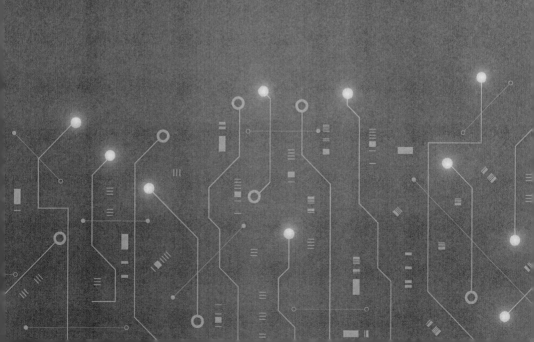

21

디지털 포렌식의
활용범위와 신동향

21-1. 딥페이크 범죄 디지털 포렌식[169]

국민적 공분을 불러일으킨 N번방 사건 등 최근 논란이 되었던 다수 디지털 성범죄의 경우 일명 딥페이크(Deep fake) 기술(딥페이크는 AI를 이용해 원본과 구별이 어려운 파일을 제작하는 기술)이 악용된 것이다.

문제는 위와 같은 딥페이크 기술을 사용했다면 수사기관은 영상이나 사진의 위조, 변조 등의 여부를 검증해야 하는데 딥페이크의 검증이 가능한 기술 중 하나가 바로 디지털 포렌식(Digital forensic)이다.

그런데 마이크로소프트가 '허위 콘텐츠' 구별을 위해 연구해 온 2가지 신기술을 공개했다. 첫째는 사진과 영상 속에서 조작, 합성 여부를 식별하는 MVA(Microsoft Video Authenticator)고, 둘째는 진짜 콘텐츠임을 증명하는 인증 기술이다.[170]

먼저, MVA는 사진이나 영상을 분석한 후 조작 가능성을 알려 준다. 동영상의 경우 각 프레임을 분석하면서 실시간으로 허위 가능성을 판별한다. 사람의 눈으로 감지할 수 없는 딥페이크(Deep fake), 미묘한 페이딩

---

169 '데일리안, 딥페이크 범죄 디지털 포렌식으로 판별…KDFT 한국 디지털 포렌식 기술 표준원㈜ 첨단 포렌식 솔루션 주목', 데일리안(2020.8.31.)

170 '조작된 사진과 영상을 AI로 판별… MS, 딥 페이크 식별 기술 공개', CIO(2020.9.3.)

(fading), 그레이 스케일 요소 등이 혼합된 경계를 감지하는 방식으로 작동한다.

해당 기술은 마이크로소프트 연구소(Microsoft Research)의 인공지능 연구팀(Responsible AI)과 AETHER(Microsoft AI, Ethics and Effects in Engineering and Research)의 협력으로 개발되었고 페이스 포렌식(Face Forensic ++)의 공개 데이터 세트를 사용했으며, 딥페이크 탐지 데이터베이스(Deep Fake Detection Challenge Dataset)에서 검증하였다.

정본을 증명하는 기술은 2가지 요소로 구성되는데, 우선 마이크로소프트 애저(Microsoft Azure)에 내장된 도구를 활용해 제작자가 콘텐츠에 디지털 해시와 인증서를 추가할 수 있도록 해 주는 것인데 추가된 해시와 인증서는 온라인에서 이동되고 전달될 때, 메타데이터 형태로 유지되면서 진짜임을 증명한다.

다음은 위와 같이 해시와 인증서가 포함된 콘텐츠를 읽거나 볼 수 있는 리더(reader)로, 인증서를 확인하고 해시와 일치하는지 확인하여 변경, 진위 여부를 확인할 수 있다.

21-2. 코로나19와 디지털 포렌식의 활용[171]

한때, 광화문 집회로 대거 확산된 코로나19에 대한 수사가 급속도로 진행되도록 지원한 기술이 주목을 받은 적이 있다. 실제로 당시 집회 인솔자가 참석자 명단을 삭제했지만 경찰이 휴대전화, PC 등에 대한 디지털 포렌식(Digital Forensics) 작업을 통해 이를 복원하였기 때문이다.

당시 경찰은 디지털 포렌식을 통해 삭제 데이터를 복구하거나 숨김 파일을 찾아내거나 네트워크 포렌식을 이용해 IP를 추적하거나 이메일을 분석해 증거를 확보하였으며 시스템 포렌식으로 윈도즈, 리눅스 등 컴퓨터 운영체제 등을 분석 및 모바일 포렌식을 이용하여 애플리케이션 사용 확인, 통화 내역 및 시간·메시지·사진 등의 정보를 입수하고 분석하였다.

물론, 이 과정에서 텔레그램 이용 내역 등을 통한 디지털 포렌식 작업으로 증거를 확보하고 혐의를 입증하는 데 도움을 받은 것으로 알려졌다.

만약 디지털 포렌식이 없었다면 허위 명단 제출이나 명단 임의 삭제 등으로 인하여 코로나19 확산을 차단하기 위한 감염 우려자들에 대한

---

171 '명탐정 디지털 포렌식, 광화문 집회 참석 명단까지 밝혔다', 국민일보(2020.8.29)

조기 격리는 어려웠을 것이라는 점에서 디지털 포렌식이 단지 사실을 확인하고 검증하는 역할만이 아니라 피해 예방과 국가적 재난 방지에도 기여할 수 있을 것이라는 가능성을 보여 주었다고 하겠다.

이와 같이 디지털 환경은 디지털 포렌식의 수요를 꾸준히 늘릴 것으로 전망된다. 특히 향후 사이버범죄 증가, 국내 법률시장 개방 등에 따라 포렌식 시장이 급증할 것으로 보인다.

21-3. 노동과 선거범죄 등
공안사건에 대한 핵심 역할[172][173]

고용노동부가 산업 현장에서의 노동법 위반 여부를 확인하는 근로감독 행정 종합 개선 방안을 발표한 적이 있는데, 해당 개선방안은 빅데이터 분석을 통해 노동법 위반 가능성이 큰 사업장을 걸러내어 효율적인 근로감독을 한다는 내용을 담고 있다.

즉, 근로감독 자료를 지역, 업종, 사업장 규모, 위반 유형 등의 기준으로 분석하여 위법 가능성이 상당한 사업장을 감독 대상으로 선정하여 근로감독 역량의 낭비를 막겠다는 것이다.

특히 이 과정에서 컴퓨터, 스마트폰, 폐쇄회로(CCTV) 등의 디지털 자료를 복구하고 분석하는 과학적 수사 기법인 '디지털 포렌식'도 근로감독에 적극적으로 활용할 방침이고 디지털 증거분석팀을 지방고용노동청에 설치할 예정이다.

이때, 디지털 포렌식을 효과적으로 활용하기 위해 분석 소프트웨어를

---

172 '빅데이터·디지털 포렌식 활용해 노동법 위반 적발한다', 연합뉴스(2019.9.10)
173 '사이버선거범죄 단속하는 디지털 포렌식 전문요원들', 뉴스1(2020.3.19)

보강하고 관련 규정도 마련하는 등 진술에 의존하여 분란과 논란만 야기해 왔던 노동법 위반 사건을 증거에 의하여 명확한 처리로 분쟁을 조기에 잠재우고 이는 노동시장의 안정화에 기여할 수 있을 것으로 보인다.

또한, 선거사건에서도 디지털 포렌식은 활발하게 사용된다. 과거 총선을 한 달여 앞둔 시점에서 선거관리위원회 사이버공정선거지원단실은 디지털 포렌식 전문요원들을 활용하여 선거 관련 SNS 모니터링 및 사이버선거범죄 집중 단속을 실시하였다.

특히 코로나19 영향으로 대면 접촉 선거운동 대신 온라인 비대면 선거운동이 증가함에 따라 SNS 등 사이버 공간에서의 허위사실 공표, 후보자 비방, 특정지역·성별비하·모욕행위, 불법 선거 여론 조사 결과 공표 등 온라인 선거범죄에 대한 단속활동을 하는 데 디지털 포렌식의 효과를 입증하였다.

21-4. 보이스피싱 근절을 위한 최후의 보루 '디지털 포렌식'[174]

보이스피싱 등 범죄 연루에 대한 국민적인 피해가 해가 갈수록 증가하면서 국민을 대상으로 보이스피싱의 근절을 위한 수단으로 디지털 포렌식이 적지 않은 기여를 하고 있다.

실제로 경찰과 금융당국에 따르면 보이스피싱에 의한 연간 피해액은 2017년 2,470억 원, 2018년 4,040억 원, 2019년 6,398억 원으로 증가 추세를 보이고 있다.

특히 보이스피싱 수법은 점차 교묘해지고 있는데, 가족을 사칭한 뒤 휴대전화가 손상되어 카톡으로만 연락할 수 있다며 수리비에 해당하는 금액을 요구하거나 지역상품권 사용 방법이라며 악성 애플리케이션 설치와 연동되는 인터넷 주소(URL) 클릭을 유도하는 문자메시지를 보내기도 한다.

그리고 이러한 범죄 과정에서 억울하게 보이스피싱에 연루된 경우, 혐

---

[174] '보이스피싱 범죄…'KDFT 한국 디지털 포렌식 기술표준원' 대처방안 제시', 머니투데이(2020.8.26)

의와 관련되어 범죄 의사가 없었음을 입증하는 등의 소요도 발생하는데 해당 범죄 핵심 인원들은 사건과 관련된 대화 내용을 삭제하여 입증이 어려운 경우가 많고 중요한 증거 역시 삭제되어 추적도 어렵다.

이에 디지털 포렌식을 통해 보이스피싱 조직원과 나눈 대화 내용을 분석하고, 위변조가 일어나지 않았다는 것을 밝혀 자신의 무혐의를 입증할 수 있으며 범죄자 추적도 가능하다.

21-5. 기업 실사 및 기술유출 대응에도 디지털 포렌식 활용[175][176]

과거 대규모 환매 중단 사태를 발생시킨 옵티머스 자산운용에 대한 실사 과정에서 디지털 포렌식팀이 투입된 적이 있다.

당시 실사단은 옵티머스 운용 임직원들이 아무도 잔류하고 있지 않은 상황이라서 관련 자료의 확보가 어렵다는 점을 극복하기 위하여 포렌식 작업을 활용한 것으로 알려졌다.

실제 금융당국과 금융투자업계에 따르면 삼일회계법인은 옵티머스운용의 관리인으로 선임된 금융감독원, 펀드 판매사인 NH투자증권과 협의 아래 실사에 착수하였는데 이는 옵티머스 운용 측 임직원이 '0명'인 상황이라 자료를 요청하거나 인터뷰할 대상 선정이 불가능하다는 점을 고려한 조치였다.

디지털 포렌식을 이용하여 데이터가 담긴 각종 저장 매체 등에 남아 있는 정보를 복원하고 분석하는 작업을 한 것으로 보아 삼일회계법인은

---

175 '옵티머스 직원 '0명'에 실사단 난감…포렌식 조사 도입할 듯', SBS뉴스(2020.7.9.)

176 "내부직원 기술유출 조기대응"…'디지털 포렌식' 분석비 시범지원, 아시아경제 (2020.7.15.)

자체 포렌식 조직을 갖추고 있어 비용 가중 측면에서도 다소 자유로운 편으로 알려졌다.

또한, 실사단은 포렌식 등을 활용해 얻은 자료들을 분석해 환매가 중단된 펀드의 자산 존재 여부와 회수 가능성을 평가하는데 펀드 자산을 A·B·C 등급으로 나눠 모두 회수할 수 있는 자산, 일부만 회수할 수 있는 자산, 전혀 회수할 수 없는 자산 등으로 나누고 이를 바탕으로 예상 손실액을 확정함으로써 투자자들의 분쟁 조정 절차에도 활용한 것으로 알려져 디지털 포렌식이 단순히 범죄수사 외에 기업 경영에도 적극 활용될 수 있음을 보여 준 대표적인 사례라고 하겠다.

이뿐만이 아니다. 기업 기술유출 사건에서도 디지털 포렌식은 적극적으로 활용되는데, 중소벤처기업부에 따르면 퇴직 직원이나 내부 직원에 의해 기술유출이 의심되는 중소기업이 신속한 증거 확보를 할 수 있도록 '디지털 포렌식 분석' 지원 시범사업을 추진한 점이 대표적이다.

특히 중소기업의 기술유출 사고는 상당 부분 퇴직자나 내부 직원에 의한 것으로 '중소기업 기술보호 통합 상담센터'에 접수된 법률위반 인정 사건 중 54%가 퇴직자나 내부 직원에 의한 것으로 확인되기도 하였다.

그러나 기술유출 사고가 발생해도 해당 기업은 전문 지식 부재와 보안 관리체계의 미흡으로 대응이 어려운 실정이었는데, 특히 기술유출은 대부분 디지털 기기로 인해 발생하여 증거 확보를 위해 이에 대한 전문적인 조사 수단으로서 디지털 포렌식 분석이 절실했던 것이 현실이었다.

또한, 디지털 포렌식을 통해 기술유출 피해 후속 조치를 효과적으로 진행할 수 있는데 중기부는 기술유출 발생에 따른 고소 및 고발, 손해배상청구, 조정과 중재 등 조치시 디지털 포렌식을 활용할 계획이다.

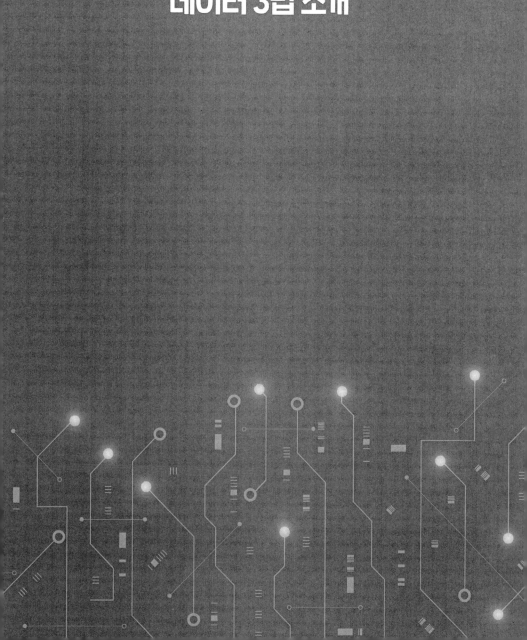

22

데이터 3법 소개

22-1. 데이터 3법에 대한 소개

'데이터 3법'이란 국가적 차원에서 빅데이터 산업의 육성 등을 목적으로 각종 규제를 가하고 있는 법률들을 개정한 것을 의미하며, 해당 법률들은 각각 「개인정보 보호법」, 「정보통신망 이용촉진 및 정보보호 등에 관한 법률」, 「신용정보의 이용 및 보호에 관한 법률」이다.

위 각 개정 법률들은 해당 법률 소관 부처가 분할되어 있어 발생하는 중복 규제들을 삭제함으로써 4차 산업혁명 시대에 개인 및 기업이 기존보다 용이하게 정보를 활용할 수 있게 하자는 취지에서 시작되었다.

이러한 데이터 관련 법률들은 2018년 11월경 국회에 발의된 후에 2020년 1월 9일 본회의에서 의결되었다.

위 법률들의 핵심은 결국 특정 개인을 식별할 수 없도록 안전하게 처리된 가명정보의 개념[177]을 도입하는 것으로, 가명정보를 활용하면 개인정보를 통해 신기술 등을 개발할 수 있어 기업에 도움이 되며 개인정보

---

[177] 개인정보 보호법 제28조의2(가명정보의 처리 등) ① 개인정보처리자는 통계작성, 과학적 연구, 공익적 기록보존 등을 위하여 정보주체의 동의 없이 가명정보를 처리할 수 있다. ② 개인정보처리자는 제1항에 따라 가명정보를 제3자에게 제공하는 경우에는 특정 개인을 알아보기 위하여 사용될 수 있는 정보를 포함해서는 아니 된다. [본조신설 2020.2.4.] [시행일 2020.8.5.]

암호화나 가명 처리 등 안전조치 마련에도 효과적이다.

　그리고 가명정보는 추가적 정보 결합 없이는 특정 개인을 알아볼 수 없도록 조치한 정보로, 원칙상 개인정보에 속해 활용하려면 동의가 필요하지만 통계작성이나 연구, 공익 기록보존을 위해서는 예외적으로 활용이 가능하다.

22-2. 법률 개정 세부내용

먼저 「개인정보 보호법」으로 개인정보를 가명정보, 익명정보로 구분하여 추가적 정보 결합이 없이는 특정 개인을 알아볼 수 없도록 안전하게 처리된 정보 개념을 도입하였다.

이때, 가명정보는 동의가 없더라도 통계작성, 과학연구, 공익적 기록보존 등의 목적으로 처리할 수 있고 서로 다른 기업에서 보유하고 있는 가명정보를 보안시설을 갖춘 전문기관을 통하여 결합할 수 있게 하였다.[178]

그리고 가명정보를 처리하거나 결합할 때 특정 개인을 알아볼 수 있도록 하는 행위를 금지하고 안전장치 및 통제 수단을 마련[179]하여야 하

---

[178] 개인정보 보호법 제28조의3(가명정보의 결합 제한) ① 제28조의2에도 불구하고 통계작성, 과학적 연구, 공익적 기록보존 등을 위한 서로 다른 개인정보처리자 간의 가명정보의 결합은 보호위원회 또는 관계 중앙행정기관의 장이 지정하는 전문기관이 수행한다. ② 결합을 수행한 기관 외부로 결합된 정보를 반출하려는 개인정보처리자는 가명정보 또는 제58조의2에 해당하는 정보로 처리한 뒤 전문기관의 장의 승인을 받아야 한다. ③ 제1항에 따른 결합 절차와 방법, 전문기관의 지정과 지정 취소 기준·절차, 관리·감독, 제2항에 따른 반출 및 승인 기준·절차 등 필요한 사항은 대통령령으로 정한다.

[179] 개인정보 보호법 제28조의4(가명정보에 대한 안전조치의무 등) ① 개인정보처리자는 가명정보를 처리하는 경우에는 원래의 상태로 복원하기 위한 추가 정보를 별도로 분리하여 보관·관리하는 등 해당 정보가 분실·도난·유출·위조·변조 또는 훼손되지 않도록 대통령령으로 정하는 바에 따라 안전성 확보에 필요한 기술적·관리적 및 물리적 조치를 하여야 한다. ② 개인정보처리자는 가명정보를 처리하고자 하는 경우에

며 이를 위반할 경우 형사처벌과 과징금 등의 벌칙을 부과할 수 있다.

다음으로 「정보통신망 이용촉진 및 정보보호 등에 관한 법률」로, 본 법률에서 규정된 개인정보 보호에 관한 내용을 개인정보 보호법으로 이관시키고 온라인 이용자들의 개인정보 보호 관련 규제 및 감독의 주체를 방송통신위원회에서 개인정보보호위원회로 변경하였다.[180]

마지막으로 신용정보의 이용 및 보호에 관한 법률로 금융사, 카드사, 보험사 등에 보관된 각종 빅데이터를 분석하고 활용하여 금융 상품을 개발하고 또 다른 분야와의 융합을 함으로써 추가적인 부가가치를 창출[181]하도록 하였다.

는 가명정보의 처리 목적, 제3자 제공 시 제공받는 자 등 가명정보의 처리 내용을 관리하기 위하여 대통령령으로 정하는 사항에 대한 관련 기록을 작성하여 보관하여야 한다.

180 정보통신망 이용촉진 및 정보보호 등에 관한 법률 제4조(정보통신망 이용촉진 및 정보보호등에 관한 시책의 마련) ① 과학기술정보통신부장관 또는 방송통신위원회는 정보통신망의 이용촉진 및 안정적 관리·운영과 이용자 보호 등(이하 "정보통신망 이용촉진 및 정보보호등"이라 한다)을 통하여 정보사회의 기반을 조성하기 위한 시책을 마련하여야 한다.[개정 2011.3.29 제10465호(개인정보 보호법), 2013.3.23 제11690호(정부조직법), 2017.7.26 제14839호(정부조직법), 2020.2.4.] [시행일 2020.8.5.] 6. 삭제 [2020.2.4.] [시행일 2020.8.5.] 6의2. 삭제 [2020.2.4.] [시행일 2020.8.5.]

181 신용정보의 이용 및 보호에 관한 법률 제15조(수집 및 처리의 원칙) ① 신용정보회사, 본인신용정보관리회사, 채권추심회사, 신용정보집중기관 및 신용정보제공·이용자(이하 "신용정보회사등"이라 한다)는 신용정보를 수집하고 이를 처리할 수 있다. 이 경우 이 법 또는 정관으로 정한 업무 범위에서 수집 및 처리의 목적을 명확히 하여야 하며, 이 법 및 「개인정보 보호법」 제3조제1항 및 제2항에 따라 그 목적 달성에 필요한 최소한의 범위에서 합리적이고 공정한 수단을 사용하여 신용정보를 수집 및 처리하여야 한다. [개정 2020.2.4.] [시행일 2020.8.5.] ② 신용정보회사등이 개인신용정보를 수집하는 때에는 해당 신용정보주체의 동의를 받아야 한다. 다만, 다음 각 호의 어느 하나에 해당하는 경우에는 그러하지 아니하다. [개정 2020.2.4] [시행일 2020.8.5.] 1. 「개인

그리고 금융 분야의 개인정보 보호를 더욱 강화하기 위하여 회사 등 개인의 신용정보 유출사고 발생시 징벌적 손해배상액을 3~5배로 확대 하였다.

22-3. 법률 개정에 따른 영향

　물론 위와 같이 개정된 3개의 법률은 장단점이 존재한다. 먼저 개인정보의 주체인 당사자의 동의는 물론 열람, 삭제요구, 정보이전 및 정보유출 시 통지받을 권리 등이 인정되지 못하게 되어 오히려 개인적 측면에서는 자신들의 개인정보가 오남용된다고 해도 이를 제대로 알 수 없다는 위험성이 있다.

　그리고 가명정보라고 안전조치를 한다고 해도 해당 정보가 다른 다차원적인 정보들과 합해지고 걸러지게 되면 결국 특정 개인을 식별할 수 있는 수준이 될 수 있어서 이에 대한 안전조치의 한계가 어디까지인가에 대한 논란 역시 존재한다.

　즉, 가명정보라는 미명하에 해당 정보가 오남용 시 이러한 정보가 대외 유출되어 보이스피싱 범죄에 악용될 소지가 있으며 유사한 특성을 가진 사람 또는 가명과 동명이인이 그러한 정보로 인해 명예훼손, 사생활 오인 등 예상치 못한 피해가 발생할 수 있다는 주장도 있다.

　반면, 개방된 대량의 정보를 이용하여 신기술 개발과 4차 산업혁명에 부합한 상품 개발 등 가치의 극대화가 가능하고 인공지능과 연계하여 맞춤형 금융서비스 및 데이터와 관련된 새로운 일자리 창출이 가능하다는 주장도 있다.

가상화폐 특정금융정보법 개정

23-1. 가상화폐(암호화폐)에 대한 특정금융거래법 개정 소개

2020년, 「특정 금융거래정보의 보고 및 이용 등에 관한 법률」(본 법률은 외국환거래 등 금융거래를 이용한 각종 자금세탁 행위와 공중협박 자금조달 등 행위를 규제하는 데 필요한 특정금융거래 정보의 보고 및 이용 등에 관한 사항을 규정한 법률임)이 개정되었는데 해당 법률 개정으로 인하여 기존 가상화폐 자산 사업자는 이제 공식적으로 사업을 국가에 신고하게 되었다.

특히 본 법률 개정은 가상화폐182(Virtual Currency, 일명 암호화폐)와 관련하여 국제자금세탁방지 기구가 채택하고 있는 암호화폐 규제 기준 권고안을 상당 부분 수용했다는 특징을 지니고 있다. 가상화폐 거래소 신고제 도입이나 거래소(사업소)에 자금세탁방지 관련 각종 의무사항을 부과하는 등의 내용이 그것이다.

---

182 가상화폐는 온라인으로만 거래하는 전자화폐의 일종이다. 여기서 전자화폐란, 금전적인 가치를 전자정보로 저장하여 사용하는 결제 수단으로, 정보를 담는 방식에 따라 IC 카드형과 네트워크형으로 구분하는데 그중에서 네트워크형 전자화폐를 가상화폐(Virtual Currency)라고 한다. 단, 실물이 없고 가상환경에서만 통용되며 주로 비트코인 등의 암호화폐를 통칭하는 용어로 사용하지만 엄밀하게 따지면 암호화폐보다 폭넓은 개념이다.

가상화폐와 암호화폐

가상화폐와 암호화폐가 정확하게 같은 의미는 아니다. 먼저, 가상화폐는 실물 없이 거래가 가능한 결제수단을 포함하는 것으로 암호화폐를 포함하는 개념이다.

이에 비하여 암호화폐(Cryptocurrency)란 보안 목적으로 특정한 암호를 활용하여 화폐를 발행하고 거래하는 가상화폐의 일종이다. 즉, 암호화폐는 가상화폐의 하위 개념이다.

23-2. 가상화폐 관련
개정 특정금융정보법 세부내용

개정된 법률에 대한 각종 세부적인 내용들을 살펴보면 가상화폐(암호화폐) 거래소가 영업을 하기 위해서는 FIU(Korea Financial Intelligence Unit, 금융정보분석원)[183]에 신고를 해야 하며[184] 별도의 정보보호 관리체계 인증을 획득하여야 한다.

만약 위와 같은 절차를 준수하지 않고 미신고 거래소 운영 시 5년 이하의 징역이나 5천만 원 이하의 벌금형 등 형사처벌 대상이 된다.[185]

---

[183] 범죄단체 자금세탁, 각종 기업들의 불법 비자금 등 조성, 탈세와 외화의 불법 밀반출 등 비정상적 자금의 흐름을 파악하고 이러한 현상을 차단하기 위하여 전반적 자금 거래 흐름에 대한 분석과 이에 상응하는 조치를 담당하며, 은행 등 금융회사로부터 자금세탁과 관련한 혐의가 포착되면 정보를 수집하여 분석한 후 범죄혐의가 확인되면 수사기관에 제공하는 역할을 수행한다. 지난 2001년 9월에 자금세탁 방지와 관련된 법안이 국회 본회의에서 의결되었고 2001년 11월 특정금융거래보고법 시행령이 대통령령으로 공포되어 재정경제부 소속기관으로 설립되었다. 이에 따라 은행 등 금융회사들은 2,000만원 이상 금융거래 중에 자금세탁 혐의가 의심되는 경우에는 금융정보분석원에 보고하도록 의무화되었다. 또한 2008년 금융위원회 소속으로 이관되면서 공중협박자금 조달금지 영역까지 업무가 확대되었다.

[184] 특정 금융거래정보의 보고 및 이용 등에 관한 법률(일부개정 2020.05.19.) 제7조(신고) ① 가상자산사업자(이를 운영하려는 자를 포함한다. 이하 이 조에서 같다)는 대통령령으로 정하는 바에 따라 다음 각 호의 사항을 금융정보분석원장에게 신고하여야 한다. 1. 상호 및 대표자의 성명 2. 사업장의 소재지, 연락처 등 대통령령으로 정하는 사항.

[185] 특정 금융거래정보의 보고 및 이용 등에 관한 법률(일부개정 2020.05.19.) 제17조(벌칙) ① 제7조제1항을 위반하여 신고를 하지 아니하고 가상자산거래를 영업으로 한 자(거

또한, 기존에 대형 가상화폐 거래소에만 임시로 실명계좌를 발급해 주던 것을 개선하기 위해 실명확인 계좌 발급 조건을 완화하여 국회, 금융위원회, 은행 등이 협의하여 지정할 수 있도록 하였다.[186]

그리고 ISMS(Information Security Management System, 정보보호 관리체계)[187] 인증 의무의 경우에 인증 실패 후 재취득을 위한 조건에 있어 현실의 실상을 감안하여(일반적으로 ISMS 인증 발급 소요는 수개월에서 1년 정도가 요구됨) 일정한 유예기간을 두기로 하였다.

짓이나 그 밖의 부정한 방법으로 신고를 하고 가상자산거래를 영업으로 한 자를 포함한다)는 5년 이하의 징역 또는 5천만원 이하의 벌금에 처한다. [신설 2020.3.24.] [시행일 2021.3.25.]

186 특정 금융거래정보의 보고 및 이용 등에 관한 법률(일부개정 2020.05.19.) 제7조(신고) ⑨ 금융회사등이 제3항제2호에 따른 실명확인이 가능한 입출금 계정을 개시하는 기준, 조건 및 절차에 관하여 필요한 사항은 대통령령으로 정한다.

187 정보, 통신 서비스 제공자가 정보 통신망의 안정성과 신뢰성을 확보함으로써 해당 정보 자산들의 기밀성, 무결성, 가용성을 실현하기 위한 관리적, 기술적인 수단과 절차와 과정을 체계적으로 관리, 운용하는 체계를 의미한다. 지난 2010년부터 각급 행정 기관은 정보 보호 관리 시스템 인증(ISO/IEC 27001)을 의무적으로 받아야 한다.

N번방 방지법 개정
관련 소개

24-1. N번방 방지법(성범죄 예방) 개정 내용 소개

국회는 지난 2020년 4월 29일 본회의에서 'n번방 사건 방지법'으로 불리는 「성폭력범죄의 처벌 등에 관한 특례법」, 「형법」, 「아동-청소년의 성보호에 관한 법률」, 「범죄수익은닉의 규제 및 처벌 등에 관한 법률」 개정안을 의결했다.

이러한 배경에는 바로 N번방 사건이 있었는데, 해당 사건은 2018년도 하반기부터 2020년 3월 사이에 텔레그램, 디스코드, 라인 등의 메신저 앱을 악용하여 이루어졌다. 성착취물을 불법으로 유포하는 등의 범죄로 최초 피해 여성들을 속여 유인한 후 얼굴이 나오는 나체 사진 등을 전송받고 이를 이용하여 협박 및 성착취물을 촬영하게 하여 유포한 사건이다.

당시 이러한 문제가 국민적 공분을 사게 되었고 국민청원[188]이 등장하게 되자 국회는 최초 2020년 3월 5일 'N번방 청원'을 반영한 성폭력처벌법 개정안을 처리했지만 미흡한 대책이라는 비난이 폭주하자 각종 관련 법률 개정안들을 발의하여 최종 의결되었다.

---

188 국민청원은 대략 5가지 정도의 내용이 제기되었는데, 대부분이 범죄를 저지른 '박사' 와 해당 대화방에 참여한 참여자들의 신상을 공개하고 강력하게 처벌해 달라는 내용들이다. 그리고 대한민국의 처벌이 과도하게 약하므로 재차 이러한 범죄가 일어나지 않게 하려면 엄벌해야 한다는 내용들이다.

24-2. 개정 성범죄 처벌 관련 법률 개정내용에 대한 세부내용

1. 「성폭력범죄의 처벌 등에 관한 특례법」 개정내용

먼저, 성폭력범죄의 처벌 등에 관한 특례법 개정내용으로 불법적으로 제작한 성적 착취물의 경우 해당 촬영물을 소지, 구입, 저장, 시청한 사람도 처벌을 하도록(3년 이하의 징역이나 3천만 원 이하의 벌금) 함으로써 구매수요 자체 차단을 목적으로 하였다.[189]

또한, 본인이 직접 촬영한 영상물이라고 하더라도 다른 사람이 본인 의사에 반하여 해당 촬영물을 유포하게 되면 형사처벌토록 하고 형량을 상향 조정(7년 이하의 징역 또는 5천만 원 이하 벌금형)케 하였다.[190]

---

189 성폭력범죄의 처벌 등에 관한 특례법 제14조(카메라 등을 이용한 촬영) ④ 제1항 또는 제2항의 촬영물 또는 복제물을 소지·구입·저장 또는 시청한 자는 3년 이하의 징역 또는 3천만원 이하의 벌금에 처한다. [신설 2020.5.19.]

190 성폭력범죄의 처벌 등에 관한 특례법 제14조(카메라 등을 이용한 촬영) ② 제1항에 따른 촬영물 또는 복제물(복제물의 복제물을 포함한다. 이하 이 조에서 같다)을 반포·판매·임대·제공 또는 공공연하게 전시·상영(이하 "반포등"이라 한다)한 자 또는 제1항의 촬영이 촬영 당시에는 촬영대상자의 의사에 반하지 아니한 경우(자신의 신체를 직접 촬영한 경우를 포함한다)에도 사후에 그 촬영물 또는 복제물을 촬영대상자의 의사에 반하여 반포 등을 한 자는 7년 이하의 징역 또는 5천만원 이하의 벌금에 처한다. [개정 2018.12.18., 2020.5.19.]

이뿐만 아니라 일명 딥페이크 촬영물(합성물)을 대상자의 의사에 반하여 성적 욕망이나 수치심을 유발할 수 있는 형태로 가공한 경우도 엄벌(5년 이하의 징역이나 5천만 원 이하 벌금형)에 저하도록 하였다.[191]

특히 성적 수치심을 일으킬 수 있는 촬영물을 이용하여 협박하거나 강요한 사람에게는 각각 1년 이상, 3년 이상의 징역형을 부과하는 처벌 내용이 신설되었다.[192]

2. 「형법」 개정내용

기존 형법상의 미성년자 의제 강간 연령 기준을 만 13살 미만에 그쳤던 것을 기존 내용에 추가하여 13세 이상에서 16세 미만인 사람에 대하여 19세 이상의 자가 간음, 추행을 한 경우에도 의제 강간 등으로 간주하도록 개정하게 되었다.[193]

---

191 성폭력범죄의 처벌 등에 관한 특례법 제14조의2(허위영상물 등의 반포등) ① 반포등을 할 목적으로 사람의 얼굴·신체 또는 음성을 대상으로 한 촬영물·영상물 또는 음성물(이하 이 조에서 "영상물등"이라 한다)을 영상물등의 대상자의 의사에 반하여 성적 욕망 또는 수치심을 유발할 수 있는 형태로 편집·합성 또는 가공(이하 이 조에서 "편집등"이라 한다)한 자는 5년 이하의 징역 또는 5천만원 이하의 벌금에 처한다.

192 성폭력범죄의 처벌 등에 관한 특례법 제14조의3(촬영물 등을 이용한 협박·강요) ① 성적 욕망 또는 수치심을 유발할 수 있는 촬영물 또는 복제물(복제물의 복제물을 포함한다)을 이용하여 사람을 협박한 자는 1년 이상의 유기징역에 처한다. ② 제1항에 따른 협박으로 사람의 권리행사를 방해하거나 의무 없는 일을 하게 한 자는 3년 이상의 유기징역에 처한다.

193 형법 제305조(미성년자에 대한 간음, 추행) ① 13세 미만의 사람에 대하여 간음 또는 추행을 한 자는 제297조, 제297조의2, 제298조, 제301조 또는 제301조의2의 예에 의한다. [개정 1995.12.29., 2012.12.18., 2020.5.19.] ② 13세 이상 16세 미만의 사람에 대하여 간음 또는 추행을 한 19세 이상의 자는 제297조, 제297조의2, 제298조, 제301조 또는 제301조의2의 예에 의한다. [신설 2020.5.19.]

특히, 강간이나 유사강간, 준강간 등의 경우에 있어서 해당 범죄를 범할 목적으로 예비하거나 음모한 경우에도 3년 이하의 징역에 처할 수 있도록 함으로써 처벌대상을 확정하였다.[194]

3. 아동청소년 성보호법 개정내용

우선, 성매매 대상이 된 아동·청소년을 '피해자'로 명시하고 아동·청소년을 대상으로 한 성폭력 범죄뿐만이 아니라 성매매 등의 단순 성범죄를 저지른 사람도 신상 공개 대상으로 규율하였다.[195]

---

[194] 형법 제305조의3(예비, 음모) 제297조, 제297조의2, 제299조(준강간죄에 한정한다), 제301조(강간 등 상해죄에 한정한다) 및 제305조의 죄를 범할 목적으로 예비 또는 음모한 사람은 3년 이하의 징역에 처한다.

[195] 아동·청소년의 성보호에 관한 법률 제38조(성매매 피해아동·청소년에 대한 조치 등) ① 「성매매알선 등 행위의 처벌에 관한 법률」 제21조제1항에도 불구하고 제13조제1항의 죄의 상대방이 된 아동·청소년에 대하여는 보호를 위하여 처벌하지 아니한다. [개정 2020.5.19.] [시행일 2020.11.20.]

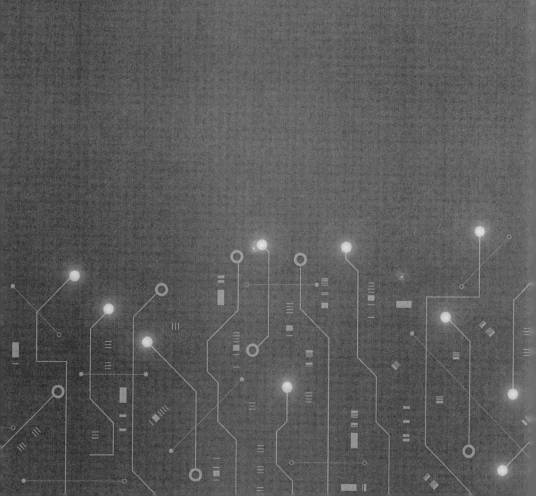

정밀 위치정보
일반화 소개

25-1. 스마트폰 등 위치정보 정밀화[196]

국토교통부는 기존 측량용으로 사용해왔던 ㎝ 단위 정밀 위치정보를 일반 위치정보 서비스에서 활용할 수 있도록 하는 SSR(상태공간보정, State Space Representation) 위치정보[197]를 제공하기로 하였는데, 이는 위치정보를 결정하는 과정에서 발생하는 각종 오차 보정 정보를 위성궤도, 해당 시각, 대기층 마찰 등의 각종 오차 요인별 구분을 통하여 제공하는 방식으로 기존 OSR(관측공간정보, Observation Space Representation)[198]에서 제한적이었던 스마트폰 등에서도 ㎝ 수준의 정밀한 위치 결정이 가능하게 된다.

사실 기존에는 위와 같은 정밀한 위치정보를 활용하기 위해서는 고가의 측량용 기기를 이용해야 했으므로 일반 사용자를 대상으로 하는 민간 위치기반 서비스에는 활용하기가 다소 어렵다는 한계가 있었다.

---

196 국토교통부 국토지리정보원 국토측량과 보도자료(2020.9.18.) "스마트폰 등에서 cm급 위치결정이 가능한 GNSS보정정보 제공" 참조.

197 위치보정정보는 GPS 등 위성항법시스템(GNSS)을 이용하는 위성측위에서 정확도를 높이기 위하여 사용하는 부가 정보로서 국토지리정보원이 2007년부터 온라인을 통해 실시간으로 위치보정정보(OSR·관측공간보정) 서비스를 무상 제공 중이다.

198 OSR(Observation Space Representation, 관측공간보정) 방식인 기존의 서비스는 연간 150만 명 이상의 사용자가 이용하고 있으며, 3~5cm 수준의 정확도로 측위가 가능하다.

특히 국토교통부 산하 국토지리정보원에 따르면 SSR 기반의 서비스를 민간분야 서비스에서 사용하도록 하기 위하여 스마트폰 앱(APP) 형태 SSR 보정정보 기술 개발 진행 중으로, 2021년 중으로 일반 스마트폰 등에서 SSR 보정정보를 활용하여 1m 수준 이내의 정확도로 위치를 결정토록 할 수 있다고 예상하고 있다.

또한, 더 나아가 2022년부터 개인 스마트폰에서 20~30㎝ 수준까지 정확한 위치를 활용할 수 있도록 기술 개발 추진 예정이다.

25-2. 정밀 위치정보 활용에 따른
법적 분쟁 양상

위와 같은 정밀한 위치정보 서비스가 활성화될 경우 전송되는 데이터 양이 작아서 일반 방송 등 단방향의 형태로 보정정보를 제공할 수 있게 되기 때문에 드론이나 자율주행 자동차 등 각종 이동체의 위치 안정성과 정확도를 제고할 수 있는 장점을 적극적으로 이용할 수 있게 된다.

SSR 보정정보 서비스가 시작되면, 어떤 것들이 달라질까요?

서비스 동시 이용자수 제한이 없어져요

비싼 장비가 없어도 누구나 쉽게 이용할 수 있어요

스마트폰 위치 정확도가 좋아져요

자율주행차, 드론 등 전국민이 활용 가능해요

출처: 국토지리정보원 보도자료(2020.9.18.), 'cm급 위치결정 정보제공'

다시 말해서 자율주행 자동차 등을 운행하는 과정에서 정밀한 위치 정보로 인하여 오차 발생률이 낮아지게 됨으로써 사고 가능성이 줄어

들어 법적 마찰 소요가 줄어들게 되고 과실 여부에 대한 책임 소재 역시 적은 오차로 인해 이전보다 명확해질 것으로 보인다.

또한 각종 대량 유통 및 배달, 이송 등 운송계약에 있어서 착오에 의한 손해 발생 가능성이 낮아지게 되어 민사상 법적 분쟁 소요가 적을 것으로 판단되고 설사 결과적으로 어느 일방에 손해가 발생한다고 해도 오차 범위가 현저하게 작아짐으로써 과실 상계 등 책임 산정에 대한 판단 역시 보다 정확해질 것이다.

지식재산권 관련
법령 개정 등

26-1. 상표권 침해에 대한 징벌적 손해배상제도 신설[199]

기존에는 존재하지 않았던 상표권 침해행위에 대하여 징벌적 손해배상제도 신설에 따라 특정인이 타인의 상표권을 고의적으로 침해 시 해당 행위에 따라 발생한 손해의 최대 3배까지 배상하도록 관련 법령을 신설하였다.

그리고 위와 같은 배상액을 감안할 때 그 범위를 상표권 침해행위로 인하여 상표권자, 전용 사용권자가 입게 된 피해의 규모, 침해한 자가 취득한 경제 이익, 침해의 기간과 횟수, 피해의 구제를 위한 노력, 손해의 우려를 인식한 수준, 침해에 따른 벌금처분 등 침해자의 각종 사정과 상표권 특성에 맞추어 침해로 인해 해당 상표의 식별력이나 명성이 손상된 정도를 종합적으로 고려하도록 하였다.

사실 재산권과 관련한 이와 같은 징벌적 손해배상제도 도입은 이미 2019년 특허권, 영업비밀 침해에 대하여 먼저 신설된 후 상표권과 디자인, 아이디어 침해까지도 확대한 것으로 지식 재산권 보호 범위를 더욱 크게 확장한 것이라고 하겠다.

---

199 「상표법」 제110조 제7항, 제8항 신설.

특히, 기존에 「특허법」에서 특허침해에 대해 징벌적 손해배상을 도입하는 법률 개정내용이 2019년 7월 9일, 시행 후 2020년 9월 24일, 상표권과 디자인권 및 아이디어 탈취에 대해서도 관련 법률인 「상표법」, 「디자인보호법」, 「부정경쟁방지 및 영업비밀보호에 관한 법률」 개정안이 통과되었고 이러한 개정 법률들이 2021년 4월부터 시행되므로 주의하여야 하겠다.

이와 별도로 「특허법」 역시도 기존 형사처벌 대상인 특허권 침해죄를 상대의 고소가 있어야 기소가 가능한 친고죄에서 상대의 고소 없이도 수사, 기소가 가능한 반의사불벌죄로 변경되었다는 점에서 경각심이 요망되는데 이에 관해서는 추가로 설명하고자 한다.

26-2. 특허침해의 공소요건 변경[200]

본래 기존의 「특허법」[201]에서는 특허권 또는 전용 실시권을 침해한 사람에 대해 7년 이하의 징역 또는 1억 원 이하의 벌금형에 처하도록 하되 이러한 범죄에 대하여서는 고소가 없으면 공소를 제기할 수 없도록 친고죄로 규정하였다.

이에 대하여 더불어민주당 이장섭 의원 등은 특허청이 특별사법경찰관 직무범위를 상표권 침해죄에서 특허권 침해죄까지 확대하여 기술 보호를 위한 노력을 하고 있음에도 특허권 침해죄는 친고죄에 해당하여 피해자의 고소가 없거나 고소 기간이 6개월로 제한되어 있어 제재를 위한 실효성 있는 수단이 되지 못하고 있다는 지적이 제기되고 있다는 비판을 수용하였다.

그리고 2020년 7월 6일에 의안번호 2101476에 따라 「특허법」 일부개정 법률안을 발의하였고 친고죄로 규정된 특허권 또는 전용실시권 침해 범죄를 피해자가 기소를 원하지 않는다는 의사를 확실히 표명할

---

200 「특허법」 제225조 제2항 개정.

201 舊 「특허법」 제225조(침해죄) ① 특허권 또는 전용실시권을 침해한 자는 7년 이하의 징역 또는 1억원 이하의 벌금에 처한다. ② 제1항의 죄는 고소가 없으면 공소(公訴)를 제기할 수 없다.

경우에만 기소를 하지 않도록 하는 반의사불벌죄로 개정토록 하였고 2020년 9월 24일에 이러한 개정안이 국회 본회의를 통과하였다.

또한 이와 같이 특허권 침해죄가 반의사불벌죄로 변경됨으로써 피해자인 특허권자나 전용실시권자의 고소가 없다거나 「형사소송법」 제230조 제1항에서 규정하는 고소 제한 기간인 6개월이 도과하더라도 수사기관에서 수사 후 공소를 제기할 수 있게 됨으로써 특허권자 보호가 강화되었고 다수의 민사상 소송으로 종결되었던 특허권 등 침해 행위에 대하여 국가가 적극적으로 개입하게 되었다고 하겠다.

디지털 이용자보호 대리인 제도

27-1. 디지털 이용자보호 대리인 제도 소개

디지털 이용자보호 대리인 제도는 2018년 8월 30일 국회 산하의 과학기술정보방송통신위원회 소속이었던 노웅래 위원장이 대안으로 접수·제출한 「정보통신망 이용촉진 및 정보보호 등에 관한 법률」 일부개정 법률이 국회 본회의에처 의결됨으로써 확정되었다.

본래 위 법률 개정안은 국회 산하 과학기술정보방송통신위원회 소속 정보통신방송법안심사소위원회에서 박대출 당시 자유한국당(현 국민의 힘) 의원이 대표발의한 법안을 대안으로 법안소위에서 가결되었던 것이다.

사실 이와 같은 법률 개정안이 제출되고 통과된 이유는 그동안 국내의 미디어와 플랫폼 시장을 점유하고 있던 외국 기업들(구글, 페이스북 등)과 국내 디지털 업체 사이의 공정한 경쟁 구도가 형성되지 못했기에 외국 사업자들은 기존의 인터넷망 사용료 무임승차, 개인정보 유출 등으로 국내의 법규 제한 사각지대에 방치되면서 각종 범죄가 만연하고 국내 기업들이 역차별을 받아 왔기 때문이다.

다행히 위 개정안 통과로 국내에 주소나 영업소가 부재한 외국의 정보통신서비스 제공자 중 특정 기준을 충족하는 사업자는 국내 개인정보 보호를 위한 대리인을 지정해야 하며 해당 지정 대리인은 국내에서

CEO, CSO 등의 역할을 맡게 된다. 그리고 이들에 의하여 외국 업체들의 개인정보 보호 위반, 불공정 운용, 소비자 불만 민원 등이 접수될 때 조치를 하게 된다.

또한, 과거에는 해외 기업들에 대해 민감했던 개인정보 보호 위반 등의 문제도 국내에서 조사하거나 처벌하기가 쉽지 않았으나 이제는 국내 이용자의 개인정보 보호 처리가 강화되어 운영된다. 즉, 해외 기업이 본국에서뿐 아니라 국내 등 제3국으로 개인정보를 이전할 경우에도 동일한 동의 절차를 거쳐야 하며 위법사항에 대하여 국내 수사기관이 대리인을 통하여 자료요구, 조사 등의 절차를 진행할 수 있게 된다.

27-2. 법률 세부 내용 소개와 한계 지적[202]

먼저 「정보통신망법」[203]에 따르면 국내에 주소 또는 영업소가 없는 정보통신서비스 제공자 등으로서 이용자 수, 매출액 등을 고려하여 대통령령으로 정하는 기준에 해당하는 자는 개인정보 보호책임자의 업무, 통지·신고 및 소명, 관계 물품·서류 등의 제출 등을 대리하는 자를 서면으로 지정하여야 한다.

그리고 과학기술정보통신부장관 또는 방송통신위원회는 본 법률에 위반되는 사항을 발견하거나 혐의가 있음을 알게 된 경우, 법률의 위반에 대한 신고를 받거나 민원이 접수된 경우, 이용자 정보의 안전성과 신

---

202 국회부의장 김상희 보도자료 참조(2020.10.23).

203 정보통신망 이용촉진 및 정보보호 등에 관한 법률 제32조의5(국내대리인의 지정) ① 국내에 주소 또는 영업소가 없는 정보통신서비스 제공자등으로서 이용자 수, 매출액 등을 고려하여 대통령령으로 정하는 기준에 해당하는 자는 다음 각 호의 사항을 대리하는 자(이하 "국내대리인"이라 한다)를 서면으로 지정하여야 한다. 1. 제27조에 따른 개인정보 보호책임자의 업무 2. 제27조의3제1항에 따른 통지·신고 및 같은 조 제3항에 따른 소명 3. 제64조제1항에 따른 관계 물품·서류 등의 제출 제64조(자료의 제출 등) ① 과학기술정보통신부장관 또는 방송통신위원회는 다음 각 호의 어느 하나에 해당하는 경우에는 정보통신서비스 제공자(국내대리인을 포함한다. 이하 이 조에서 같다)에게 관계 물품·서류 등을 제출하게 할 수 있다. 1. 이 법에 위반되는 사항을 발견하거나 혐의가 있음을 알게 된 경우 2. 이 법의 위반에 대한 신고를 받거나 민원이 접수된 경우 2의2. 이용자 정보의 안전성과 신뢰성 확보를 현저히 해치는 사건·사고 등이 발생하였거나 발생할 가능성이 있는 경우 3. 그 밖에 이용자 보호를 위하여 필요한 경우로서 대통령령으로 정하는 경우.

뢰성 확보를 현저히 해치는 사건·사고 등이 발생하였거나 발생할 가능성이 있는 경우, 그 밖에 이용자 보호를 위하여 필요한 경우로써 대통령령으로 정하는 경우에는 정보통신서비스 제공자에게 관계 물품·서류 등을 제출하게 할 수 있도록 규정하고 있다.

추가로 「전기통신사업법」[204] 역시 개정되어 2020년 12월 10일부터 국내에 주소 또는 영업소가 없는 부가통신사업자로서 법률에서 규정한 기준에 해당하는 자는 이용자 보호 업무, 자료제출 명령의 이행을 대리하는 자를 서면으로 지정하도록 하고 있다.

그럼에도 불구하고 한계 역시 지적되고 있다. 실제로 국회부의장이 2020년 국정감사에서 지적한 내용에 따르면 개인정보 보호와 디지털성범죄 적발의 협조 등 이용자 보호를 위하여 신설하였던 구글 등 해외사업자에 대한 '대리인 제도'가 제대로 작동하지 않고 있는 것으로 드러났다고 한다.

즉, 정보통신망법상 국내대리인 지정(2019. 3. 19. 시행)에 대하여 이용자 보호 업무 관련 자료제출 요구 및 시정조치 진행내역상 방통위가 법률 시행 후 2020년 10월 기준, 1년 6개월간 국내 대리인에게 자료 및 시정조치를 한 건도 요구하지 않은 것으로 나타난 것이다.

---

204 전기통신사업법 제22조의8(국내대리인의 지정) ① 국내에 주소 또는 영업소가 없는 부가통신사업자로서 제22조의7에서 정한 기준에 해당하는 자는 다음 각 호의 사항을 대리하는 자(이하 "국내대리인"이라 한다)를 서면으로 지정하여야 한다. [본조신설 2020. 6. 9., 2020. 12. 10. 시행] 1. 제32조제1항에 따른 이용자 보호 업무 2. 제32조제2항 후단에 따른 자료제출명령의 이행.

추가로 국내 대리인이 관계 물품과 서류를 제출한 횟수 역시도 전무한 것으로 확인되어 사실상 국내대리인 제도가 유명무실한 상태인 것으로 니다있다.

그럼에도 불구하고 정보통신망법상 국내 대리인제도가 시행된 2019년 이후 방송통신심의위원회에 따르면 외국 업체에서 운영하는 인터넷망을 포함하여 디지털 성범죄 관련 적발건수가 2019년 25,992건, 2020년(8월 기준) 24,694건으로 2년간 50,686건에 달하는 것으로 확인된 것에 대해 당시 국회부의장은 "디지털 성범죄로 인한 이용자 피해가 계속되고 있음에도 관련 제도를 활용하지 못했다는 것은 주무부처인 방통위가 해외기업들로부터 국내 이용자를 보호하겠다는 의지 자체가 없는 것은 아닌지 심각히 의심스럽다."라고 지적하기도 하였다.

인공지능 윤리
가이드라인 소개

28-1. AI(인공지능) 윤리 가이드라인
제정 배경

본래 인공지능 윤리 가이드라인은 지난 2019년 유럽연합(EU)에서 미국과 중국에 뒤쳐져 있는 것으로 평가받는 인공지능(AI) 분야 발전을 도모하기 위한 대책의 일환으로 제정한 것이다.

당시 유럽연합(EU)의 행정부급인 집행위원회는 인공지능(AI) 기술이 활용하는 회원국의 소속 국민에 대한 각종 데이터가 각종 범죄 등에 악용되지 않도록 하기 위하여 인공지능(AI) 연구, 개발 활성화 차원에서 제정을 추진하였다.

특히 본 인공지능 윤리 가이드라인 제정에 대하여 유럽연합(EU) 집행위의 부위원장은 인공지능(AI) 윤리 가이드라인은 신뢰할 수 있는 인간 중심의 인공지능(AI) 분야에서 유럽이 세계의 리더가 되도록 경쟁력을 확보하고자 하는 '윈윈(win-win)' 제안이라고 주장한 바 있다.

위와 같이 유럽연합(EU) 집행위는 별도의 독립적인 전문가 계층을 구성해 7개 항의 핵심적인 인공지능(AI) 윤리 가이드라인을 마련하게 되었고 해당 가이드라인 내용에는 유럽연합(EU) 회원국 국민에 대한 각 데이터가 그들을 해치거나 차별하는 데 악용되지 않는 것을 보장하고, 인공지능(AI) 시스템과 그 알고리즘의 오류나 불일치를 안전하고 신뢰할 수 있도록 처리하도록 책임성을 요구하는 내용 등을 담고 있다.

28-2. 가이드라인 세부 내용

앞서 설명한 인공지능 윤리 가이드라인에는 인간의 통제 가능성과 안정성, 개인정보 보호, 투명성, 다양성, 비차별성과 공정성, 지속 가능성, 책임성을 보장하는 내용이 반영되어 있다.

그리고 위 가이드라인에 의하면 인공지능(AI)은 인간의 자율성을 보장해야 하는데 구체적으로 인간이 인공지능(AI)에 의해 통제되거나 조작되어서는 안 되고 인간은 소프트웨어가 내리는 모든 결정에 개입할 수 있어야 한다.

추가로 인공지능(AI)은 기술적으로 안전하고 정확해야 하는데 해킹과 같은 외부의 공격에 대해 안전하고 보호가 가능해야 하며 충분하게 신뢰가 가능한 체계를 구축해야 한다.

또한 인공지능(AI)이 수집한 인간의 각 개인정보는 안전하게 보관되어야만 하며 인공지능(AI) 시스템을 제작하는 데 사용된 알고리즘과 데이터는 모든 사람이 이해하고 설명할 수 있어야 한다.

이외에도 인공지능(AI)은 사람을 연령, 성별, 인종 등으로 차별하지 않아야 하며 지속 가능해야 하고 외부의 감시가 가능해야 한다.

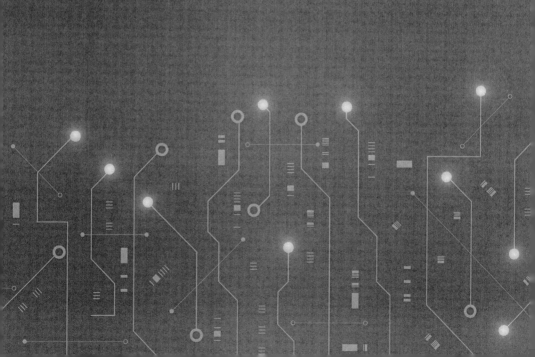

29

디지털 교도소
논란 소개

29-1. 디지털 교도소 등장

디지털 교도소는 공식적인 기관이 아닌 개인에 의하여 운영되었던 인터넷 사이트이며 운영자 등에 의하여 특정 개인 정보가 임의로 탑재되거나 공개되는 등 개인정보를 불법으로 유포하는 사이트로 알려져 있다.

사실 사이트 등장 초반에는 운영자의 주장에 따라 성범죄, 강력범죄자들에 대하여 법적으로 상응한 처벌이 이루어지지 않는다는 이유로 그들의 개인 정보를 유포함으로써 평생 심적인 부담을 가지고 살아가도록 한다는 취지였다.

실제로 해당 사이트는 위법하게 개인정보를 유포하는 등 불법적인 행태에 대하여 사회적인 비판이 거세게 일어났음에도 불구하고 일부 호응에 힘입어 지속적으로 운영되기도 하였다.

그러나 디지털 교도소에서 임의로 공개해 오던 특정 개인의 정보가 사실과 다른 인원인 사실이 밝혀지고 억울하게 범죄자로 지목된 피해자가 극단적인 선택을 하는 등 부작용이 심각해지자 대대적인 수사기관의 개입이 이루어지게 되어 결국 운영자가 검거되기에 이른다.

그리고 언론에 알려진 내용에 따르면 해당 운영자는 사이트 개설 목적 등이 공공의 이익을 위해서라기보다는 자신의 범죄를 위해 악용하고 이 과정에서 실제 강력 범죄자가 아니라도 본인에게 비협조적인 개인들의 신상을 유포하는 등 불이익을 주고 추가로 강력 범죄자들의 신상을 임의로 공개함으로써 사법적으로 충분히 상응한 처벌이 이루어지지 않는 것을 본인들이 대신 해결해 주고 있다고 주장하는 등 사법불신을 조장하기도 하였다.

29-2. 디지털 교도소 운영의 법적 문제

디지털 교도소 운영의 법적 문제로는 먼저 「개인정보 보호법」 위반 소지가 다분하다는 점이다. 실제로 「개인정보 보호법」에서는 정당한 권한이 없이 또는 허용된 권한을 초과하여 다른 사람의 개인정보를 유출하는 행위에 대해 5년 이하의 징역 또는 5천만 원 이하의 벌금에 처하도록 규정하고 있다.[205]

다음으로 명예훼손(형법, 정보통신망법 등)에 해당한다는 점을 들 수 있다. 실제로 형법에서는 공연히 사실을 적시하여 사람의 명예를 훼손한 자는 2년 이하의 징역이나 금고 또는 500만 원 이하의 벌금에 처하며 허위의 사실을 적시하여 사람의 명예를 훼손한 경우는 5년 이하의 징역, 10년 이하의 자격정지 또는 1천만 원 이하의 벌금에 처하도록 규정한다.[206]

---

205 개인정보 보호법 제59조(금지행위) 개인정보를 처리하거나 처리하였던 자는 다음 각 호의 어느 하나에 해당하는 행위를 하여서는 아니 된다. 1. 거짓이나 그 밖의 부정한 수단이나 방법으로 개인정보를 취득하거나 처리에 관한 동의를 받는 행위 2. 업무상 알게 된 개인정보를 누설하거나 권한 없이 다른 사람이 이용하도록 제공하는 행위 3. 정당한 권한 없이 또는 허용된 권한을 초과하여 다른 사람의 개인정보를 훼손, 멸실, 변경, 위조 또는 유출하는 행위 제71조(벌칙) 다음 각 호의 어느 하나에 해당하는 자는 5년 이하의 징역 또는 5천만원 이하의 벌금에 처한다.

206 형법 제307조(명예훼손) ① 공연히 사실을 적시하여 사람의 명예를 훼손한 자는 2년 이하의 징역이나 금고 또는 500만원 이하의 벌금에 처한다. ② 공연히 허위의 사실

추가로 「정보통신망 이용촉진 및 정보보호 등에 관한 법률」에서도 사람을 비방할 목적으로 정보통신망을 통하여 공공연하게 사실을 드러내어 다른 사람의 명예를 훼손한 자는 3년 이하의 징역 또는 3천만 원 이하의 벌금에 처하도록 하며 거짓의 사실을 드러내어 다른 사람의 명예를 훼손한 자는 7년 이하의 징역, 10년 이하의 자격정지 또는 5천만 원 이하의 벌금에 처하도록 한다. 물론 본 법률상 위반 행위는 피해자가 구체적으로 밝힌 의사에 반하여 공소를 제기할 수 없다.

그리고 특정 범죄의 경우이기는 하지만 「성폭력 처벌 등에 관한 특례법」 위반 등에 해당할 수도 있다. 즉, 성폭력 범죄의 경우 누구라도 피해자의 주소, 성명, 나이, 직업, 학교, 용모, 그 밖에 피해자를 특정하여 파악할 수 있는 인적사항이나 사진 등을 피해자의 동의를 받지 아니하고 신문 등 인쇄물에 싣거나 정보통신망을 통하여 공개하여서는 안 되며 이를 위반한 경우 5년 이하의 징역 또는 5천만 원 이하의 벌금에 처한다.[207]

을 적시하여 사람의 명예를 훼손한 자는 5년 이하의 징역, 10년 이하의 자격정지 또는 1천만원 이하의 벌금에 처한다. 정보통신망 이용촉진 및 정보보호 등에 관한 법률 제70조(벌칙) ① 사람을 비방할 목적으로 정보통신망을 통하여 공공연하게 사실을 드러내어 다른 사람의 명예를 훼손한 자는 3년 이하의 징역 또는 3천만원 이하의 벌금에 처한다. ② 사람을 비방할 목적으로 정보통신망을 통하여 공공연하게 거짓의 사실을 드러내어 다른 사람의 명예를 훼손한 자는 7년 이하의 징역, 10년 이하의 자격정지 또는 5천만원 이하의 벌금에 처한다. ③ 제1항과 제2항의 죄는 피해자가 구체적으로 밝힌 의사에 반하여 공소를 제기할 수 없다.

207 성폭력처벌 등에 관한 특례법 제24조(피해자의 신원과 사생활 비밀 누설 금지) ① 성폭력 범죄의 수사 또는 재판을 담당하거나 이에 관여하는 공무원 또는 그 직에 있었던 사람은 피해자의 주소, 성명, 나이, 직업, 학교, 용모, 그 밖에 피해자를 특정하여 파악할 수 있게 하는 인적사항과 사진 등 또는 그 피해자의 사생활에 관한 비밀을 공개하거나 다른 사람에게 누설하여서는 아니 된다. ② 누구든지 제1항에 따른 피해자의 주

소, 성명, 나이, 직업, 학교, 용모, 그 밖에 피해자를 특정하여 파악할 수 있는 인적사항이나 사진 등을 피해자의 동의를 받지 아니하고 신문 등 인쇄물에 싣거나 「방송법」제2조제1호에 따른 방송 또는 정보통신망을 통하여 공개하여서는 아니 된다. 제50조(벌칙) ① 다음 각 호의 어느 하나에 해당하는 자는 5년 이하의 징역 또는 5천만원 이하의 벌금에 처한다. 1. 제48조를 위반하여 직무상 알게 된 등록정보를 누설한 자 2. 정당한 권한 없이 등록정보를 변경하거나 말소한 자 ② 다음 각 호의 어느 하나에 해당하는 자는 2년 이하의 징역 또는 500만원 이하의 벌금에 처한다. 1. 제24조 제1항 또는 제38조 제2항에 따른 피해자의 신원과 사생활 비밀 누설 금지 의무를 위반한 자 2. 제24조 제2항을 위반하여 피해자의 인적사항과 사진 등을 공개한 자.

통신사기 피해
환급제도 개선

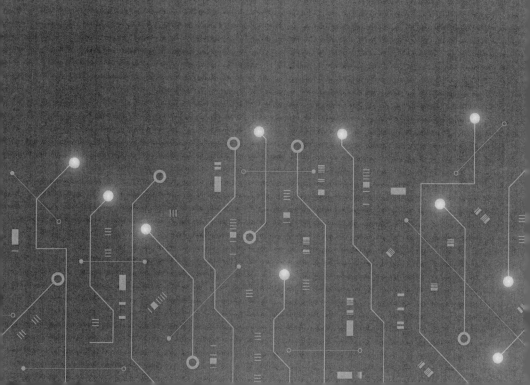

30-1. 통신사기 피해환급법 개정 소개

2020년 11월 20부터 시행된 「전기통신금융사기 피해 방지 및 피해금 환급에 관한 특별법」 시행령 개정안에 따라서 그동안 보이스피싱 등 전기통신금융 사기범들에게 속아서 사기이용 계좌로 금전을 입금, 이체한 사실을 신고하고 나서도 해당 금액이 소액인 경우 신속하게 조치되지 못하여 피해가 반복되는 문제점이 개선되었다.

즉, 1만 원 이하의 소액이라도 보이스피싱 등 통신 사기로 인한 피해구제를 신청하면 되돌려받을 수 있게 되었다는 말이다.

그리고 통신사기 피해환급법 시행령 개정내용은 이 외에 전기통신금융사기에 이용된 전화번호, 수신시각 등을 금융감독원에 신고할 수 있도록 법정서식을 신설하고 피해구제 신청과 동시에 이를 신고할 수 있게 함으로써 전기통신금융사기에 이용된 전화번호를 적시에 차단할 수 있도록 하였다.

또한 앞서 설명한 것과 같이 채권소멸절차 개시 최소 기준액을 1만 원으로 설정함으로써 금융회사로 하여금 효율적 피해구제에 집중할 수 있도록 하고 소액이라도 구제를 원하는 피해자에 대해 채권소멸절차 개시를 요청할 수 있다는 점을 통지하도록 했다.

여기에서 '채권소멸절차'란 전기통신금융사기 피해금의 환급을 위하여 사기이용계좌 명의인의 채권을 소멸시키는 절차를 말하며 '사기이용계좌'란 전기통신 금융사기로 인하여 피해자의 금전이 송금, 이체된 계좌 및 해당 계좌로부터 자금의 이전에 이용된 계좌를 의미한다.

30-2. 통신사기 피해환급법 개정 소개

우선, 사기이용 계좌 잔액이 1만 원 이하인 경우 「통신사기 피해환급법」 제5조 제1항 제6호 단서에 따라 피해자가 지급정지 통지를 받은 날부터 30일 이내 금융회사에 채권소멸절차의 개시를 요청할 수 있다는 내용에 관한 사항을 동법 제4조 제2항에 따라 통지, 공시하도록 하였다.[208]

다음으로 금융회사가 채권소멸절차 개시 공고 요청을 하지 않을 수 있도록 지급정지된 사기이용계좌의 잔액의 기준을 1만 원으로 하였다.[209]

그리고 지급정지가 이루어진 사기이용 계좌의 잔액이 1만원 이하인 경우로 동법 제5조에 따라 채권소멸절차를 개시하지 않은 상태로 최초 지급정지일로부터 90일이 경과한 경우, 동법 제8조에 따라 사기이용 계좌의 전부 또는 일부에 대하여 동법에 따른 지급정지, 채권소멸절차 및

---

208 통신사기 피해환급법 시행령 제5조(지급정지의 절차 및 통지) ② 법 제4조제2항에 따른 통지 및 공시사항은 다음 각 호와 같다. 이 경우 공시는 14일 이상 하여야 한다. 4. 법 제5조제1항제6호 단서에 따라 채권소멸절차의 개시를 요청할 수 있다는 내용에 관한 사항.

209 통신사기 피해환급법 시행령 제6조(채권소멸절차의 개시 공고) ③ 법 제5조 제1항 제6호에서 "대통령령으로 정하는 금액"은 1만원으로 한다.

명의인에 대한 전자금융거래 제한을 종료하도록 하였다.[210]

또한 기존 피해구제 신청서 서식에 전기통신 금융사기 피해 관련 전화번호를 신고할 수 있는 서식을 추가하였다.[211]

---

[210] 통신사기 피해환급법 시행령 제8조(지급정지 등의 종료) ① 법 제8조제1항제5호에서 "대통령령으로 정하는 경우"란 다음 각 호의 어느 하나에 해당하는 경우를 말한다. 3. 지급정지가 이루어진 사기이용계좌의 잔액이 제6조 제3항의 기준액 이하인 경우로서 법 제5조에 따른 채권소멸절차를 개시하지 않은 상태로 최초 지급정지일로부터 90일이 경과한 경우.

[211] 통신사기 피해환급법 시행령 제3조(피해구제의 신청) ① 법 제3조 제1항에 따라 피해구제를 신청하려는 피해자는 별지 제1호 서식의 피해구제신청서에 피해자의 신분증 사본을 첨부하여 해당 금융회사에 제출하여야 한다. 다만, 긴급하거나 부득이한 사유가 있는 경우에는 전화 또는 구술로 신청할 수 있다.

참고문헌

1. 대법원 2010.01.28. 사건번호 2009도12663

2. 대법원 2012.10.25. 사건번호 2011도16580

3. 대법원 2018. 5. 30. 사건번호 2018도3619

4. 대법원 2014.11.26. 사건번호 2014누41635

5. 대법원 2012.06.28. 사건번호 2010두24371

6. 수원지방법원 2017. 9. 7. 선고 2017 고단 2884 판결

7. 수원지방법원 2018. 1. 30. 선고 2017 노 7120 판결

8. 대법원 2013.03.28. 사건번호 2010도14607

9. '전자상거래 분쟁 급증… 올 1분기에만 작년의 절반 육박', 연합뉴스(2018.5.27.)

10. '국토부, 부동산 전자계약 한방에… 국민 편익 제고 기대', 국토일보(2018.5.30.)

11. '부동산 전자계약시스템 잘 활용하기', 쿠키뉴스(2018.6.15.)

12. '화폐는 디지털화되고, 금융은 사회화 된다', 참세상(2018.7.2.)

13. "한은, 암호자산, 화폐 대체할 가능성 극히 낮다", 서울경제(2018.7.6.)

14. '무분별 사이버 인신공격 도 넘었다.', 광주매일신문(2017.10.30.)

15. "해킹 등 사이버범죄 수사절차 살펴보니", 보안뉴스 미디어(2018.7.9.)

16. "음란물에 합성된 내 얼굴 지인 능욕 예방책 없나', 일용서울(2018.7.20.)

17. "경북 경찰, 불법도박 사이트 홍보해 1억 5천만 원 챙긴 일당 구속", 뉴시스(2018.5.18.)

18. "대포유심폰 개통해 불법 도박사이트 스팸 문자발송 일당", 뉴스1(2018.7.20.)

19. "인공지능 이용, 의료 데이터 분석한다", 보안뉴스 미디어(2018.7.13.)

20. "성큼 다가온 자율주행차 시대, 인공지능에 운전자 자격부여, 사고데이터 경찰 의무제출", 세계일보(2018.5.20.)

21. "빅데이터와 AI가 가져올 법률시장 변화, 안진우 변호사", 아주경제(2018.6.23.)

22. '4차 산업혁명, 자율주행 자동차란?' 시민의 소리(2018.3.28.)

23. "인공지능(A.I.)시대와 법률가", 대한변협신문(2018.7.16.)

24. '우버 자율주행 자동차 사고 '일파만파' 자율주행 자동차 규제 강화 여론 힘 실 릴 듯', 로봇신문(2018.3.20.)

25. 'AI가 미칠 영향은… 전문가 3인의 진단', 비즈니스 경제(2018.8.2.)

26. '고객정보 판매 홈플러스 임직원, 파기환송심서 줄줄이 유죄' 파이낸셜 뉴스 (2018.8.16.)

27. 'AI 병리진단 지원 소프트웨어 개발', 청년의사(2018.9.7.)

28. '법무부, AI 법률비서 버비 2세대 버전 사용해보니', 세계일보(2018.3.5.)

29. '개인회생, 파산, 전자소송 등 법률시장에 AI 도입 속도', 디지털타임즈 (2018.1.29.)

30. '[AI 열풍]⑪인공지능이 원유 도입 결정…LG화학 등 한해 수백원 절감', 아시아 타임즈(2018.3.2.)

31. "'AI로 '무슨 일이 일어날까' 아닌 '무엇을 바라는가' 먼저 물어야'", 문화일보 (2018.8.17.)

32. "드론으로 벼농사한다?", 어린이동아(2018.5.22.)

33. "드론으로 DMZ 지뢰제거 시대 온다", 연합뉴스(2018.9.8.)

34. "가정집 넘나들어도 문제없는 드론 수사", OBS 경인 TV(2017.6.14.)

35. "일본에서 새로 주목받는 직업, 드론 조종사", 보안뉴스 미디어(2018.8.2.)

36. "드론사용의 증가와 법적문제", 내일신문(2017.1.26.)

37. "보험연, 드론보험 활성화, 구체적 기준마련 시급", 디지털타임즈(2018.6.17.)